La espía que vestía de rojo

Aline Romanones

La espía que vestía de rojo

Círculo de Lectores

Título de la edición original: *The Spy Wore Red*
Traducción del inglés de: Esteban Riambau
Diseño de la sobrecubierta: Emil Tröger
Ilustración: Oscar Astromujoff

Círculo de Lectores, S.A.
Valencia 344, 08009 Barcelona
3 5 7 9 8 8 0 3 8 6 4 2

Depósito legal: B. 7419-1988
Fotocomposición: FOINSA
Gran Vía, 569, pral. 2.ª, 08011 Barcelona
Impresión y encuadernación:
Printer industria gráfica, s.a.
N. II, Cuatro caminos, s/n
08620 Sant Vicenç dels Horts
Barcelona 1988
Printed in Spain

ISBN: 84-226-2494-X
N.º 34579

A Luis:
A Luis, mi marido,
A Luis, mi hijo,
A Luis, mi nieto

Si el rojo asesino cree asesinar,
O si el asesinado cree estar asesinado,
Es que no saben bien de qué sutil manera
Yo guardo, dejo pasar y vuelvo a aparecer.

RALPH WALDO EMERSON
Brahma

Nota de la autora

En el curso de mis conferencias a lo largo de los últimos ocho años he descubierto que la gente disfruta con las informaciones auténticas y de primera mano sobre asuntos de espionaje, y al mismo tiempo las necesita, puesto que se trata de un tema en el que, por razones comprensibles, resulta difícil ahondar. Lo que yo he intentado en este libro es informar y al mismo tiempo entretener. Los hitos que me han servido de guía han sido los propios hechos, tal como he podido reconstruirlos de memoria y a partir de diarios, cartas, fotos, periódicos y revistas de la época. Hay, sin embargo, tres limitaciones en la «veracidad» literal de mis memorias.

En primer lugar, muchos de los personajes principales del drama que relato viven, y es comprensible que se sintieran molestos por mi narración de sus actividades, o que por lo menos ésta les representara un inconveniente. A fin de proteger su intimidad, he cambiado los nombres de algunos de los protagonistas de la historia. Y en algún que otro caso, en los que un cambio de nombre no ocultaba suficientemente la identidad de una persona, he creado un personaje compuesto. El hombre al que llamo Pierre ha quedado disfrazado, al menos así lo espero, al igual que el hombre cuyo nombre en clave es Mozart. Sin embargo, hubo un Pierre y hubo un Mozart, como, de una o de otra manera, existieron todos los demás.

En segundo lugar, a veces he omitido o alterado de manera significativa incidentes que pudieran aburrir al lector y hacer que el libro resultara pesado y árido. Esto ha producido también, alguna que otra vez, personajes alterados, y en ciertos casos la secuencia de los acontecimientos ha sido ligeramente modificada. No obstante, lo esencial de la obra es exacto.

Finalmente, mis esfuerzos para reconstruir de memoria este

período de mi vida han tenido más éxito de lo que al principio yo había creído, pero, desde luego, el resultado no ha sido perfecto. Varios documentos, entre ellos informes y telegramas guardados en los Archivos Nacionales de Washington, D.C., han representado una gran ayuda para refrescar mi memoria. Sin embargo, gran parte de los diálogos del libro han sido reinventados según mis recuerdos. Mi intención ha sido, en todo momento, la de captar la esencia y el aroma de los acontecimientos y conversaciones que tuvieron lugar. Si he conseguido este propósito, el valor y la dedicación de mis colegas y las emociones de aquel período, hablarán por sí mismos.

Agradecimientos

Me gustaría dar las gracias a aquellos que, durante tres años y medio, me han ayudado en uno u otro aspecto. En primerísimo lugar a mi marido, por su paciencia y su sentido del humor. Y después a mis nietos, Luis, Cristina, Juan, Carla y Álvaro, cuyas quejas por el hecho de que yo no tuviera tiempo para jugar con ellos durante el verano, en España, me adulaban, y cuya vivaz alegría iluminó horas de cansancio.

La madre de este libro es Nancy Lady Keith, a la que me siento inmensamente agradecida por su acicate y su sincero e inalterable entusiasmo. La asistencia del barón Guy de Rothschild ayudó especialmente a establecer la identidad de uno de mis personajes. La experiencia, el aliento y las sugerencias de Ken McCormick fueron indispensables. Tom Guinzbur sacrificó horas para aconsejarme. Quiero mostrar mi agradecimiento a Joe Hannan por su interés respecto a mi obra y por sus valiosas ideas, y estoy también en deuda con John Taylor, de los Archivos Nacionales de Washington, así como con Peter Viertel, Lloyd Smith, el malogrado Rudi Crespi y Frank Ryan, cuya amistad cambió el curso de mi vida. Annie, de Tighten and Tone, me mantuvo ágil y optimista a pesar de las muchas horas pasadas ante la máquina de escribir. William Rayner puso el manuscrito en manos de Random House. En España, Beltrán Domecq, Ángel Alcázar de Valcarel, el marqués de Santo Floro, la marquesa de Quintanar y Kay Dencla, condesa de Yebes, representaron todos una asistencia inconmensurable.

Milagrosamente, el doctor Anthony Nolke había conservado mis cartas y mis fotografías, que ayudaron a revivir el pasado. El entusiasmo y las críticas de mi primer editor, Jonathan Galassi, me incitaron a luchar, y la paciencia de Jeff Cohen, de Random House, y de mi editor en esta firma, Sam Vaughan, que ofreció una mejor versión idiomática de mi manuscrito y que ató los cabos sueltos, fue notable. El diseño de la cubierta de Bob Aulicino fue un acuerdo maravilloso y acogido con entusiasmo.

Hay otras personas, de hecho casi todas aquellas con las que entré en contacto durante los últimos años, que tuvieron que afrontar reacciones y discusiones mientras yo trabajaba en mi obra. El hecho de poder hablar con ellas sobre la misma me ayudó a acabar el libro. Ojalá ellas y yo no tengamos que lamentarlo...

Prólogo: San Salvador, 1984

Fue un viaje a El Salvador, realizado hace años, lo que inició esta historia. Yo había estado dando conferencias sobre política exterior a través de los Estados Unidos, y en aquellos momentos Centroamérica, y en especial El Salvador, eran las zonas que más interesaban a mis audiencias. Pero, en honor a la verdad, mis motivos para realizar el viaje obedecían a un deseo insaciable de encontrarme en medio de lo que allí estuviera sucediendo. También pudo representar un factor el hecho de que allí hiciera un tiempo cálido y soleado en comparación con la nieve y el hielo de Michigan, donde me encontraba por aquellas fechas, y el de que allí pudiera comer mangos. Sea como fuere, me ofrecí a mí misma la excusa de que la visita agregaría credibilidad a mis conferencias.

El viaje tenía unos ingredientes que excitaban mi sentido de la aventura. Por ejemplo, ignoraba el nombre, el número de teléfono e incluso el sexo de la persona que me recibiría allí, ni dónde me alojaría. Se habían dispuesto las cosas apresuradamente a través de una llamada telefónica a un amigo salvadoreño en Washington, que se ofreció para encontrar una casa particular donde yo pudiera alojarme y amigos que se ocuparan de mis necesidades. Puesto que yo sólo tenía una semana libre entre conferencias, sugirió que partiera de inmediato rumbo a El Salvador.

—Haré que la espere en el aeropuerto alguien que le explicará todos los detalles —dijo.

A partir del momento en que abordé el avión en Nueva York, me encontré, aunque al principio no lo advirtiera, en un viaje que me llevaba a tiempos ya pasados. Esta sensación cobró cuerpo en Miami, donde los pasajeros se apiñaron a bordo con sus pertenencias en bolsas de lona, con un aspecto muy semejante al que tenían los pasajeros de los trenes españoles en 1944.

Muchos desembarcaron en Panamá, y en Tegucigalpa lo hicieron casi todos los demás. Contemplé desde lo alto los valles verdes y frondosos que flanqueaban las sierras volcánicas y que yo sabía que albergaban a grupos de guerrilleros, algunos de los cuales libraban entonces escaramuzas con las fuerzas armadas del país. Sólo otro pasajero se bajó del enorme DC-10 para entrar en la moderna y vacía terminal aérea. Era evidente que la guerra había paralizado el turismo y desalentado los negocios con el extranjero.

Mis pasos sobre la superficie de cemento resonaron a lo largo de un pasillo iluminado por rayos de luz solar que atravesaban grandes cristales. Atisbé por encima de las cabezas de los funcionarios que examinaban mi pasaporte y mi equipaje, pero no pude ver a nadie que estuviera esperando. Hasta que bajé el último escalón de la amplia entrada de piedra, no abandonó su silla junto a una ventana aquella discreta figura vestida de negro que se acercó a mí. Su sonrisa disipó todas mis dudas. Era la amiga de mi amigo de El Salvador. Era una mujer de estatura corriente, unos kilos de más o tal vez un amago de artritis la hacía cojear ligeramente, llevaba unas gafas de montura oscura y una abundante y blanca cabellera enmarcaba una cara que reflejaba amistad y bienvenida. Y entonces, como por arte de magia, apareció junto a mí, sonriente, un joven alto y atractivo.

—Le presento a Bill Wallach —explicó ella con un agradable acento salvadoreño—. Se ha ofrecido para llevarla en coche a la ciudad y ayudarla en todo lo posible. Yo me llamo María.

—Señora, queremos que aquí se sienta segura —dijo el joven, mientras cogía las maletas y las metía en el jeep—. Mi padre ha enviado para usted este coche blindado.

Mientras avanzábamos por la moderna autopista que atravesaba la campiña, aquel chófer de veinticinco años y aquella anciana de ochenta en cuya casa yo había de alojarme explicaron los últimos sucesos de la guerra civil. A los quince minutos, cuando llegábamos a los arrabales de la ciudad, yo me había enterado de que toda carretera, en especial las similares a aquella en la que nos encontrábamos, podía ser peligrosa. Mis acompañantes no daban muestras de temor, pero confieso que yo sentía una cierta aprensión.

—Tampoco hay seguridad en la ciudad —aseguró mi nueva

amiga—. Hace sólo dos días, la casa contigua a la mía fue bombardeada y debo excusarme por la visión desagradable que presenciará cuando lleguemos.

Cuando entré en la casa de María, me pareció como si fuera una pequeña vivienda romana, con todas las habitaciones rodeando un patio central. Una mujer india regaba las plantas y había un chiquillo sentado en el suelo de losetas, delante de un televisor en color flanqueado por orquídeas rosadas.

—Todavía faltan unas horas para la cena —explicó María—. ¿Tal vez le agradaría descansar, después de un viaje tan largo?

—No, en absoluto. Me muero de ganas de ver algo de lo que está ocurriendo.

—Esto no es fácil —repuso ella—. Las cosas ocurren esporádicamente, sin previa noticia, y nunca se sabe dónde. Se incendia un autobús, o secuestran a alguien, o se ataca algún centro político. —Hizo una pausa, sopesando las posibilidades—. A menos que le gustase ir al Hotel Camino Real, donde la gente de la prensa y la televisión extranjeras pasa la mayor parte de su tiempo... Allí siempre suele ocurrir algo. Es demasiado tarde para sugerir cualquier otra cosa.

Oscurecía cuando el jeep entró en el camino circular del gran hotel. Nada indicaba que cerca de allí hubiera una guerra. Varios camiones de la televisión norteamericana casi bloqueaban la entrada, y la gente entraba y salía cruzando las espléndidas puertas dobles de cristal.

Una mujer se acercó a mí apenas entré.

—Ha llamado doña María para anunciar su llegada. Soy la secretaria del hotel. Le agradecemos muchísimo que visite nuestro pobre país para enterarse de lo que ocurre en él. Por desgracia, ahora no tengo tiempo para explicarle gran cosa, pero si viene conmigo podrá ver algo interesante.

Mientras cruzábamos el atestado salón del vestíbulo, ella bajó la voz.

—Los reporteros de la prensa extranjera se reúnen en el bar, donde intercambian noticias y establecen contactos con representantes de los guerrilleros, que les facilitan información en inglés sobre las últimas batallas e indican dónde pueden filmar buenas escenas.

El salón era ancho y largo, con el bar en un extremo, mesas redondas y butacas confortables a discreta distancia unas de otras, y una gruesa moqueta. Más allá de las puertas abiertas de cristal vi un patio rodeado por flores y plantas, que formaba una especie de patio exterior con una piscina de forma ovalada y color turquesa en medio.

—La dejaré aquí. Si quiere cualquier cosa, me encontrará en mi despacho.

Busqué un sillón lo más cerca posible del bar, pero no pude oír ni una sola palabra. Al cabo de diez minutos, recorrí el salón en toda su longitud, pero no ví nada interesante y, desde luego, no supe identificar ningún guerrillero. Algunos de los hombres parecían estar contándose chistes y otros parecían mortalmente aburridos al no tener nada que hacer allí.

Entré en aquel patio atrayente. Estaba vacío. Abundaban en él las flores exóticas, iluminadas por proyectores acampanados situados entre los árboles tropicales y su espléndido follaje. El aire cálido de la noche de marzo arrastraba un perfume de gardenias y jazmín. Ya no oía el sordo murmullo de las voces de aquellos hombres con camisas de manga corta y colores chillones que fumaban sus cigarrillos en el salón contiguo, sino tan sólo el leve gorgoteo del agua que se filtraba en la piscina y el rumor de las hojas de las palmeras sobre mi cabeza. Caminé hasta el borde de la piscina, preguntándome por qué nadie la utilizaba. Después, contemplé el agua durante un rato y, gradualmente, advertí que en el lado opuesto alguien estaba haciendo lo mismo, desfigurado su rostro por las ondas del agua. Instintivamente, alcé la vista.

Nos reconocimos los dos en el mismo momento, creo yo, ya que después nunca tuve tiempo para preguntárselo. No nos hablamos, ni nos llamamos. Simplemente, la incredulidad nos inmovilizó: casi cuarenta años habían cambiado muy poca cosa. El mismo destello sagaz en aquella mirada penetrante. Los negros cabellos entreverados de gris añadían una notable pincelada atractiva a la piel curtida del semblante. Aunque no le hubiera conocido ya, me habría sentido atraída por aquel hombre especial.

Caminamos el uno hacia el otro. Al mirarle, me inundó una intensa alegría.

—Tigre —dijo él, cogiéndome las manos.

Observé el placer en sus ojos, el magnetismo que aún contenían éstos. Su sonrisa reveló aquellos dientes blanquísimos.

—¿Cómo es posible? —fue todo lo que pude decir.

Vestía una guayabera blanca y muy almidonada, y las arrugas

alrededor de sus ojos revelaban años bajo el sol. Siempre había tenido este aspecto. Me condujo a una mesa situada cerca de un enorme bananero. Nos sentamos.

—Sé algo acerca de ti, Tigre. Sé con quién te casaste. Dime, ¿Cómo te sienta ser un pilar de la sociedad en mi país favorito?

Me sentí tan abrumada que para responder tuve que hacer un visible esfuerzo.

—Claro que quiero a España. Tengo allí hijos y nietos. Pero ahora quiero saber de ti. Cuentámelo todo.

Lean mi relato, si lo desean, pues de lo contrario probablemente no juzgarían nuestro inesperado encuentro tan emocionante como yo lo consideré aquella noche. Acompáñenme un poco más atrás en el tiempo. La historia que quiero narrar comienza un día de septiembre en Nueva York.

1

Las letras en la refinada placa de piedra oscura estaban delicadamente grabadas: *Hattie Carnegie*. Dejando atrás la soleada mañana, subí por la estrecha escalera y perforé mi ficha. Las nueve y media.

De pie ante la puerta del vestidor, cruzados los brazos ante su amplio blusón, Hattie suspiró profundamente.

—Aline, no hay otra chica en la ciudad capaz de venir a trabajar vestida así.

Contemplé mis zapatos de campo manchados de barro y me eché a reír. Mi camisa roja la habían arrugado las hierbas altas y mojado el rocío de primera hora de la mañana, al atravesar corriendo nuestra huerta de manzanos, hora y media antes, para tomar el autobús.

Dentro, mis colegas estaban sentadas ante el largo espejo del tocador, charlando y aplicándose el maquillaje. Colgué mi ropa de calle en un perchero y me introduje en un corsé de satén azul pálido, antes de ponerme, bien tensadas, unas diáfanas medias de seda y calzarme unos puntiagudos escarpines negros. Tras echarme encima una bata, ocupé una silla ante la mesa, entre Anne y Paula. Las dos tomaban café solo en vasos de cartón, mientras se despertaban trabajosamente.

—Buenos días, chicas.

Mojando una esponja en agua, me apliqué en la cara una fina capa de maquillaje de fondo. En el espejo, observé que Paula tenía los ojos excepcionalmente legañosos. Era peligrosa y tenía fama de ser la modelo más bella de Nueva York.

—¿El Morocco? —pregunté.

—Hasta las tres —contestó ella, era evidente que este hecho la excitaba. Era la chica de moda, por aquel entonces, en todas las fiestas.

—¿Cómo te las arreglas? Cada noche en esos clubs, con... *playboys.*

Era la palabra más amable que se me ocurrió para describir a sus acompañantes..., la clase de hombres ya de alguna edad cuyos nombres salen en los periódicos con ocasión de un cuarto divorcio o de una fortuna perdida en el hipódromo.

—Cielo —repuso Paula—, ¿por qué no te vienes con Buff y conmigo esta noche a tomar una copa, y te enseñaremos lo que te estás perdiendo?

Hice una mueca ante el espejo y ella insistió.

—No sé de qué te han servido tu aburrida rutina y el diploma de aquel colegio de monjas.

—Es verdad, Aline —terció Amy—, Paula tiene razón. No ganas ni un céntimo más que nosotras. ¿Es que no te importa el dinero?

—¿Y por qué crees que trabajo aquí? Es el empleo mejor pagado que pude encontrar.

—Querida, ella habla de dinero de veras —dijo Paula—. Del que te hace rica. Y eso quiere decir casarte con él. ¿No te gustaría?

—Yo quiero hacer cosas emocionantes. Y tal vez conseguir algo meritorio al mismo tiempo. —Mi suspiro sirvió de puntuación—. Creo que lo que deseo es aventura.

—Mayor razón, pues, para venir esta noche a casa de Mike. Ya sabes que su hermano estará allí.

Hacía días que Amy me presionaba para que fuese. Estaba decidida a casarse con Mike Derby, de los «Derby de Kentucky» —un chiste de ella, puesto que la familia de Mike era antigua, rica y del Sur—, y él le había pedido que consiguiera una acompañante para su hermano, que frisaba en los treinta y cinco años. Yo tenía veinte y nunca había salido con un chico que me llevara más de dos años.

—Esto representaría tomar uno de los últimos autobuses para volver a casa, y tengo que levantarme a las siete. Pero muchas gracias, de todos modos.

Ella suspiró, harta de tanta virtud. Mi virtud.

Por entonces, mis cabellos formaban un moño bien modelado, centrado detrás y coronado al estilo pompadour. Fui al lavabo del rincón y me llené las manos con espuma de jabón, con la que fijé los mechones sueltos.

Durante dos horas me mantuve inmóvil mientra las modistas prendían alfileres en los dobladillos y ajustaban mangas según las exigentes especificaciones del *couturier*. En una silla del cuarto de pruebas alguien había dejado un ejemplar del *Journal American* de aquella mañana, y en él se veía una playa en la que yacían, diseminados, los primeros soldados muertos en el desembarco de Sicilia.

Era septiembre de 1943. Mi hermano Dexter era piloto de caza y tenía su base en Inglaterra, y mi hermano Tom navegaba a bordo de un submarino en algún lugar del Pacífico Sur. ¡Y yo plantada allí como un mueble sin cerebro, probándome vestidos de noche!

Salí a la pasarela, como deslumbrada. La luz brotaba de soberbias arañas de cristal que colgaban del alto techo del salón. Cientos de elegantes sombreros se reflejaban en los espejos de las paredes. Los destellos de los proyectores y de los flashes rebotaban en los cristales, produciendo chispazos en mis ojos. Aquella tarde desfilé por la sala una docena de veces, y después efectué el último pase del desfile.

De nuevo en el vestidor, me arranqué la toca, el velo y el traje de novia y me quité las horquillas hasta que mis cabellos cayeron sobre mis hombros. Entre la conmoción reinante, oí que Amy gritaba:

—¡Pronto, Aline, ven aquí!

Se encontraba ante el teléfono de pared en un rincón, y tapaba el auricular con una mano.

—Anda, hazme ese favor que te pedí esta noche. Tengo que darle a Mike una contestación. Su hermano acaba de llegar al aeropuerto... procedente del extranjero. Ya te conté que hace no se qué en el Departamento de Guerra.

No, no me había contado nada. Me sentí atraída. *El extranjero. El Departamento de Guerra.* Estas palabras actuaron mágicamente en mí. Lentamente, muy lentamente, asentí. De acuerdo.

Llegamos tarde.

—Vamos, vamos —nos apremió Mike—. Lo siento, pero tendremos que comer inmediatamente, porque los espaguetis casi están ya a punto.

Nos encaminamos hacia una gran mesa que presidía su apartamento de soltero. Las ventanas estaban cerradas para que no entrara el aire sofocante del anochecer, y cubiertas con cortinas verdes para contribuir al oscurecimiento de la ciudad. Zumbaban los ventiladores y también la radio... Allí donde fueras, las noticias de la guerra siempre parecían ser un tema constante de conversación.

—Amy Porter, Aline Griffith, y éste es mi notorio hermano, John.

John Derby tenía una cara angulosa, unos ojos muy azules, tez pálida y pelo prematuramente plateado. Le adjudiqué sus buenos treinta y cinco años. Era más corpulento que su hermano; Mike era un tanto regordete, pero más vehemente. Me senté a un lado y Amy al otro, junto a Mike. A mi izquierda había otros dos hombres: colegas del trabajo explicó Mike, que formaban parte del departamento de investigaciones de la Standard Oil. Me pregunté por qué no se habría alistado.

John Derby se volvió hacia mí.

—¿Un poco de vino, Miss Griffith?

Su actitud era cortés y distendida.

—No, gracias. No bebo.

Alzó una ceja, interrogante.

—Nunca —dije.

Se dirigió hacia los demás. Pronto resultó evidente que no se esperaba que ni Amy ni yo participáramos mientras los hombres hablaban y discutían sobre las estrategias de sus héroes y enemigos de guerra, de Patton a Rommel y de Roosevelt a Hitler. Debatieron el uso del gigantesco edificio del Pentágono, recientemente terminado, y condenaron por unanimidad al líder sindicalista John L. Lewis y la huelga de los mineros.

Más tarde, Derby se volvió hacia mí e inquirió, sonriente:

—¿Piensa usted convertirse en una modelo francesa?

Le miré con fijeza.

—No, si es que puedo evitarlo.

—¿De veras? ¿Y por qué?

—Quiero intervenir en la guerra... en ultramar.

John Derby me miró con curiosidad.

—¿Y cómo piensa conseguirlo?

—Ojalá lo supiera. He presentado mi solicitud a la División de Entrenamiento para Vuelo de Jacqueline Cochran y a todos los demás grupos que se me han ocurrido. Y siempre me han dicho lo mismo: demasiado joven. Pero bien, tiene que haber un camino...

—Podría ser enfermera.

—Esto requeriría años. Quiero ir a la guerra ahora... y allí donde se pelee de veras.

—Vamos a ver, ¿y por qué una chica atractiva como usted, sana y salva aquí en Nueva York, quiere ir al extranjero para verse metida en alguna sangrienta matanza? ¿Por qué a un lugar donde su vida pueda correr peligro?

Tenía ganas de contarle que yo tenía tres bisabuelas que habían tenido el valor de atravesar el país para arraigar en el Medio Oeste, a pesar de los ataques de los indios, los partos sin asistencia médica y las enfermedades sin medicamentos, ayudando a construir sus casas con sus propias manos, pero temí que se echara a reír. Lo que dije fue:

—Adoro la aventura. Me gusta correr riesgos. Todos los hombres que conozco ansían ir allí. ¿Por qué ha de parecer extraño que una mujer lo desee también?

Había empezado a volver la espalda cuando él dijo:

—Las jóvenes de su edad suelen soñar con casarse y tener críos. ¿No está usted enamorada?

La velada empezaba a resultar aburrida.

—¿Y esto qué tiene que ver?

—Bien... *es* un factor.

—Pues bien, no lo es. En realidad, no estoy enamorada, pero si lo estuviera ello no representaría ninguna diferencia.

La primera parte tal vez fuese mentira, pues estaba Tony, un interno en Bellevue, que me gustaba muchísimo. Pero la segunda parte era la pura verdad.

John Derby me estudió en silencio. Después me preguntó:

—¿Habla algún idioma extranjero?

—En el colegio me diplomé en francés y también estudié español.

—Ah.

Lentamente, nos sonreímos el uno al otro.

—Está bien, Miss Griffith. Si realmente piensa en serio en un trabajo al otro lado del mar, hay una ligera posibilidad de que yo pueda ayudarla. —Le miré con interés—. Si tiene noticias de un tal Mr. Tomlinson —añadió—, sabrá usted de qué se trata.

2

Un domingo a la hora de cenar, dos semanas más tarde, mi padre mencionó que en el banco se había hecho una investigación sobre los antecedentes de nuestra familia. Mi madre estaba convencida de que tenía algo que ver con mis hermanos, puesto que ambos estaban en servicio activo, pero a mi padre, que dirigía unos talleres que fabricaban máquinas plegadoras para las imprentas, talleres que había fundado mi abuelo, le preocupaba su posible conexión con el negocio. Sentíamos una cierta inquietud y no sabíamos qué pensar al respecto, pero esta ansiedad menor quedó disipada por el tedio de la existencia cotidiana y nuestras vidas prosiguieron, como siempre, sin el menor quebranto.

El tiempo todavía era cálido una semana más tarde —eran los últimos días de septiembre— cuando llegué a casa después de trabajar. La luz se desvanecía gradualmente mientras caminaba cuesta arriba, a través del susurrante trigal, y el aire enmarañaba mis cabellos.

Al entrar en la cocina, mi madre sostenía el teléfono.

—Es para ti. Conferencia.

—¿Miss Aline Griffith?

Era una voz ronca.

—Sí.

—Soy Mr. Tomlinson. ¿Puede disponer de unos minutos libres, mañana?

—Sí.

—Entonces, esté en el vestíbulo del Biltmore Hotel, a las seis. La esperará allí un hombre con un clavel blanco en la solapa. No hable de este encuentro con nadie. ¿Está claro?

—Sí.

Colgó.

Hombres de uniforme entraban y salían a través de las puertas giratorias o se apiñaban ante la barra del salón de cócteles, o tomaban el té con mujeres jóvenes ataviadas con vestidos de seda estampada.

Era un hombre distinguido, de mediana altura. Cabello gris. Un traje impecablemente cortado. Su actitud era tranquila, levemente imperiosa.

—Nos sentaremos allí.

Le seguí hasta un rincón aparte, con un banquillo tapizado de color rubí.

—Creo que aquí podemos hablar cómodamente —y una vez sentado, explicó—: represento una sección del Departamento de Guerra. Es posible que tengamos para usted un trabajo interesante.

Sonrió. Sus ojos azules inspiraban confianza.

—Queremos ponerla a prueba para un trabajo. Todavía no puedo decirle de qué se trata.

Estábamos sentados de lado, protegidos por el ruido y el movimiento que nos rodeaban.

—¿Trabajaría en el extranjero?

—Si pasa satisfactoriamente las pruebas, sí —su tono era cortés pero impersonal—. ¿Puede venir a Washington dentro de diez días? Significará abandonar su trabajo actual. Es posible que no vuelva a él, si todo va bien.

—Puedo estar disponible en cualquier momento.

—Excelente —consultó una agenda de bolsillo—. El viernes ocho de octubre. Dentro de una semana a partir de mañana. Dé a sus padres este número de teléfono y esta dirección por si necesitan ponerse en contacto con usted. Usted no estará aquí —dio un golpecito a la tarjeta—, pero el correo y los recados telefónicos llegarán hasta usted.

Ahora, su expresión se tornó severa.

—Diga a su familia que está siendo entrevistada por el Departamento de Guerra para conseguir un puesto. Llévese una maleta con ropas apropiadas para el campo. Quíteles todas las etiquetas. No lleve nada con sus iniciales, ni papeles o tarjetas con su nombre. Nadie debe poder identificar nada acerca de usted. Llegue a Washington al mediodía. Vaya directamente al Q Building. Aquí tiene la dirección —me entregó otra tarjeta—. Dé a la recepcionista un nombre y una dirección falsos. ¿Alguna pregunta?

Negué con la cabeza.

Se acercó un camarero para atendernos, pero aquel caballero dijo:

—Hoy no tomaremos nada.

Se levantó y yo hice lo mismo.

—Adiós —me dijo, y de nuevo sonrió con expresión tranquilizadora—. Y le deseo mucha suerte.

Mientras recorría en autobús la carretera 9W, una hora más tarde, las excitantes posibilidades que las palabras de Mr. Tomlinson habían abierto elevaron mi temperatura. Desde la ventanilla abierta sólo veía un paisaje borroso, tan concentrada como estaba en el cambio inmediato de mi aburrida rutina por un futuro lleno de incertidumbres. Era osado aceptar la oferta, pero no lo podía resistir. Era mi oportunidad para hacer, por fin, algo fuera de lo corriente. El extranjero. En plena guerra. Precisamente lo que me había obstinado en buscar. El secreto en el que Mr. Tomlinson había insistido implicaba algo parecido al espionaje. No, no debía permitir que mi imaginación se desbocara, pero iría a Washington para averiguarlo. Todo mi ser vibraba de emoción.

3

—Siéntese, Tigre.

Me hablaba el hombre con el que cené un mes antes, John Derby. No había pensado volver a verle.

—Mientras usted esté aquí, será el único nombre por el que se la conozca. También tiene un número: cinco dos siete.

Estaba sentada ante su mesa escritorio y había dejado mi maleta en el suelo. Podía oír mi corazón. ¿Lo oiría también él? Se inclinó hacia adelante, sonriendo.

—Ésta es la primera vez que viene a Washington, ¿verdad?

—Creo que es la vez que más me he alejado de casa.

—Supongo que el encuentro en el Biltmore le resultó bastante desconcertante, pero en este momento yo puedo decirle algo más —sus ojos buscaron los míos—. Necesitamos una chica especial para una misión especial —prosiguió, muy tieso ante su mesa y con sus anchas manos cruzadas—. He conocido y he investigado muchas candidatas, todas ellas con altas recomendaciones, y he decidido que usted es la que más probabilidades tiene de pasar las pruebas que constituyen un preliminar indispensable. La he elegido a usted a causa de su edad, sus estudios, los idiomas que habla, su aspecto y su predisposición a arriesgar su vida si es necesario. La hemos investigado, remontándonos hasta sus abuelos. Ahora veremos cómo se comporta en cierto adiestramiento específico. Cabe que yo sobreestime sus posibilidades, pero espero que no sea así.

Estudié su despacho. Paredes de un gris oscuro, archivadores metálicos dentro de una caja fuerte de acero. Desde el exterior de aquel Q Building nuevo, feo, prefabricado y de una sola planta, el sol de primera hora de la tarde entraba por la única ventana de la habitación. Yo me mantenía muy erguida en mi silla.

—En las próximas semanas, tendrá que adaptarse a situaciones inusuales, y se la juzgará por lo bien que consiga hacerlo. Ninguna persona con la que hable, ni una sola, ha de saber si usted es de Boise o de Berlín, o si prefiere a Cole Porter o a Hegel. Debe sopesar lo que diga y lo que no diga, lo que haga y lo que no haga.

Su voz era baja y suave y su actitud apacible, pero cada frase contenía información que para mí era vital.

—A partir de este momento, puede ser seguida. Y allí donde vivirá es posible que sus colegas registren sus pertenencias en busca de pistas referentes a su identidad.

A juzgar por esto, no parecía que mis nuevos asociados fueran a resultar particularmente atractivos.

John Derby habló con mayor lentitud que antes, como si quisiera grabar sus palabras en mi cerebro.

—Diríjase al Hay Adams Hotel. Espere ante la entrada principal un sedán Chevrolet negro, con el número de matrícula TX 16248. Pregunte: «¿Es éste el coche de Mr. Tom?» —Derby me entregó un trozo estrecho de papel amarillo—. Ahí está el número, por si acaso lo olvida. Destrúyalo después. Se trata de una excepción muy especial para principiantes.

Una vez en la calle, me costó admitir que todo eso estaba sucediendo... y a mí. No tenía idea de cómo ir al Hay Adams Hotel. La solución era fácil: lo preguntaría. No, él había dicho que tal vez me siguieran. Detrás de mí, el Q Building estaba agazapado en la cima de un montículo cubierto de césped en el centro de Washington. Oprimí con fuerza el asa de mi maleta, caminé a lo largo de tres manzanas, entré en unos almacenes y telefoneé al hotel para saber cómo llegar a él.

Estaba demasiado lejos para ir andando y tuve que tomar un taxi, donde me pasé casi todo el tiempo del viaje mirando por la ventanilla para asegurarme de que no me seguía nadie.

Cuando llegué al curvo camino de entrada del Hay Adams, había una multitud ante la puerta principal y coches y taxis desfilaban con rapidez. Esperé que el barullo me hiciera pasar desapercibida. Me situé junto al bordillo de la acera y me dediqué a vigilar todos los vehículos. Grupos de personas entraban y salían..., entre ellas una joven con una enorme gardenia amarillenta detrás de la oreja y un joven soldado en una silla de ruedas. Los porteros cargaban y descargaban equipajes.

Un botones cogió mi maleta y forcejeamos un momento.

—Pero, señorita...

Yo no sabía qué decir, puesto que no había estado en un hotel en toda mi vida. Agarré con más fuerza mi maleta y me desplacé a un lado, quitándome el sombrero para alisar mis cabellos, que estaban ahora humedecidos. ¿Hacía un calor inusual, o se debía a que yo estaba nerviosa? Al otro lado del camino de entrada, vi a un hombre con un gabán negro y la cara oculta por un periódico, y, unos pasos más allá, otro hombre de facciones oscuras y siniestras.

Finalmente, apareció un Chevrolet negro. Al momento, abrí mi bolso y verifiqué el número, sabiendo que la torpeza de este gesto no era lo que se esperaba de mí. Al levantar la vista, los dos hombres de aspecto sospechoso se encontraban ya en el coche y el chófer ponía en marcha el motor.

Corrí hacia él.

—¡Alto! ¡Alto! Tengo que ir con ustedes.

El chófer frunció el ceño.

—¿Cómo se llama?

Tratando de recuperar mi compostura, di el santo y seña.

—¿Es éste el coche de Mr. Tom?

Se apeó y metió mi maleta en el maletero, y yo subí detrás, junto al hombre del abrigo negro, un hombre de mediana edad y cabellos castaños que ya escaseaban, cuya sonrisa fugaz me resultó vagamente tranquilizadora. El otro hombre estaba sentado a su izquierda. Directamente delante, había un individuo con una espesa pelambre negra, pero no me era posible ver su rostro.

Al enfilar la carretera, pensé en decir algo por el estilo de «Hermoso día» o «En realidad, Washington es más bonito que Nueva York...», no, nada de eso. ¿No me había advertido Derby, hacía media hora, que no dijera nada que pudiera identificarme? Me dije que debía esperar que otro iniciara la conversación, pero, ante mi creciente sorpresa, mientras sorteábamos el tráfico bajo el sol de la tarde, nadie dijo ni pío.

Pensé que, de todas maneras, sería un trayecto breve —probablemente unos diez minutos hasta llegar a algún edificio oficial—, hasta que observé que las calles de la ciudad se convertían en terrenos residenciales cada vez menos poblados, y finalmente en una carretera de dos carriles, de tipo rural y con bosque a ambos lados. Por un momento, el pánico me agarrotó el estómago. ¿Estaría en manos de tratantes de blancas? ¿Y por qué no? Cualquier cosa era posible. Yo me encontraba allí sin ser ya Aline Griffith, sin un solo documento que permitiera identificarme. Sólo era «Tigre», número 527.

Abandonamos la carretera para tomar un largo y oscuro camino bajo un enmarañado toldo de ramas. Según mi reloj, llevábamos casi cuarenta minutos de viaje, nos encontrábamos a más de treinta kilómetros de la capital y, seguramente, en algún lugar de Maryland o de Virginia. No tenía ni idea. La casa a la que llegamos era enorme y se alzaba sobre una elevación de terreno cubierto de césped, con una fachada de ladrillo blanco y gabletes, donde el sol bruñía docenas de ventanas. Rodeaba aquel vasto terreno un bosque con unos colores rojos y amarillos tan vivos que parecía pintado. La tarde había llegado a su apogeo, con un aire otoñal fresco y dulce.

Nos detuvimos ante un pórtico con columnas y yo me apeé, seguida por los tres hombres. Rápidamente, me alisé la falda y el pelo, mientras se abría la maciza puerta delantera. Un hombre velludo y musculoso, con una camisa roja a cuadros, salió al porche. Le seguía un individuo enjuto, con una guerrera militar totalmente abrochada sobre unos resplandecientes zapatos de punta chata.

El más alto cogió mi maleta al sacarla el chófer del portaequipajes, y después se acercó a mí.

—Hola...

Esperaba y, tras un leve titubeo, yo dije:

—Tigre.

—¿Usted es Tigre?

Asentí en silencio.

—Está bien, está bien... —su sonrisa tardó en aparecer—. Mientras sirva para presentarla... ¡Cómo desorienta a veces un nombre! Yo soy Whiskey.

Y me tendió una manaza que parecía una zarpa.

—Buenas tardes... Whiskey.

Al estrecharla, pensé que su nombre sí encajaba. Algo en su actitud, en el tono de su voz, sugería el alcohol... fuerte, preparado como ponche. Oí los sonidos de los pájaros, el susurro de los árboles, y... ¿una lejana ráfaga de disparos?

—Hola, Pierre —saludó Whiskey al hombre sentado delante, el que yo no había podido ver.

—Hola, Whiskey. Me alegra volver a verte.

La voz era metálica, con un acento británico. Le miré por primera vez y en seguida me esforcé en no mostrar ninguna reacción, pues era, sencillamente, el hombre más atractivo que yo hubiera visto en mi vida. Su piel oscura tenía un tono rojizo, el propio de un atleta siempre al aire libre, y sus cabellos eran más negros y gruesos de lo que me habían parecido en el coche. En aquel momento sus ojos pardos me estaban mirando, penetrantes, y una súbita sonrisa reveló unos dientes blancos y perfectos. No era demasiado alto, pero sí esbelto y vibrante. Su traje de pequeños cuadros negros y blancos revelaba un corte y una calidad dignos de quien lo llevaba.

Confusa y terriblemente consciente de su presencia, subí los escalones de la entrada.

Sin soltar mi maleta, Whiskey me dijo:

—Bien, Tigre, estamos encantados de tenerla aquí. Entre, por favor.

Al cruzar el porche, el suelo me pareció tan poco sólido como la arena, bajo mis pies. El individuo bajo y enjuto había mantenido una inmovilidad silenciosa, observándolo todo como si fuera una de aquellas estatuillas de jockeys que a menudo adornan las entradas de las casas. Whiskey le hizo un signo para que también él entrara.

—Sphinx, ¿por qué no coges la maleta de esta señorita y la acompañas a su habitación?

Por un segundo, el hombrecillo me miró. Sus facciones tensas y sus ojos hundidos casi resultaban atractivos, pero su mirada momentánea me heló y deshizo el encanto que había producido aquel apuesto desconocido. Tomando la maleta de manos de Whiskey, Sphinx avanzó con pasos breves pero decididos por el gran vestíbulo. Miré a mi alrededor y vi... hombres, sólo hombres, en su mayoría de cuarenta o cincuenta años, vestidos con un abigarrado surtido de atuendos, unos con trajes clásicos de hombres de negocios y otros con pantalones vaqueros y camisas deportivas, en tanto que otros —como Sphinx— llevaban una mezcla de prendas militares y civiles.

Whiskey señaló con su manaza.

—A la izquierda, el comedor. Se cena a las seis en punto. A las siete habrá una reunión en la biblioteca, para los recién llegados.

Asentí aturdida y me volví para seguir al hombre bajito y subir con él la escalinata curvada. Sus pasos precisos, de soldado de madera, me condujeron, a través de un pasillo, hasta una puerta marcada con el número 3.

—Aquí es donde tiene su cama.

Su voz chillona era tan tensa como su paso de ejercicio militar.

Sphinx abrió la puerta. La habitación era pequeña y austera: dos camas gemelas, un escritorio ante una pared pintada de blanco, dos sillas de respaldo recto y una cortina verde que cubría la única ventana. En una de las camas, una joven levantó la vista, sobresaltada, del libro que tenía en su regazo.

—Podría haber llamado —dijo, dirigiéndose a Sphinx.

—Ni pensarlo, Magic. No está usted un un hotel de lujo. Está trabajando para los Estados Unidos.

Su voz era fría, carente de toda emoción.

Con cierta cautela, ella se levantó y me miró, como si esperase que Sphinx hiciera las presentaciones. Según las normas convencionales, no era una joven agraciada: tenía una cara alargada, caballuna, con una lustrosa melena castaña, y llevaba gafas con cristales muy gruesos. Pero sus pómulos altos y sus ojos claros, con espesas pestañas, le conferían un atractivo innegable. Nos estudiamos las dos mientras Sphinx depositaba mi maleta en el suelo y seguidamente abandonaba la habitación sin pronunciar palabra.

Yo quise empezar a hablar, pero ella se llevó el dedo a los labios para indicarme silencio, y señaló un rincón del techo. Sólo pude ver allí un respiradero.

—Ni una palabra que no quieras que te oigan —murmuró—. Esta habitación tiene dispositivos para captar el sonido. —Aunque hablara en voz baja, se advertía claramente en su voz un acento gutural extranjero—. Me llamo Magic.

—Y yo soy Tigre.

Me estrechó la mano con amistoso vigor.

—Ese tipo es mi pesadilla —murmuró de nuevo, gesticulando en dirección a la puerta—. Él no cree que las mujeres tengan derecho a estar aquí. Muchos de los otros hombres piensan lo mismo, pero al menos se muestran corteses. Noventa y nueve de cada cien mujeres no querrían estar aquí aunque pudieran. Ya verás mañana lo que quiero decir. Pero es fascinante, a pesar de la dureza del programa. ¡Sólo dos mujeres y más de treinta hombres!

—¿Sólo tú y yo?

—¿No crees que dos ya bastan? —me guiñó uno de sus ojos miopes—. He sido la única mujer del grupo desde que llegué, hace tres semanas. Los viernes llegan nuevos reclutas, con algunos de los antiguos que han estado con permiso. En este programa de adiestramiento todos nos encontramos en etapas diferentes.

Miró su reloj de pulsera.

—Debo marcharme.

Abrió el armario, se cambió sus zapatos de suela plana por otros de tacón, me dirigió un «*A bientôt*», y me dejó sola en la habitación.

Me acerqué a la ventana. A lo lejos, el imponente bosque proyectaba sombras alargadas sobre los vastos prados cubiertos de césped, y entre los árboles había atisbos de dorados calveros. Bajo la ventana, unos cuantos hombres jugaban a la pelota. Al asomarme más, reconocí al apuesto Pierre de pie bajo un corpulento arce, y Magic parecía correr en su dirección.

Di media vuelta y empecé a sacar mis cosas de la maleta, y después esperé impacientemente que llegaran las seis.

En el comedor, el grupo se asemejaba a una reunión fraternal, con ocho hombres sentados ante cada mesa rectangular, riéndose y hablando tan jocosamente como si la guerra nada tuviera que ver con ellos. Whiskey me llamó.

—Tigre, quiero presentarle a los de esta mesa.

Y me presentó a Bluejay, Francis, Popoff, Lucky y otros dos.

Lucky y Popoff habían sido mis silenciosos acompañantes en el coche. Ocupando la silla entre Whiskey y Lucky, me limité a saludarles y sonreír. Estaba decidida a no cometer ningún desliz innecesario. Whiskey se volvió hacia mí, amable pero alerta.

—Y bien, Tigre, ¿qué opina?

Los otros hombres se mostraban escrupulosamente atentos.

—Me refiero a los arenques. No están mal, ¿verdad?

—Muy buenos.

Sonreí otra vez, como única postura segura que se me ocurrió en aquel momento.

—Espero que le guste la carne dura. Porque lo que es aquí, va a verla en cantidad.

—En este lugar se necesita —comentó con buen humor uno

de los hombres de la mesa—. Para sobrevivir, uno necesita ser tan duro como este bistec.

Lucky y yo cambiamos una mirada casual. También él guardaba silencio.

—Y no olvide las patatas —intervino Bluejay—. Deben de ser la única cosecha a cien kilómetros a la redonda. Las dan en el desayuno, en el almuerzo y en la cena. ¡Uf!

—¿Y qué tienen de malo las patatas? —protestó Whiskey—. En el extranjero, a nuestros chicos les encantan las patatas en puré, hervidas, asadas, cocidas y fritas, por este orden.

No osé intervenir en la conversación, temiendo revelar que yo nunca había estado en ninguna parte y que nada conocía del mundo. En cambio, todos los demás, excepto Lucky, charlaban por los codos, pasando del ataque de Mark Clark en Nápoles y el avance de MacArthur en Nueva Guinea a la clasificación en la liga de fútbol.

En la biblioteca chisporroteaba un fuego que proyectaba su resplandor en los paneles de las paredes y los libros encuadernados en piel. Lucky ya se encontraba allí y me senté junto a él. A los cinco minutos, éramos doce los reunidos en un grupo silencioso. Entonces apareció Whiskey, seguido de cerca por Sphinx.

—Pónganse cómodos, por favor. Allí hay whisky y bourbon... —señaló una mesa junto a la pared— y cigarrillos en esas cajas.

Con toda sencillez, nuestro anfitrión, sentado en la gran mesa escritorio de caoba, con los brazos cruzados, esperó hasta que todos los vasos estuvieron llenos, todos los cigarrillos encendidos y todas las sillas ocupadas de nuevo. Yo había permanecido pegada a la mía. Parecía como si disfrutara al prolongar nuestra ansiosa espera. Sphinx se apoyó en la misma mesa, a la derecha de Whiskey, y por su manera de mirar a cada uno de nosotros, llegué a pensar que estaba decidiendo a quién iba elegir para machacarlo en primer lugar. Siempre con los brazos cruzados, Whiskey esperó hasta que fue posible oír la proverbial caída del alfiler.

—Bien, creo que merecen ustedes saber exactamente lo que está ocurriendo, y por qué se encuentran aquí.

Whiskey cambió de posición, esperó y saboreó el silencio.

—Esto es la primera escuela de espionaje en Estados Unidos. Y ustedes se encuentran aquí para convertirse en... E... S... P... I... A... S.

Cada letra requirió un segundo.

Nadie se movió. En la chimenea, un rescoldo se incendió de nuevo, crepitó y se extinguió. Un cubito de hielo tintineó en un vaso. Con premura ahora y con un calor no afectado, Whiskey prosiguió:

—Si logran pasar su adiestramiento, serán los empleados de un novísimo servicio, conocido como Office of Strategic Services, que depende de una sola persona..., el general Wild Bill Donovan. Ningún departamento gubernamental tiene jurisdicción sobre nuestras operaciones..., excepto el presidente.

Whiskey hizo una pausa, mientras nos miraba uno tras otro.

—El FBI es responsable de la información reunida dentro de nuestras fronteras... y en estos momentos nos está ayudando también en Sudamérica. No podemos entrenar reclutas con la rapidez suficiente. Nos queda el resto del mundo por cubrir.. y esto es mucho —se oyó un gruñido que mostraba acuerdo—. La OSS tiene cinco secciones. La MO, Mobile Operations, coordina las actividades de los agentes detrás de las líneas enemigas. Hay la sección de propaganda. R & A, investigación y análisis, reúne y clasifica datos de valor estratégico para la guerra. El contraespionaje, CE, tiene como misión obtener datos de los servicios de información extranjeros en otros países. Y la SI, o Secret Intelligence, asigna a los agentes misiones especiales en países extranjeros. Donovan es el jefe supremo, pero cada una de las cinco secciones tiene un jefe con autoridad de ámbito mundial para las actividades de su departamento. Cada uno de ustedes será asignado a una sección en particular.

Con la misma afabilidad, Whiskey continuó:

—Es decir, si pasan ustedes por el aprendizaje. Me disgusta ser yo quien se lo diga, señores y señorita, pero algunos de ustedes no durarán ni siquiera dos semanas.

Ya estaba dicho. ¿Cómo iba a competir mi inexperiencia con la de aquellos hombres de mundo?

—La memoria de algunos de ustedes no será lo bastante sólida, o las respuestas serán demasiado lentas. O la fatiga podrá con ustedes. Es mejor que les anticipe ya que van a ser sometidos a algunas pruebas muy duras, y todos tendrán que obedecer cada orden les guste o no. Tendrán que comportarse como campeones precisamente cuando crean estar demasiado cansados para aguantar despiertos ni un minuto más... y entonces tendrán que tomar decisiones en una fracción de segundo.

Whiskey añadió, mirándonos a todos, uno tras otro:

—Si no les gusta lo que he dicho, o si creen que esto va a ser demasiado, ahí está la puerta. Nadie se va a enfadar.

»Mientras firmen un papel y juren solemnemente no repetir jamás ni una palabra de lo que han oído en esta habitación, pueden marcharse ahora mismo y en una hora se les dejará de nuevo en Washington. Y olvidarán incluso haber estado aquí.

Nadie se movió.

—Hay otra cosa. Siempre existe la posibilidad, y no es tan remota, de que un agente enemigo se haya infiltrado hasta llegar aquí. Ésta es una de las razones por las que su nombre en código es su único nombre mientras estén aquí. Sólo lo diré una vez, pero quiero que lo recuerden: que cada uno guarde su identidad para sí. Y esto abarca a su compañero de cuarto, a su instructor o a su amigo.

Ni por un momento aparté los ojos del conferenciante. Whiskey no tenía ni trazas del refinamiento de John Derby. Su actitud y sus andares eran los de un púgil. John Derby hubiera podido ser un abogado y Whiskey un infante de marina. Tenían más o menos la misma edad y compartían una característica observable: ambos me daban la impresión de estar jugando metódicamente una mano en un juego de cartas, escogiendo con exactitud qué naipe jugar y cuál reservar.

—Olviden su pasado. Olviden que tenían uno. Sólo cuenta el presente. Y el futuro. Y ahora conviene que esta noche gocen de un buen sueño reparador, amigos míos, pues cabe que sea la última vez. Mañana, desayuno a las siete y su primera clase a las ocho en punto..., tendré el placer de dársela yo. Y a partir de entonces, su programa procederá sin interrupción. Creo que por el momento esto es todo.

»Bienvenidos a la RTU-11, conocida también como la Granja.

Salí de la biblioteca medio aturdida. ¿Ocurría realmente todo esto?

Subí por la escalera cuando oí:

—Tigre, tengo algo para usted.

Al volverme, vi a Whiskey, que sostenía un paquete. Avanzó hasta situarse un escalón por debajo de mí.

—Habrá observado ya que aquí no existe un uniforme estándar. Pero creo que lo que hay en esa caja le resultará práctico.

Abrí la caja y descubrí que contenía dos monos del ejército, con cintura ajustada.

—Gracias.

—No es que resulten, ni mucho menos, elegantes, y espero que tampoco le importe el color.

Nos miramos y finalmente dije lo que había estado pensando toda la tarde:

—Si se lo dijera, ¿no sería delatar algo acerca de mi persona?

Sonrió lentamente. Su barba sin afeitar formaba infinitos puntos grabados en su áspera cara.

—Así se hace, Tigre. Creo que va a salir muy airosa de lo que haga aquí.

A las ocho en punto apareció Whiskey, alerta, estólido, amable como un viejo amigo y tan resuelto como un tanque Sherman. Detrás de él, se presentó también Sphinx. Dos hombres de mediana edad, con uniforme del ejército, tomaron asiento en el fondo de la sala, mientras Sphinx y Whiskey avanzaban hacia una mesa situada delante, sobre la cual depositaron un cilindro metálico y lo que parecían ser rollos de película.

Lucky, que se había sentado junto a mí, me confió:

—La noche pasada uno de ésos me dijo que Whiskey es todo un tipo. Procede de West Point y pasó un año en Saint-Cyr, la academia militar francesa. Después prosiguió su adiestramiento en Inglaterra, donde fue instructor de combate cuerpo a cuerpo para los agentes canadienses e ingleses a los que se enviaba detrás de las líneas enemigas. Nadie sabe si Whiskey ha servido en campaña, pero es posible. No se hizo cargo de esto hasta hace dos meses.

El físico de Whiskey no llamaba la atención de inmediato, pero al fijarme mejor en él, me pareció más impresionante... y peligroso. No era especialmente alto o corpulento, pero algo en él revelaba una capacidad física inusual. Su actitud reflejaba también confianza en esta capacidad.

Pregunté a Lucky:

—¿Sabe cuánto tiempo va a durar este período de adiestramiento para nosotros?

—No tiene una duración definida. Algunos hombres llevan más de un mes aquí y otros, después de unas semanas, son enviados a otro campo de entrenamiento para aprender paracaidismo y otras cosas. Cada alumno es preparado para una misión específica. Es como si nos hubieran cortado a la medida cuando salimos de aquí, ello suponiendo que no nos echen antes. —Rebulló en su asiento, incómodo—. A mí no me gusta no saber lo que voy a hacer ni adónde me enviarán. ¿Y a usted?

Antes de poderle contestar, Whiskey, que ahora estaba de pie delante de una blanca pantalla portátil que acababan de montar, empezó a hablar.

—¿Alguien sabe cuál es nuestra arma secreta más peligrosa? —Con una sonrisa, obsevó la sala. No se oía ni una mosca—. Pues se encuentran en ella.

Sentí sobre mí la mirada de Lucky. A mi izquierda, uno de los hombres uniformados que habían entrado antes caminaba hacia la parte anterior.

—Nuestro amigo aquí presente —Whiskey señaló hacia el oficial que se aproximaba a él— será uno de sus instructores. Va a darles una clase. Diríjanse a él como capitán, pero no crean que lo es sólo porque ven las insignias de esta graduación en su uniforme. Recuerden que, a partir de ahora, deben acostumbrarse a poner en tela de juicio cualquier evidencia. Más tarde les pediremos sus opiniones. Y puedo decirles que sus instructores se reirán muy a gusto con los errores que ustedes cometan, señores..., perdón... —miró en mi dirección—, señoritas.

El capitán dio una palmada en la espalda de Whiskey y empezó sin preámbulos:

—Lo primero que deben meterse en las cabezas es que esto es una agencia *secreta* de inteligencia, no un servicio de información pública. La inteligencia que facilitamos a los militares es *alto* secreto. ¿Saben lo que esto significa? Significa que se les puede fusilar sólo por el hecho de saberlo ustedes mismos. En otras palabras, somos tan estrictos en nuestros secretos como la Abwehr alemana o la NKVD rusa. Repitan ante cualquiera, sin permiso, una palabra que hayan oído en este lugar, sea quien sea su interlocutor, y cualquiera que sea su graduación, y se les juzgará por traición. Y esto es aplicable a todos y cada uno de ustedes... pasen o no su período de adiestramiento. ¿Entendido, amigos? —Una fugaz sonrisa—. Estamos aquí para salvar vidas. Éste será nuestro primer esfuerzo. La información que obtengan nuestros agentes sobre las fuerzas enemigas, sus emplazamientos en las costas, los movimientos de sus tropas, sus controles en las carreteras, su artillería antiaérea, sus minas, junto con el conocimiento de sus intenciones, todo ello es indispensable.

»Y tenemos problemas. Stalin no quiere tropas aliadas en la Europa del Este. Tiene planes para controlar aquellos países que limitan con Rusia, y esto hace que nuestra tarea en esa zona resulte esencial, puesto que si nuestros agentes pudieran convencer a aquellos gobiernos de que no los abandonaremos en manos de los bolcheviques después de la guerra, algunos se pasarían ahora mismo a nuestro bando. En este momento, temen menos al nazismo de Hitler que al comunismo de Stalin.

»Hay rumores de conspiraciones militares alemanas para asesinar a Hitler, pero, aunque estos planes tuvieran éxito, semejante posibilidad no pondría fin a nuestros problemas. Si el Führer es eliminado, Heinrich Himmler ocuparía su lugar, y es igualmente peligroso.

»Y está también Italia, donde nos hemos visto en apuros precisamente debido a la falta de información sobre el potencial de los alemanes y porque nadie puede decirnos todavía qué intenciones tiene Kesselring para el futuro. ¿Se replegará? ¿Le enviará Rommel más tropas? Tales son las preguntas que nuestros hombres de la OSS situados allí tratan de contestar en este preciso momento. Por ahora, Kesselring se mantiene entre Nápoles y Roma, y hemos perdido ya un millar de soldados americanos. Esperamos que la OSS reduzca el número de bajas y muestre el camino hacia la victoria. ¿Comprenden ahora la importancia estratégica del papel para el que cada uno de ustedes va a ser preparado?

El capitán continuó su disertación, esbozando rápidamente un cuadro de la situación actual en el Pacífico. Cuando terminó, Whiskey se acercó a la mesa.

—¿Qué le parece, capitán? ¿Enseñamos unas cuantas imágenes?

Un joven empezó a preparar un proyector, y entretanto Whiskey nos habló con su habitual talante informal.

—Sepan que, según dicen nuestros chicos en Washington, corre de boca en boca un chiste sobre nosotros..., sobre el significado de las siglas OSS. —Sonrió burlonamente—. «Oh, son sociales». Y sólo porque los nombres de algunos de nuestros miembros están bien registrados en el ambiente social. ¿Tú crees que esto es justo, Sphinx? —Se volvió hacia el hombrecillo sentado detrás de él—. ¿Cuándo tienen la suerte de contar con tipos tan toscos como tú y como yo?

—Lo que me gustaría saber es qué significa «social» —bromeó Sphinx con su voz carente de todo humor.

Nuestro instructor se rió con ganas.

—Bueno, esa peliculita casera les enseñará lo que estamos tratando de atajar...; y para lograrlo se necesitará algo más que virtudes sociales.

Movió la cabeza, se apagaron las luces y se corrieron todas las cortinas ante las ventanas.

El proyector empezó a funcionar con un chirrido y el operador procedió a enfocarlo. El filme era en blanco y negro, rodado en película de grano grueso, y a menudo borroso. Whiskey explicó que buena parte de él había sido sacado de territorio enemigo. Primero, una historia comprimida de la guerra, incluido el bombardeo de Rotterdam, destruida no por razones militares, explicó Whiskey, sino como represalia por la resistencia de los holandeses, y con la intención de aniquilar la voluntad de las víctimas; la ejecución en masa de patriotas polacos por un pelotón de ejecución nazi, ante una enorme y cavernosa fosa común; el acoso brutal de judíos en Amsterdam, Viena y Bucarest; la carnicería infligida mutuamente por alemanes y rusos en Stalingrado, reducida a escombros ante nuestros ojos.

—Y ahora pasamos a temas más próximos a nosotros —dijo el conferenciante—. Las siguientes estrellas cinematográficas que van a ver trabajaron para diferentes servicios de inteligencia..., desgraciadamente algunos de los nuestros. Varios británicos. Un sueco. Una chica griega que trabajaba para los rusos.

Lo que vimos entonces era inimaginable. Ya fuese cortados a tiras con cuchillos, colgados en faroles, desfigurados por manos humanas o por el fuego de ametralladoras, el resultado era siempre el mismo: la muerte. Al final, la sonrisa de Whiskey se había desvanecido. Se limitó a despedirnos con un gesto de la cabeza.

Lucky y yo salimos juntos. Yo estaba temblando, pero hice un esfuerzo para disimular mis emociones, porque observé que los dos oficiales, así como Whiskey y Sphinx, nos observaban a todos mientras abandonábamos la sala a través de una puerta estrecha.

—Tigre, esa tarea en la que estamos metidos puede resultar más que desagradable —murmuró Lucky.

Se le veía especialmente afectado, pero nadie más hizo comentarios.

Nos condujeron seguidamente a una habitación donde un hombre alto y desgarbado, llamado George, nos esperaba rodeado por cajas fuertes y puertas montadas en bastidores y provistas de muy diversas cerraduras. Todo él sonrisas, dijo a guisa de presentación:

—Antes de que le pongan las manos encima al enemigo, han de entrar en su casa, ja, ja, ja. Y yo estoy aquí para enseñarles precisamente cómo hacerlo. Y cuando hayan entrado en su casa, también podrán abrir su caja fuerte. Extiendan las manos. —Examinó la piel de nuestros índices y pulgares y chasqueó la lengua con desaprobación—. Todos vírgenes, eso salta a la vista. —Risas. Mostró una lima—. Vamos a ver. Cada mañana, la primera cosa que harán después de cepillarse los dientes será limarse la piel de las puntas de los dedos, bastará con el pulgar y el índice, de ambas manos. ¿Por qué? Para incrementar su sensibilidad cuando traten de detectar marcas de apertura en las cerraduras de combinación. El tema de hoy pertenece a las bellas artes..., en mi humilde opinión, la más bella de todas.

Aquel día, George nos enseñó también las técnicas para abrir con ganzúa cerraduras de puertas y para hurtar cosas de los bolsillos.

Magic y yo salimos juntas. Era la primera vez que teníamos una oportunidad para charlar.

—Tigre, has encontrado tu profesión. Has estado magnífica. En cambio, mis manos son como dos pies izquierdos.

—Se debe a George. Es un gran instructor, y además un hombre encantador...

—¿Encantador? Es lo que los americanos llaman un «revientacajas», y evidentemente el mejor del país. Dicen que lo sacaron de la cárcel precisamente para enseñarnos a nosotros.

El apuesto Pierre estuvo a mi lado en los ejercicios al aire libre. Me ayudó considerablemente, puesto que las pruebas eran agotadoras. Trepamos por muros de piedra, vadeamos un torrente de aguas fangosas, y nos arrastramos sobre nuestros vientres entre hierbajos.

—¡Vamos, Tigre! —¡Sabía cómo me llamaba!—. Un par de esfuerzos más. No se desaliente, y no piense que no lo conseguirá. Lo está haciendo muy bien.

Cuando yo no podía moverme, él me empujaba o tiraba de mí, hasta que completamos la carrera de obstáculos. Nuestra recompensa fue Sphinx, que nos esperaba con los brazos cruzados. Con el ceño fruncido, nos miró a todos, enfangados, empapados en sudor, tratando de recuperar el aliento.

—Pésimo. Todos ustedes. Nunca durarían ni un día en el campo de batalla. Recuerden una cosa; si no están en la mejor forma, el agotamiento les convertirá en unos cobardes.

Dio media vuelta y yo supuse, aliviada, que por lo menos esa prueba había concluido. Después, mientras se alejaba, oí que decía por encima del hombro:

—Vamos, otra vez. Empiecen desde el principio.

Pierre y yo cambiamos una mirada. Yo estaba demasiado agotada para que me importara que él me viese tan sucia y fatigada, en tanto que, al parecer, él estaba tan fresco como antes de empezar el ejercicio.

Después de cenar nos reunimos en una sala de estar y un visitante, con traje gris de ejecutivo y corbata, consultó su reloj de pulsera.

—Pónganse cómodos, amigos. Acabo de llegar del terreno de operaciones y sólo dispongo de una hora para contarles todo lo que sé.

Me incliné hacia adelante, fascinada.

—Cuando se trabaja tras las líneas enemigas, se necesita dinero para reclutar nuevos agentes. Pero... ¡cuidado! Les seguirán como si fueran perras en celo a menos que dominen la técnica de estas transacciones. Estoy aquí para enseñarles cómo negociar. Algunos agentes queman sus coberturas sólo porque caen en la tentación de gastar con excesiva ligereza sus fondos. Si es posible, cuando recluten un subagente la primera regla es demorar el pago hasta el final de la guerra. En caso de que aún no se hayan enterado, es cierto aquel proverbio tan corriente que dice que cada persona tiene su precio. Y no siempre se trata de dinero. Puede tratarse de una garantía de tratamiento médico, de un visado de inmigración, de un empleo después de la guerra.

»Pero asegúrense siempre de que el precio no sea la vida de ustedes.

Llevaba varios días sin ver a Pierre cuando apareció delante de mí en la larga mesa de laboratorio donde estábamos fabricando tintas invisibles. Eran tintas transparentes, que no dejaban trazas, inalterables por el calor, el frío o la luz, y se presentaban en forma de polvo, o bien como líquidos cuya base era el agua o el alcohol. Utilizando uno de estos polvos encapsulados, Pierre introdujo un mondadientes en la cápsula, escribió algo en una hoja de papel y después pasó por ella, meticulosamente, un poco de algodón. Cuando me sorprendió observándole, yo me sonrojé. Él se limitó a sonreír, siguió escribiendo y después me entregó el mensaje. Empecé a revelarlo, espolvoreando el papel con un compuesto rojo y polvoriento que contenía amfetalina. Después calenté el papel con la llama de un encendedor y lo expuse a los rayos ultravioleta de una lámpara portátil. Letra tras letra, las palabras escritas por Pierre aparecieron ante mi vista.

Tigre, ¿no has notado que esto no es Washington? ¡Es Hollywood! Circulan rumores de que hay aquí un ex-espía nazi. ¿Te gustan los «popovers» para desayunar?*

Pierre

Leí su mensaje y comprendí inmediatamente que se refería a Popoff, que parecía ser el amigo más íntimo de mi compañera de cuarto. Con su acento, la propia Magic podía ser una desertora alemana.

Me tocaba a mí responder. Primero mezclé una solución muy peculiar en una botella de tinta: un producto químico de color amarillo, agua... ¡y schnapps! Después mojé una pluma en la mezcla:

Pierre, puede que haya más de uno. ¿Qué te parece este reparto?

* Pastelillos parecidos a los crêpes, rellenos con picadillo de carne o mermelada. *N. del T.*

POPOVERS
LA VERDADERA HISTORIA

Claude Rains..........Popoff
James Cagney..........Whiskey
Boris Karloff...........Sphinx
Shirley Temple.........Tigre
Charles Boyer..........Pierre

Trató mi respuesta con la implausible solución de cenizas de cigarrillo en agua y, al empezar a aparecer las letras, vi que sonreía divertido. Cuando salimos del laboratorio minutos más tarde, me preguntó:

—¿Y Magic? ¿Cómo puedes olvidar a nuestra estrella?

—¿En quién se te ocurre pensar?

—En Norma Shearer —me contestó rápidamente.

Lamenté por un instante no ser tan sofisticada como mi compañera de habitación, pero verdaderamente Magic se parecía a esa famosa actriz, incluso en su manera de entrar en un lugar y en el tono de su voz. Me había fijado, y mucho, en que Pierre solía sentarse junto a Magic en el comedor y que rara vez se esforzaba en acercarse a mí, y no obstante se mostró simpático y jocoso en una clase que compartimos y en la que aprendimos cómo enrollar un periódico y conseguir una punta tan fina que, a falta de mejor arma, podía actuar como un puñal..., con tal de perforar al enemigo en el blando pliegue carnoso que hay debajo de la barbilla. Mientras trabajábamos, Pierre me miró con una expresión de escepticismo.

—Se dobla como para hacer cosquillas —observó por lo bajo—. La víctima se muere riéndose.

4

Al cabo de unos diez minutos de clases de defensa personal y lucha cuerpo a cuerpo, nuestra pericia fue puesta a prueba asignando a cada uno un adversario elegido entre los alumnos más avanzados. Pierre había de ser mi contrincante.

En silencio, nos observamos los dos de cerca. El instructor gritó la orden de comenzar, y al instante el lugar se llenó de gladiadores. Nos adelantamos los dos en una especia de danza. Pierre actuó con la agilidad de un profesional y su brazo derecho me agarró y me tumbó. Los árboles desnudos se cernieron sobre mí.

Me levanté de un salto. Aunque su golpe siguiente fue ligero, me dio en las costillas, me cortó la respiración y de nuevo me derribó. Asesté una patada con la pierna izquierda, pero él retrocedió y fallé el golpe. El dolor era intensísimo pero, con un movimiento elástico, salté sobre mis pies y me puse fuera de su alcance. Jadeando y sudando, decidí alcanzarlo al menos con un golpe.

Él estaba describiendo círculos, acosándome, y no había tiempo para pensar. Antes de que pudiera aproximarme más, su vigorosa pierna derecha y su brazo, en una experta llave de jiujitsu, me derribaron de espaldas. ¡Maldición! De nuevo traté de alcanzarle con una rápida patada, empleando una tijera de pierna, pero él saltó hacia atrás. Me levanté tambaleándome. Nunca te des por vencida..., nunca.

Nuestras miradas se encontraron. ¡Estaba sonriendo! Una expresión triunfal le curvaba los labios. Pierre se acercó, dispuesto a atacar, y yo di media vuelta como para huir de él. Ésta era mi oportunidad: aquel golpe seco en la entrepierna que tan bien nos habían enseñado. Con todas las energías que me quedaban, giré sobre mí misma para dirigir mi pierna contra él.

Sus manos pararon mi pie muy cerca ya de su objetivo. Rozando la mejilla, su otra mano me empujó el hombro... y medí el suelo.

Contemplé el cielo gris pálido; estaba empapada de pies a cabeza. Mi respiración y mis fuerzas se habían disipado.

El rostro de Pierre se inclinó sobre mí.

—¿Te encuentras bien? —Él respiraba casi normalmente—. Un encuentro desigual desde el principio. No lo elegiría yo, de poder hacerlo.

Oí como mi respiración resonaba, jadeante. No podía hablar, pero asentí con la cabeza.

—Lo estás haciendo muy bien, Tigre.

—¿Bien? —pude articular entre dientes.

—¿Y por qué no? Casi lo has conseguido. Estás empezando a captar la idea.

Mirándole fijamente, noté un sabor salado.

—Tu última patada ha sido casi mortal. De no haberla esperado yo, me hubieras incapacitado.

Agarrándome las manos, me ayudó a levantarme. Al hacerlo, nuestro contacto transmitió cierta sensación... sorprendentemente agradable. Traté de ocultar mi reacción, afanándome en desprender de mis ropas el polvo, las ramitas y las hojas. Él me estuvo mirando hasta que me alejé de allí.

Cada diapositiva permanecía veinte segundos en la pantalla.

La primera era la cara de un hombre. Debajo de ella, nombre, edad, ocupación y lugar de residencia. La segunda, otro hombre. Cuatro diapositivas en total.

La primera imagen volvió a aparecer, pero ahora sólo la cara. Activé mi memoria para aportar rápidamente los datos correspondientes. Diez segundos después, se repitió en la pantalla la segunda imagen. Y así sucesivamente.

Después, diapositivas de mapas. Primero, designados por los nombres de ciudades estratégicas, pueblos, ríos, carreteras. Pero cuando las diapositivas eran sustituidas, los mapas, idénticos, mostraban territorios sin ningún nombre. La vara del instructor golpeaba ciertos puntos en aquellos mapas mudos... y a mí me correspondía recitar los nombres.

Una y otra vez estas pruebas. Lo imposible se convertía gradualmente en rutina.

Veintiún días seguidos, sin interrupción..., veintiún días desde el amanecer hasta la medianoche, incesantemente entrenada, fatigada, moldeada. Los días más largos, más duros y más revolucionarios de mi vida. Había veces en que estaba tan cansada que telegrafiar en código Morse y disparar con una metralleta me sonaba igual.

Y entonces me dieron un día libre. ¡Me pasé catorce horas durmiendo!

Los libros estaban estrechamente alineados en sus estantes. Al sacar uno de ellos, se me deslizó en la mano y cayó al suelo ruidosamente. Me dispuse a bajar de la escala. Una mano levantó el libro y me lo ofreció.

—¿Otra manera efectiva de desembarazarse de un enemigo?

No había visto a Pierre entrar en la biblioteca. De nuevo experimentaba aquella sensación de —¿cómo lo llamaría yo?— temor mezclado con una tensa vigilancia.

Miró el título mientras yo bajaba. Después me miró a mí. Yo llevaba un vestido corto de lana y tacones altos, y los cabellos recogidos en un moño a la altura de la nuca. Por segunda vez en dos semanas —estábamos a mediados de noviembre— nos enfrentábamos cara a cara. En la habitación, unas pocas lámparas diseminadas emitían una luz suave. El techo se cernía sobre nosotros como una cúpula.

—¿Por qué te interesa Francia, precisamente? Tal vez yo pueda ayudarte.

Yo esperaba que mi misión fuese en Francia, ya que el francés era el idioma extranjero que dominaba.

—Me interesa estudiar las fronteras montañosas del país —repliqué, lo cual era verdad en parte.

—Vaya, yo diría que acabas de delatar tus planes, pero no te alarmes. Yo no se lo diré a nadie.

—Vigílate a ti mismo, Pierre. Cometes más deslices de lo que puedes suponer. Este libro, por ejemplo —agité el tomo encuadernado en rojo ante sus ojos—, puede decirme algo acerca de ti. —Sonreí dulcemente mientras me acercaba más a él, sin dejar de mirarle. Él se mostró confuso—. Es muy fácil desvelar tus secretos, si se me antoja hacerlo.

Sonrió levemente, divertido por su aseveración infantil, pero entonces yo alcé la mano izquierda y expuse a la luz mi trofeo: una delgada pitillera de cuero que acababa de extraer del bolsillo de su chaqueta.

Por un momento, Pierre no pudo ocultar su asombro. Después sonrió.

—De ahora en adelante, sé que no debo quitarte la vista de encima.

Cogió el libro y lo hojeó.

—Hay otro con mapas más detallados, que indican claramente las rutas de acceso a las montañas por tren y carretera.

Subió la escala, volvió a bajar y me entregó el otro libro. Nos dirigimos hacia una mesa y nos sentamos ante ella.

—El Jura, los Alpes, los Pirineos —recorrió las cordilleras con un índice muy moreno—. Te sorprendería saber lo que yo llegué a cazar ahí —me indicaba el valle del Loira, pero en seguida alzó la vista—. No, no me refiero a eso. Aves..., faisanes... y también jabalíes.

¿Quién podía ser ese hombre? Yo notaba el abismo entre nuestros dos mundos diferentes, pero también nuestra proximidad, la intensidad de su mirada. Inhaló el humo de su cigarrillo y después preguntó:

—¿Fui yo el que te hizo esto?

Me llevé la mano al pequeño hematoma junto a mi oreja; la carne, azulada, todavía dolía.

—Sólo estabas haciendo tu trabajo —dije—, y lo hiciste bien.

Mi cuerpo estaba cubierto de moretones. Él miró mi mejilla como si pudiera curarla con la vista.

Una voz familiar me sobresaltó.

—Whiskey te estaba buscando, Tigre —La propietaria de la voz me dirigió una sola mirada.

—Gracias, Magic.

Me levanté, preguntándome si Magic tendría un interés especial en alejarme de Pierre. ¿Cómo podía decirle yo que él no significaba nada para mí..., sobre todo ahora, cuando acababa de comprender que sí significaba algo?

Pude oler el agua de colonia de Whiskey..., ¿o sería una loción para después del afeitado? Fuera lo que fuese, era un olor demasiado intenso y un error. Un par de veces ya, había notado la proximidad de Whiskey debido a ese aroma en particular.

Tomé nota mentalmente de no utilizar jamás un perfume. ¿Lo haría él a propósito..., para comprobar si alguno de nosotros advertía el peligro de verse identificado por un olor familiar? Yo no podía creer que Whiskey cometiera semejante error, pero no me atrevía a mencionarlo.

Nuestro jefe se encontraba casi sumergido en los montones de papeles apilados en su mesa. Un bodegón, una cornucopia con frutas y hortalizas, colgaba de la pared detrás de él, probablemente como vestigio de los anteriores habitantes de la antigua y hermosa mansión.

—¿Preparada para un par de misiones de prueba, Tigre?

—Desde luego que sí.

Me senté, apoyando los brazos en su mesa. Tal vez estas misiones decidieran mi destino.

—Mañana por la mañana, a las ocho, estarás delante de la puerta principal... para efectuar una excursión de un día. Te llevarán a la Union Station y allí tomarás el expreso Penn Central de las doce hasta Richmond, en Virginia. Tienes seis horas para entregar este mensaje. —Whiskey me entregó un sobre pequeño y grueso—. Regresarás a Washington en el tren de las cinco y te esperarán en la estación.

Al coger el sobre, noté que Whiskey, nuestro amigo, estaba jubiloso... y que yo me enfrentaba a su artillería gruesa.

Seguidamente, garrapateó algo en un trozo de papel y lo sostuvo ante mis ojos.

—Grábate esto en la memoria —formó una bola con el papel y se lo metió en el bolsillo. Había en él un nombre y una dirección. Parecía demasiado sencillo—. Tu objetivo consiste en entregar el sobre sin que sea... interceptado, confiscado.

Debí haberlo imaginado. Iban a seguirme.

El día siguiente, en la estación, hice lo único que se me había ocurrido. Tras entrar con mi bolsa de viaje en los lavabos, volví a salir con el cuello alto del abrigo de pieles de Magic y la cara oculta por el velo de mi pequeño sombrero, con mi traje Hattie Carnegie (eliminada su etiqueta) y zapatos con tacones muy altos. Mientras me dirigía hacia los andenes, quise esperar que el cambio en mi aspecto fuera suficiente.

Cuando subí al tren, no tardé mucho en ver al hombre que me había estado siguiendo. ¡Y no le había engañado! Durante veinte minutos llenos de ansiedad, el tren siguió su ruta, y después pasó el revisor para anunciar Fredericksburg, la siguiente estación con parada. Me levanté, me encaminé al lavabo, abrí la puerta y entré. Apenas el tren inició la marcha en la estación, abrí la puerta, me precipité hacia la salida y salté al andén. Por fin me había librado de mi seguidor. Pero ¿cómo iba a llegar a Richmond a la hora debida? No había un tren hasta las cuatro y media. Ningún autobús hasta más tarde. No tenía bastante dinero para un taxi, aunque hubiera habido alguno. Con la gasolina racionada, costaba encontrarlos.

Hice autostop. La dirección resultó ser un pequeño hotel. Cuando pregunté por el hombre cuyo nombre había memorizado, la mujer contestó que no estaba, pero había de regresar de un momento a otro. Después empezó a charlar conmigo, insistentemente. ¿De dónde venía yo? ¿Era alguna parienta? ¿Cuánto tiempo hacía que conocía a aquel hombre? ¿Cuánto tiempo podía esperar?

Hice todo lo que pude, pero incluso después de dejar de interrogarme la mujer, mis apuros continuaron, puesto que se acercaba la hora de tomar mi tren para regresar a Washington. Sabía que no podía dejar el sobre allí, ya que era contrario a las reglas. A las cuatro y cuarenta y cinco, me dirigí hacia la estación, verificando constantemente si me seguían. Telefoneé varias veces al hotel, pero hasta las cinco menos ocho minutos no contestó al teléfono el hombre, que se identificó debidamente. Le dije que fuese a la cabina telefónica en la que yo me encontraba y buscara el sobre en las páginas de la R en el listín telefónico. ¿Creía él que estaba seguro? Me dijo que era una solución excelente y yo eché a correr, con el tiempo justo para tomar el tren de las cinco.

La vez siguiente se invirtió la rutina; yo tenía que seguir a un individuo. Éste desapareció como por arte de magia. Aunque fue mucho lo que aprendí, esta prueba la fallé por completo.

En un campo recién segado, detrás de la casa, había una pila de postes y tablones de madera.

—Haga un recinto con estos postes. Dispone de un hombre para que la ayude y de diez minutos. Adelante.

Con la mayor rapidez posible, y bajo el escrutinio de dos psiquiatras, empecé a construir un recinto en forma de caja, insertando los cuatro postes de madera en los tablones. Vi que Sphinx era la persona designada para ayudarme. Se mantuvo ocioso mientras clavé los tres primeros postes, pero apenas fijé el cuarto en su lugar, Sphinx empezó a arrancar los otros y a arrojarlos al suelo. Necesité tan sólo un momento para comprender de qué iba la cosa. Su cara era totalmente inexpresiva; sólo sus ojillos entrecerrados registraban un júbilo inconfundible.

Redoblando mis esfuerzos, trabajé con ahínco... para no conseguir nada. Sphinx desmontaba los postes más deprisa de lo que yo podía alzarlos, echando a rodar todo mi trabajo. Al cabo de cinco minutos, me sentí más que harta. Sólo se me ocurrió una cosa y, sin pararme a pensar, giré con el palo en la mano y descargué un golpe contra Sphinx que hizo caer al hombrecillo de rodillas.

El segundo siguiente pensé: «Dios mío, ¿qué he hecho ahora?», pero con todo fue un momento muy divertido.

Los dos psiquiatras me contemplaban como dos halcones... y mi tiempo se estaba acabando. A salvo brevemente de las interferencias de Sphinx, me apresuré a reconstruir aquel armazón de madera, y cuando él amenazó de nuevo mi obra di media vuelta para golpearlo de nuevo. Había podido construir como la mitad de la estructura cuando oí una voz de mando: «¡Alto!»

Uno de los doctores —llevaba unas gafas con cristales más gruesos que los de Magic— me hizo señas para que me acercara. Con una frialdad que hubiera aplaudido el propio Freud, me miró y me dijo:

—Su paciencia... deja algo que desear.

Sonreí y él añadió:

—Por suerte, también se le estaba haciendo una prueba de determinación y vigor.

Al volverme, casi sorprendí a Sphinx sonriendo.

—Tu siguiente misión es algo más complicada, Tigre. Se supone que has de conseguir un empleo en una fábrica de piezas de aviones, en las afueras de Pittsburg, sin utilizar ninguna identificación. Por desgracia, no podrás gozar de este empleo más de cuarenta y ocho horas. Durante este tiempo, sin embargo, te procurarás un sobre voluminoso y que contiene informaciones delicadas, sacándolo de la caja fuerte de la oficina. —Whiskey me entregó un rollo de papel vegetal—. Es el plano de las oficinas, e incluye la ubicación de la caja fuerte. Emplea tu iniciativa... y encontrarás la forma de abrirla. A propósito, éste es el número al que has de llamar si acabas en la cárcel.

Al entregarme una pequeña tarjeta blanca, vio mi expresión preocupada.

—No te preocupes, Tigre, en todo momento nos ocupamos de que suelten a los que no han tenido suerte. Van a la cárcel, pero nosotros los sacamos de ella. Puede muy bien ocurrirte a ti en una de esas misiones.

Mi misión en Pittsburg obtuvo un éxito moderado. El control de seguridad me admitió sin grandes dificultades, pero abrí la caja que no era en la oficina que tampoco era, y ello activó además una alarma. No obstante, regresé a la Granja sin escolta policial. Whiskey dijo que en esta ocasión había conseguido una calificación C.

Bajé la pistola y contemplé el blanco. ¿Diana? Ni mucho menos. La bala se había incrustado en el tronco de un árbol contiguo al blanco. ¡Maldición! El arma, calibre 45 y con una gruesa culata, me causaba dolor en toda la mano. Mis músculos vibraban, y también la parte posterior de mis rodillas y mis posaderas.

Cambié lentamente de posición, mientras enjugaba la líquida película que empañaba mis ojos. Después de cinco semanas de entrenamiento, ésta era todavía mi lección favorita, con sus estampidos, su olor y la sensación de competición; era algo que una mujer podía aprender tan rápidamente como un hombre. Noté una presencia detrás de mí. A unos metros de distancia, Whiskey me miraba, protegido por un paraguas. Aunque los árboles que nos rodeaban estuvieran desnudos, el cielo, las nubes y la propia luz tenían un color verde de fondo submarino. Se acercó a mí y me examinó detenidamente.

Me examiné a mi vez. Después de los ejercicios matinales —gimnasia en el suelo, en unos campos empapados—, después del jiujitsu y ahora las prácticas de tiro, no sólo mis ropas, sino también mis manos y cara estaban cubiertas de barro, suciedad y hierbas. Sudaba a chorros; mis cabellos podían escurrirse y las greñas se pegaban a mis mejillas. Whiskey sostenía el paraguas sobre los dos, cercana a mí su corpulencia. ¿Cuánto tiempo llevaba ahí? El suficiente para haber presenciado mis disparos.

—Vuelve a la casa, Tigre, y cámbiate. Dentro de una hora irás a Washington. Esta tarde has de hablar con Júpiter.

¿Júpiter? ¿Quién era Júpiter?

Entregué el arma al encargado de tiro y eché a andar junto a Whiskey y bajo su paraguas. Mientras atravesábamos el húmedo césped, me dijo:

—Casualmente, te vi montar a caballo el otro día. ¿Dónde aprendiste a montar tan bien?

—Sobre un caballo.

Whiskey se echó a reír.

—Muy bien. Nada de deslices, Tigre. Tal vez demos un paseo a caballo juntos, cuando el tiempo lo permita.

Me parece extraño que en ese momento yo alzara la vista. Nos encontrábamos cerca de la casa y miré hacia la ventana de una habitación en el segundo piso. Desde ella, Pierre nos contemplaba mientras nos acercábamos a la terraza.

Me alisé el vestido por detrás, recorriendo las piernas con los dedos para asegurarme de que las costuras de las medias estuvieran rectas. Mi maleta estaba junto a mí. Whiskey me había informado que, después de mi entrevista con Júpiter, tendría un fin de semana libre. El viaje en coche a través de carreteras rurales y el tiempo lluvioso habían afectado mi talante. Empezaba a preguntarme si aquella entrevista era una buena señal o todo lo contrario. A pesar de todo lo que yo había hecho, ¿habrían decidido que no era la persona indicada para la tarea?

Me parecía raro encontrarme de nuevo en una ciudad, un núcleo de vida, donde las calles estaban llenas y había tráfico por doquier. La Granja era como un sueño extraño. Me dejaron ante un Q Building feo y cuadrado, y después un ayudante que esperaba junto a la entrada me acompañó al despacho de... John Derby. ¡Júpiter!

Procuré no demostrar preocupación. Nerviosamente, me ajusté un pendiente al sentarme frente a él. Derby, que se había levantado para saludarme, también estaba sentado. Una sonrisa animó su semblante.

—Pues bien, Tigre, ha conseguido unos resultados mejores de lo que algunos esperábamos.

Había una fotografía sobre su mesa, boca arriba. Júpiter vio mi mirada. Una mujer joven, demacrada, desnuda y ensangrentada, imploraba a su fotógrafo con unos ojos terribles. Sin una palabra, él movió la foto para que yo la pudiera ver mejor.

—Los SS pasando un día divertido —comentó, arrastrando las palabras.

Comprendí que aquello era premeditado. Todos los gestos de Derby-Júpiter estaban bien medidos, calibrados de antemano.

Entonces me preguntó con voz suave:

—¿Está segura de que no le importa arriesgar su vida, Tigre?

—Sí.

—Entonces tengo una misión para usted.

Esperé. Él hizo una pausa que me pareció muy larga. Me agarré a los brazos de mi sillón.

—La necesitamos en... España.

¿España? ¿Había dicho España? Mi desconcierto fue total. Francia, sí. Suecia, tal vez Suiza, pero jamás había pensado en España.

—Entonces, ¿he pasado la prueba?

—Sí, pero necesitará más preparación antes de que podamos enviarla allí. Aparte de las cosas de rutina, tendrán que estudiar a fondo su lugar de destino. En la biblioteca de la Granja hay abundante información sobre los países a los que serán enviados nuestros agentes. Procure que nadie observe que está interesada en España. Tendrá que elegir otros dos países y estudiarlos también, a fin de que sus colegas no puedan determinar a dónde va a ir. Debe familiarizarse con la geografía y la historia de España, y ser capaz de reconocer a las actuales personalidades políticas. En este momento, el adiestramiento de su memoria debería ayudarla ya a absorber una cantidad sorprendente de datos en breve tiempo.

—¿A cuál de las cinco secciones de la OSS he sido destinada?

—Estará en la SI, Secret Intelligence, pero no puedo decirle cuál será su misión. Sólo se lo puede decir el jefe mundial de la SI, Whitney Shepardson. A Shepardson le gusta explicar personalmente las misiones a sus agentes que van a encontrarse en situaciones delicadas. Por lo tanto, tendrá que esperar hasta que él disponga.

Me pregunté en qué podía consistir mi misión. No había

posibilidad de que me lanzaran en paracaídas sobre España y me sentí un tanto decepcionada.

—¿Verdaderamente puede haber algo emocionante allí? —pregunté. Mi duro entrenamiento me había hecho desear una misión activa—. Espero que no sea algo demasiado blando —añadí, en busca de alguna pista.

Se limitó a reírse.

—No se preocupe. Créame, la clave del éxito en la guerra se encuentra en España. —Se apoyó en el respaldo de su sillón, entrelazando los dedos debajo de la barbilla y prosiguió—: Superficialmente, ese país se declara neutral, pero política y emocionalmente está al lado de Hitler. España es precaria, volátil. Francó ganó su guerra civil con dinero y soldados alemanes e italianos, y el país todavía sangra. Un millón de españoles murieron en esa guerra.

Yo había estudiado esa contienda devastadora en el colegio y recordaba que el rey de España Alfonso XIII, a causa de violentos disturbios y para evitar que corriera la sangre, se había exiliado en 1931, cuando las elecciones municipales manifestaron una gran mayoría republicana. En 1936 el país estaba sumido en tal malestar por el desgobierno del Frente Popular que la aristocracia, la Iglesia católica y el partido fascista de Falange se rebelaron contra el gobierno republicano. La consiguiente guerra, que sólo hacía tres años que había terminado, con terribles sufrimientos para la población, fue la peor de todas en la larga historia de España.

Júpiter prosiguió;

—España sigue siendo una maraña de facciones. Muchos de aquellos republicanos que perdieron la guerra son comunistas a ultranza... y algunos son nuestros aliados más próximos a causa de su odio contra los alemanes y su alianza con Rusia. Por estas razones, allí sólo reclutamos subagentes entre los que lucharon en aquel bando.

Recordé que algunos norteamericanos intrépidos habían luchado como voluntarios en España en aquella guerra..., un grupo conocido como Brigada Abraham Lincoln. También ellos habían peleado en el bando republicano. Resultaba confuso pensar en americanos ayudando a comunistas.

—En España todo es primordial para nuestra guerra —dijo—. Los alemanes obtienen tungsteno para su industria de armamento en el norte de España; lo embarcan en buques españoles hasta Francia, a través del golfo de Vizcaya, y después lo transportan por ferrocarril hasta Alemania. Sin él, sus fábricas de armas se verían en un serio apuro. La seguridad de nuestras tropas en África del Norte y de las que ahora se envían a Italia depende de que España mantenga su neutralidad. Siempre existe la posibilidad de que Franco se una a Hitler. ¡Imagínese el desastre que esto significaría!

»Asimismo, en estos momentos se están planeando dos invasiones del continente. Una por el norte y la otra por el sur. Los alemanes están muy preocupados tratando de determinar con exactitud dónde se producirán estas invasiones. La OSS en España será responsable del ataque por el sur. El resultado de la guerra depende de estas invasiones.

»Hay también otros motivos para la importancia de España. El almirante Canaris, jefe de la Abwehr, el servicio de inteligencia alemán, es un buen amigo de Franco y le visita con regularidad. Himmler está intentando desacreditar a Canaris ante Hitler, asegurando que Canaris influencia a Franco para que éste no se una al Eje. Y nosotros deseamos que Himmler no elimine a Canaris o lo prive de su cargo, porque nuestros agentes en otros países nos informan de que Canaris está respaldando conspiraciones para asesinar a Hitler. Irónico, ¿verdad? —Júpiter soltó una risita—. ¡Proteger al jefe del servicio de inteligencia de nuestros enemigos!

Yo digería su información lo mejor que podía. Aunque confusamente, comprendía que España podía ser la misión excitante que yo había estado esperando.

5

Sólo cuando el tren abandonaba ya la Union Station, tuve tiempo para pensar en el futuro. Las instrucciones de Júpiter habían cambiado la dirección de mi vida... encauzándola hacia España. Saboreé su fascinante atractivo de pie en la pequeña plataforma del vagón, contemplando distraídamente los edificios que desfilaban raudos ante mí. Finalmente, empecé a andar, vacilante, a lo largo del trepidante vagón y entré en el primer y casi vacío compartimento. Su único ocupante miraba fijamente a través de la ventanilla. Dejé la maleta en el suelo y me senté. Y entonces tuve una fuerte impresión.

¿También él se mostró incrédulo? En tal caso, no mostró ninguna emoción, salvo un destello en sus ojos.

—¿Quieres que ponga tu maleta en la rejilla? —me preguntó Pierre.

—¡Oh, no! —me levanté de un salto—. Tendré que ir a otro coche. Ya sabes que no se nos permite hablar con colegas fuera de la Granja.

Él cogió mi maleta y la colocó en la rejilla.

—Esto no debe preocuparte. En este tren no nos conoce nadie.

Volvió a sentarse y encendió un cigarrillo.

—¿Acaso me estás siguiendo, Pierre?

Mi expresión le hizo reír con ganas. Yo no sabía qué hacer y seguía de pie. Bruscamente, tiró de mí y me hizo sentarme a su lado.

—¿Qué estás haciendo aquí? —pregunté sin moverme.

—¿Y tú?

Me dedicó aquella sonrisa suya, astuta y sinuosa.

Los árboles sin hojas desfilaban vertiginosamente junto a nosotros. El movimiento nos seguía columpiando. Yo tenía que decir algo..., cualquier cosa.

—¿Crees que acabaremos nuestro entrenamiento antes de que termine la guerra?

Con total seriedad me contestó:

—Naturalmente. No hay final de la guerra a la vista.

—Pero la estamos ganando —protesté, tratando de mostrar aplomo.

—Todavía estamos trepando por la montaña —me corrigió—. Italia es un desastre. La producción alemana de armamento es más alta que nunca. Tenemos todo el Pacífico delante de nosotros. Y además está Stalin.

—¿Stalin?

Era una situación imposible..., ni por un momento apartaba los ojos de mí.

—Stalin es insaciable —replicó—. Y Rusia es inagotable. Está decidida a convertirse en el próximo imperio mundial.

—Los imperios se han acabado. La guerra lo ha conseguido.

—¡Qué optimista eres, Tigre!

—Y qué pesimista eres tú, Pierre.

—Somos muy distintos —declaró simplemente.

Sin saber por qué, estas palabras me dolieron.

—Hacía mucho tiempo que deseaba estar a solas contigo.

Se inclinó hacia mí. La luz en el tabique del compartimento brillaba, formando una aureola amarilla detrás de su cabeza.

Pierre oyó los pasos en el corredor y se apartó. Entregamos nuestros billetes al revisor y, antes de que éste cerrara la puerta, una mujer despeinada con un crío en brazos, se instaló en nuestro compartimento. Un minuto más tarde, entró un oficial del ejército. Ambos permanecieron sentados frente a nosotros durante el resto del viaje.

Pierre y yo no cambiamos ninguna otra palabra hasta horas después, cuando el tren entró en la estación de Pennsylvania. Él se levantó y bajó mi maleta. Los otros pasajeros se estaban poniendo los abrigos y el chiquillo lloriqueaba. Pierre murmuró:

—¿Cenarás conmigo?

Yo sabía que no era posible, pero lo lamentaba.

—No puedo.

La confianza que habían depositado en mí durante las últimas seis semanas me contuvo.

—No seas ridícula —dijo él, airado.

Le miré. Su expresión era indescifrable. Cuando ya estábamos a punto de bajar del tren, le arrebaté mi maleta de su mano y me sumergí en la multitud, corriendo y empujando a todos los que se cruzaban en mi paso.

El domingo por la noche me encontraba de nuevo en la Granja, pero no así Pierre. Tampoco había regresado el lunes a última hora, cuando comencé la última clase del día.

Con los ojos vendados, manoseé la pistola, desmontándola pieza por pieza, gatillo, cañón, recámara, percusor. Despedía un olor acre, metálico. Cuando estuvo totalmente desmontada, Sphinx esparció las piezas a mi alrededor. Después, al tratar de montarla con la mayor rapidez posible, se me cayó el cargador vacío, que rebotó en el piso de madera. Palpando a ciegas, mientras Sphinx me miraba, finalmente lo encontré y terminé mi tarea. ¿Me vería obligada alguna vez, en España, a montar una pistola en plena oscuridad? Cuando él me hizo repetir todo el proceso, lo hice más despacio y el resultado fue mejor. Sphinx nos había dicho: «Dominen sus nervios, y su cabeza y sus manos harán lo que deben hacer.»

El ruido me arrancó de un profundo sueño... ¿Qué era? Al principio, pensé que Magic estaba hablando con alguna otra persona en la habitación. Me levanté y me acerqué de puntillas a su cama. Estaba balbuceando en sueños, con una voz extraña, llena de miedo y de ira, lindante con la histeria... y en alemán o en polaco. No sabría decirlo. Repetía algo así como «sorg-liet». La toqué suavemente en el hombro y se incorporó sobresaltada.

—No pasa nada. Sólo un mal sueño.

Encendí la lámpara junto a su cama y ella respiró profundamente.

—Gracias, Tigre. Tengo estas pesadillas desde que... —se interrumpió bruscamente—. Siento haberte despertado. Espero que no pases nunca por alguna de las experiencias que he sufrido yo...

Supe aquella noche que Magic había estado en algún lugar espantoso. Sospeché que había estado en Europa, cerca de algún punto de los más conflictivos, y que cada día, probablemente, hacía un valeroso esfuerzo para aparentar despreocupación. Su tenacidad y su buen humor se convirtieron para mí en otro incentivo para aceptar aquel régimen durísimo.

Sentada ante la mesa y su cajita eléctrica, trataba de concentrarme lo mejor que podía en el aprendizaje de la clave Morse. Después recibiría lecciones de cifrado. Se nos dijo que las salas de codificación quedaban más allá de los límites permitidos para todos, excepto los codificadores de las agencias de la OSS en el extranjero, puesto que por ellas pasaban todos los mensajes dirigidos a Washington o procedentes de la capital. Después de concentrarnos en las combinaciones de letras y memorizar varias, cada uno de nosotros había de elegir una clave personal —un fragmento en prosa o poesía— por si alguna vez teníamos que transmitir un mensaje al margen de los canales normales.

Yo trabajaba en el Morse, accionando la palanquita hasta que me dolía la muñeca, y después practicaba la codificación hasta creerme incapaz de absorber una letra más. Me sorprendía repitiendo letras una y otra vez, tratando de grabarlas en mi cerebro. La memoria era esencial y se nos enseñaba a mejorarla mediante trucos tales como el de asociar imágenes visuales con números. A fuerza de perseverancia, ésta se convirtió en mi mejor clase, aquella en la que más destacaba.

Esta vez cuerpo a tierra en el campo azotado por el viento, flanqueda por mi grupo, esperando que comenzara otra lección de fuego con ametralladora. Tenía las manos heladas... ¿por qué no me había traído los guantes? Detrás de mí, unas pisadas aplastaron las hojas caídas.

—Déjame que te lo enseñe.

Pierre se echó en el suelo, a mi lado.

Toda una semana de ansiedad... pues no le había visto desde aquella noche en el tren. En ese momento volvía a sentirme feliz, meramente porque él estaba ahí, yaciendo junto a mí en el frío suelo, tan cerca de mí.

—No te preocupes; yo te enseñaré. No fallarás ni un solo tiro. Yo me ocuparé de recargar.

Con Pierre a mi lado, fue fácil. Era un experto en todo. Delante, a metros de distancia, las balas acribillaron el blanco, en su centro exacto. El viento barría los campos segados. Después de seis disparos, me volví hacia él.

—¿Has venido tan sólo para mejorar mi puntería?

Mis defensas volvían a estar bajo control.

—He estado en otro campo de instrucción y dentro de unos

días me marcho definitivamente. Sospecho que el viernes te darán un fin de semana libre. Te ruego que nos encontremos en Nueva York el domingo por la mañana a las once, en el Plaza Hotel, la entrada frente a la plaza. Será la última oportunidad para verte.

Empezé a protestar.

—Nada de excusas —dijo—. No querrás que piense que estás asustada, ¿verdad que no?

Aquella semana, la tensión empezaba a notarse. Los nueve hombres restantes de mi grupo —Lucky y otros dos se habían marchado— parecían agotados, y también yo. El jueves por la noche tuvimos una sesión de «desenmascaramiento», orquestada por Whiskey y Sphinx para descubrir riesgos de seguridad. Nuestro objetivo era desenmascarar a nuestros colegas. Por turnos, nos sentamos todos en la «silla eléctrica», donde nos interrogaron sin piedad.

Whiskey y su ayudante habían seleccionado a tres de los reclutas más avanzados —y más agudos— para que se enfrentaran a mí. No podían haber elegido a unos antagonistas más formidables y menos deseables: Pierre, Popoff y la reina del desenmascaramiento en la Granja que era la estrella de la función cada vez que actuaba: mi compañera de cuarto.

Era Magic la que ahora nos observaba a todos como si se dispusiera a desnudar a todo el grupo de una sola vez.

—Vaya, vaya, vaya... —sonrió, relamiéndose los labios—. ¿Qué puede ser más divertido que poner en evidencia a nuestros más queridos amigos? —Bruscamente, su mirada se centró en el participante de más edad—. *Tú* Popoff; te conozco tan bien como la palma de mi mano.

Le hizo una seña para que se aproximara.

Whiskey sonreía a medias, mientras que Sphinx se mantenía impasible, haciendo honor a su apodo. Pierre estaba petrificado, pero el hombre afable que se encontraba frente a Magic repuso dulcemente:

—No, tú no me conoces.

Magic suspiró dolorosamente.

—¿Te gustan los tulipanes, Popoff?

—¿Los tulipanes?

Dobló hacia adelante una oreja con un dedo, como para oír mejor.

—Los *tulipanes* —repitió enfáticamente Magic—. Ya sabes. Aquellos bulbos tan hermosos que florecen con tanta profusión en primavera. En Holanda. En particular, cerca de La Haya. La finca llamada Park Zorgvliet debe de ser un jardín de las delicias terrenales en primavera, ¿verdad, Popoff?

Miré con incredulidad a mi compañera de habitación. ¿De qué estaba hablando? Y entonces recordé aquella noche en que estuvo soñando. Esas eran las palabras que repetía: «Park Zorgvliet». Ahora ya no me quedaban dudas de que Magic había estado «allí» durante la presente guerra. Tal vez había venido a la Granja directamente desde Europa. Esto explicaría aquellos zapatos y vestidos de aspecto extranjero.

Magic no esperó respuesta.

—Háblanos, mi querido Popoff de la Escuela de Agentes Oeste, la mejor escuela alemana de espías de toda Europa.

—Falso —declaró Popoff.

—¿Falso?

La reina miraba a su presa con satisfacción.

—¿Qué te hace pensar que yo sea alemán? ¿No podría ser que aves de un mismo plumaje...? Yo sospecho que tu pasaste tu juventud cerca de Leipzig. ¿Tal vez como la hija de un famoso pianista concertista que dirigió algunas de las sinfonías favoritas de Hitler? ¿Quién fue denunciado a los nazis por ayudar a los judíos a huir de Alemania?

—Tu imaginación, mi querido Popoff, no conoce límites, y eres un cuentista maravilloso. —No obstante, la estrella había titubeado un poco—. *Todos* lo saben, Popoff, y por consiguiente, ¿de qué sirve ocultarlo? ¿Cómo te sentiste durante tu defección? ¿Por qué la cometiste?

—Tú tienes facultades psíquicas. Dímelo tú. —El hombrecillo parecía haber perdido algo de su jovialidad—. ¿Fueron aquellos tus motivos cuando huiste?

Me pregunté si verdaderamente se habían conocido los dos allí. Probablemente, los dos estaban haciendo suposiciones, pero no cabía duda de que cada uno tenía amplio conocimiento de lo que ocurrió en ultramar. Y de momento, eso me mantenía a mí al margen del juego.

—Háblanos de aquellos tulipanes, Popoff... y deja de andarte por las ramas.

—Más vale pájaro en mano que ciento volando, mi querida Magic —replicó Popoff—. ¿Y qué sabes acerca de Pierre?

Un tanto arrepentida, tal vez, miró al bien parecido extranjero.

—Rico. Muy rico.

—¿Tan rico como Tigre? —le espetó Pierre, hablando por primera vez.

Y también, por primera vez, la estrella me miró. No sin amabilidad, pensé.

—Más rico.

—¿Y de dónde crees que es Tigre? —preguntó ahora Pierre.

Me puse rígida.

—De Rhode Island —decretó Magic.

—Ohio —dijo Popoff.

—Manhattan —corrigió Pierre—. O de sus alrededores.

—Hija única —informó Magic a los demás.

—De un banquero —Pierre me miró—. Fue educada en el extranjero, en Suiza.

—No es extraño que hable fluidamente el alemán —intervino Popoff—. ¡La lanzarán en paracaídas sobre Renania!

Era el juego de la gallina ciega, pero a base de palabras. Los miré a todos, alternativamente.

—¿Y cómo lo habéis sabido?

—Bah, no ha costado nada —dijo Popoff moviendo despectivamente la mano.

—Habla, Tigre —ordenó Whiskey—. ¿Qué piensas tú de estos tipos?

Yo no poseía sutiles aptitudes para revelar las identidades de mis compañeros, pero ahora tenía confianza en haber conseguido, al menos, ocultar la mía. Me volví hacia Magic.

—Tú eres austriaca. Popoff tiene razón. Has estado envuelta en algo espantoso.

Ella apartó la mirada.

—Tal vez algún día, después de la guerra, te lo cuente.

—Popoff, he oído hablar de que tú eras... eres... ¿un exespía alemán?

—Tan joven... —Popoff sacudió la cabeza—. ¡Y tan ignorante!

Me encaré con Pierre, tratando de ocultar mi agitación.

—Tú eres belga. Un *playboy* al que le gusta cazar... cualquier cosa.

Hizo una mueca.

—Prosigue.

—Tú eres el que va a lanzarse en paracaídas detrás de las líneas enemigas, donde creo que ya has estado.

Ahora le tocaba el turno a Pierre.

—He estado observando a Magic... muy de cerca.

La reina respondió con un rápido batir de sus pestañas.

—Magic es inconfundiblemente una mujer... valerosa y muy femenina. Reconozco un acento flamenco. Habrá aprendido el inglés en la Universidad de Bruselas, alrededor de 1938. Creo que ha estado casada... con un oficial del ejército alemán, porque lleva una insignia del ejército alemán en su bolso.

No era un error..., pues su alteza se ruborizó. Me pregunté cuándo pudo Pierre registrar aquel bolso que ella siempre mantenía cerrado.

Magic miró con viveza a Pierre.

—Espero que tus asuntos sentimentales no interfieran en tus asuntos del momento actual —agregó Pierre.

—El amor es un juego, tal como lo es éste, mi querido Pierre. Lo sabes tú mejor que yo.

—*¡Touché!* —exclamó Whiskey, radiante—. La partida ha concluido —anunció al levantarse.

Me pregunté si no estaríamos aprendiendo demasiado. Algunas de aquellas insinuaciones debían de haberse aproximado a la verdad.

El domingo, Pierre llegó tarde. Esperé delante del Plaza Hotel, deseando que el viento no echara a perder mi peinado a lo paje y temblando en lo que yo consideraba mi conjunto más elegante: un traje Carnegie de *tweed* azul con una capa y un sombrero que hacían juego. Finalmente, le vi saludarme con el brazo a través del tráfico, con una chaqueta beige de polo echada sobre los hombros. Soldados, oficiales y botones con voluminosos equipajes oscurecían sin cesar mi visión.

Se llevó mi mano a los labios, mientras sus ojos se fijaban en los míos. Cuando tomó mi brazo, acercándome a él y empezamos a caminar, mis escrúpulos sobre el quebrantamiento de las reglas se evaporaron por completo. Al fin y al cabo, él había dicho que sólo disponía de este día para verme antes de irse al extranjero. Podían matarlo. Cabía la posibilidad de que nunca más volviera a verle.

—¿Te sientes culpable por encontrarte hoy conmigo?

—Naturalmente. No me gusta quebrantar las normas.

—Te eligieron bien, Tigre.

Sus ojos sonreían, pero de pronto mostró una expresión de pena.

—En absoluto —dije—. Si fuera el agente perfecto, no estaría aquí.

—No irás a preocuparte ahora por eso. Sólo podemos pasar cinco horas juntos.

Dirigió nuestros pasos hacia el parque, pero el encanto se había roto y caminamos en silencio durante un buen rato, cada uno sumido en sus pensamientos.

—Vamos, Tigre —suplicó—. No es ésta la mejor manera de ayudar a un chico a pasar un buen rato, cada uno sumido en sus pensamientos.

Le miré y me entristecí. Probablemente, su misión sería mucho más peligrosa que la mía. Era indudable que iba a pasar detrás de las líneas enemigas... donde estaría en peligro en todo momento. Sonreí.

—Oye —me dijo—, siempre he deseado ver un indio norteamericano. ¿Qué te parece si vamos al museo que hay al otro lado del parque y donde dicen que los hay a centenares? No son gente muy habladora, pero de todos modos sólo quiero hablar contigo.

No hubo más sombras durante el resto del día, y la alegría pareció chispear en nosotros a partir del mismo momento.

Comimos en el Stork Club, donde yo ponía los pies por primera vez. Bebimos champán, otra novedad para mí. Éste, muy seco y burbujeante, apareció en el mismo momento en que Pierre sacaba del bolsillo de su chaqueta un estuche rojo de Cartier, atado con una cinta. Lo puso sobre la mesa, delante de mí.

—Ábrelo —dijo.

Desaté la cinta. Sobre un forro de terciopelo negro descansaba una sortija —un elaborado aro de oro que rodeaba un centelleante zafiro azul— y unos pendientes que hacían juego con ella. Miré fijamente a Pierre, buscando una explicación en aquel rostro maravillosamente atractivo.

—No creo que pueda aceptar un regalo tan valioso.

—Claro que puedes. Quiero que me recuerdes.

—Te recordaré de todas maneras. Y... ¿quién sabe?, tal vez incluso nos encontremos por ahí. Después de todo, estamos metidos en el mismo negocio.

—Póntelos.

Tímidamente, saqué el anillo de su estuche. Encajaba perfectamente en mi dedo. Después me puse los pendientes.

Antes de que pudiera empezar a reaccionar, Pierre se levantó y me llevó a la pista de baile. Procedente de algún lugar, sonaba música, una música queda, justo lo suficiente. Tocaban el éxito de la temporada: *As Time Goes By*. Eran casi las cuatro de la tarde y estábamos casi solos. Hasta entonces el baile había sido para mí pegar unos cuantos brincos con ritmos estrepitosos en las fiestas del colegio, tocándose las mejillas sudorosas de chicos y chicas. Pierre me ceñía fuertemente la cintura con su brazo y su mejilla, que apenas rozaba la mía, parecía de seda.

Estuvimos a punto de perder nuestros trenes, yo el mío desde Pennsylvania Station a Washington, y él su tren desde Grand Central a... no me atreví a preguntar dónde. En la calle, él detuvo un taxi. Al volverse para despedirse de mí, inició el gesto de llevarse mi mano a los labios, pero en seguida la dejó caer, me abrazó y nos besamos.

6

Agachamos las cabezas bajo las ramas mientras nuestros caballos trotaban a través del bosque.

—Tengo una noticia especial para ti, Tigre.

Tiré de las riendas de mi caballo y éste relinchó.

Whiskey me miró de soslayo.

—Hoy irás otra vez a Washington.

¿Por qué? Sólo habían pasado dos días desde que Pierre se marchó y yo me sentía más que deprimida. El olor de los caballos y de la capa invernal de hojas bajo los cascos acudió de pronto a mi olfato. Manejé las riendas para acercarme más a Whiskey.

—¿Y por qué es especial?

El temor empezaba ya a angustiarme.

—Porque esta vez verás al gran jefe, a Shepardson. —Desmontó y yo le imité—. Tal vez eso signifique que has de ponerte en camino, o quizá que algo ha salido mal. ¿Ha ocurrido algo inusual últimamente?

—Nada.

¿Se habrían enterado de mi encuentro con Pierre?

Con las riendas en la mano, avanzamos por el sendero de la arboleda, esparciendo las hojas con nuestras botas.

—Tenías que pasar al menos otras dos semanas aquí —dijo Whiskey pensativo—. Shepardson nunca ve a nadie hasta que han terminado su adiestramiento. No lo entiendo. Es inusual.

De nuevo el largo trayecto en coche hasta Washington... El triste paisaje de principios de diciembre aumentó mi aprensión. Pensé en Pierre. El sedán Chevrolet era el mismo que nos condujo a los dos a la Granja aquel día de septiembre.

Apenas vi a Júpiter, supe que todo iría bien. No ocultó su entusiasmo al levantarse para saludarme.

—Creo que éste es nuestro último encuentro, Tigre. Va a partir.

Dejé escapar un profundo suspiro de alivio.

Júpiter sonrió.

—Usted ansiaba ir a la guerra aquella noche en que la conocí en casa de mi hermano. Pues bien, se ha salido con la suya.

Júpiter y yo estábamos sentados cara a cara y, por primera vez, me sentí preparada.

—Es usted una de las personas que vamos a utilizar para asegurar que, cuando tenga lugar la Operación Yunque, la invasión del sur de Europa, nada de lo que hagan los alemanes nos pase por alto. Asimismo, usted nos ayudará a confundirlos en lo que se refiere a nuestros planes.

¿Y cómo podía yo realizar tales cosas?

—Tigre, tenemos allí a otras personas, muchas. Algunas trabajarán con usted y usted ni siquiera se enterará. Pero le aseguro que la tarea que hemos escogido para usted es importantísima. Si nos falla, puede echar a perder el trabajo de otros agentes y los desembarcos pueden saldarse con un desastre. ¿Me explico con claridad?

Ninguna claridad para mí, pero asentí con la cabeza.

—Cuando la conocí en Nueva York, yo acababa de regresar de España, después de pasar allí un año y medio. Soy el que la recomendó a usted para esta misión, y sigo creyendo en usted. Encaja en el escenario como si le hubieran cortado el papel a medida. Si usted falla, su fracaso será también el mío.

El significado de sus palabras caló hondo. No era poca la responsabilidad que John Derby cargaba sobre mis hombros. Él debió de leer en mis pensamientos.

—¿No pensará en echarse atrás?

—No. Estoy asustada y excitada, pero me muero de ganas de ir. Sólo espero que no me hayan sobrevalorado.

—Mire, Tigre, ha trabajado usted espléndidamente en la Granja. No la enviaríamos si no supiéramos que es usted una persona capaz. Me siento orgulloso de usted. —Sonrió—. Bien, creo que con esto basta. Ahora le está esperando Shepardson. Él es quien da las instrucciones finales.

Descolgó el teléfono.

—Whitney, Tigre está en mi despacho. Te la mando.

Júpiter colgó el auricular.

—Dése prisa. Hoy, todo el mundo anda con prisas. Siga el pasillo hasta el final, y después a su derecha.

Recorrí presurosa el pasillo, quitándome la pintura de labios con el dorso de la mano. Mi traje marrón de mezclilla y mis zapatos de tacón plano habían sido seleccionados para mostrar un aspecto de seriedad y aparentar más edad ante el famoso Whitney Shepardson. Había oído decir en la Granja que él era el hombre que detentaba más poder en la OSS, después del general Donovan.

El jefe de Informaciones Secretas, robusto y distinguido, con el cabello plateado, se levantó cuando me introdujeron en la habitación, rodeó la mesa y la gran bandera estadounidense y me estrechó la mano. Después me condujo a un rincón del despacho.

—Siéntese, por favor, Miss Griffith.

Hacía tiempo que no oía ese nombre.

—Espero que me hable con la mayor franqueza. El contacto personal con mis agentes vale por diez de estos informes. —Blandió los papeles que tenía en la mano—. Ha causado una impresión excelente en sus instructores. —Me ofreció un cigarrillo, que rehusé. Tras encender el suyo, dijo—: Explíqueme por qué, exactamente, ansía usted tanto intervenir en esta guerra... en una situación tal vez aventurada.

Su afabilidad y su voz tranquila me permitieron recuperar toda mi compostura.

—Mr. Shepardson, todos los chicos que conozco toman parte en ella..., incluidos dos de mis hermanos, los dos más jóvenes que yo. Naturalmente, yo amo a mi patria tanto como ellos y también yo deseo arriesgar mi vida. No es justo que sólo se permita a los hombres luchar por este gran país.

Hice una pausa y él sonrió.

—Tendrá abundantes oportunidades para hacer algo por su patria, Miss Griffith. Tal vez más de las que pueda creer. La tarea para la que ha sido seleccionada es vital. Demasiado peligrosa para confiarla a una mujer tan joven. Pero, irónicamente, ésta es una de las razones por las que es nuestra candidata. —Me estudió y yo me pregunté si estaba cambiando de opinión—. Escúcheme atentamente.

No necesitaba recomendarme tal cosa. Yo me encontraba sentada en el borde de la silla.

—Un contacto en la Gestapo de Berlín nos informa que Himmler tiene a uno de sus mejores espías operando desde Madrid, al frente de una red, particularmente efectiva, para descubrir los planes de los aliados relativos a la Operación Yunque. Su misión consiste en descubrir quién es esta persona. Nuestro agente en Berlín nos ha dado los nombres de cuatro personas en Madrid, y cree que una de ellas es la que estamos buscando. Todas ellas se mueven a un nivel de sociedad internacional que impide efectuar una vigilancia fácil. Necesitamos tener allí un agente que pueda encajar en el grupo.

Inhaló lentamente el humo de su cigarrillo y añadió:

—Esperamos que sea usted este agente.

Esperé en silencio y después me estremecí involuntariamente cuando dos de los teléfonos sobre una mesa empezaron a llamar al mismo tiempo. Mr. Shepardson atravesó la habitación y descolgó los dos auriculares.

—Ninguna llamada en los próximos diez minutos, por favor.

Cuando volvió a sentarse, acercó más su silla a la mía.

—Uno de nuestros agentes se pondrá en contacto con usted cuando llegue al Hotel Palace de Madrid. Le presentará a varias personas y la aconsejará. En España, nadie espera que una mujer, y menos una chica tan joven, se dedique a una tarea como ésta, pero debe tener en cuenta que su enemigo será inteligente y peligroso. Por suerte, la han preparado bien en defensa personal. Si se encuentra usted en un grave apuro... —Hizo una pausa y meneó la cabeza como para alentarme a hacer preguntas.

—¿Quiere usted decir que debo matar al adversario si ello es necesario?

Quise esperar que mi voz sonara debidamente indiferente.

Una sombra de compasión cruzó por la cara de Shepardson.

—Puede eliminar al enemigo de cualquier manera que resulte conveniente en aquel momento. Desgraciadamente, la historia no conoce una solución más satisfactoria. No es que deba gustarnos. Sencillamente, tenemos que hacerlo.

Mire a Whitney Shepardson sin poder articular una palabra.

—¿Está dispuesta a hacer una prueba al respecto? —me preguntó.

Tenía la garganta reseca y mis palabras casi se atascaron en ella.

—Sí, ya lo creo.

—Irá a ver una corrida de toros.

Le miré atónita.

—Sí, lo que acaba de oír. ¿O acaso tendrá que ampliar sus conocimientos del español?

Asentí y él sonrió.

—En realidad, éste es el nombre que he dado a su misión.

Yo seguí mirándole, sin acabar de entender.

—Operación Corrida. Su jefe en Madrid la informará acerca de los cuatro sospechosos, apenas llegue usted.

—Haré cuanto pueda, Mr. Shepardson. ¿Cuándo debo marcharme?

—Casi inmediatamente, jovencita. Trabajará contra reloj. —Me sonrió alentadoramente—. Su cobertura será la American Oil Mission, la misma que sirve para muchos de nuestros agentes allí, aunque otros utilizan la de compañías internacionales con oficinas en España. Diga a sus familiares y amigos que escriban a su número de apartado de correos. Todas las cartas que usted envíe pasarán por la censura.

Todo lo que Shepardson dijo al marcharme fue:

—Que Dios la bendiga.

Durante tres días y tres noches esperé en una habitación de la planta decimoquinta del Biltmore Hotel, en medio de Manhattan. Sólo Júpiter y Shepardson sabían dónde estaba yo. Mis órdenes eran: «No salga de la habitación hasta que la llamemos». Me habían dado una prioridad número uno y viajaría en el primer avión que saliera a Europa. El hecho de que me hubieran asignado un vuelo en uno de los famosos hidroaviones de la Pan American, el único servicio aéreo a través del Atlántico, subrayaba la importancia de mi misión.

Envuelta en una manta e instalada en un sillón junto a la ventana, observaba cómo caía blandamente la nieve y contemplaba los atascos de tráfico de la época navideña, así como el interminable desfile de gente debajo de mí. Después cayó la noche y Manhattan se sumió en la oscuridad, y sus siluetas se tornaron tenebrosas.

Recordaba cosas en las que no había pensado durante años, especialmente mi infancia, cuando Pearl River, a sesenta kilómetros al norte de New York City, era aún una población pequeña. Mi madre había nacido allí, pero mis abuelos procedían del Medio Oeste. La familia de mi padre la habían formado agricultores de Maryland. Excepto mi abuela Griffith, mis antepasados eran norteamericanos «way back».

Mi madre se había indignado al explicarle yo que me iba a España para trabajar en la Oil Mission. «Es un verdadero pecado que una chica se vaya tan lejos y viva sola allí», me dijo. Hasta donde llegaba mi memoria, el pecado había sido una preocupación de nuestra familia. Cuando tenía cuatro años, me castigaron por coger una pera del huerto de Mrs. Maloney, a pesar de que ya había caído al suelo. Más o menos en aquel mismo período, Joe Kohler, que vivía cerca de nuestra casa, solía decir «mierda» una y otra vez. Cuando le copié la palabra, fue otro pecado y mi madre me lavó la boca con jabón.

Por quién doblan las campanas, de Hemingway, me entretuvo un rato, pero después volví a soñar despierta. Sabía que me marchaba por largo tiempo y que acaso no volviera. Aquellos días estivales, cuando yo contaba unos ocho años, cogíamos violetas en los bosques. Y aquellos domingos en que subíamos a lo alto de la colina, hasta la casa de la abuela Griffith, donde ésta nos obsequiaba con deliciosas y generosas porciones de pastel de café en la mesa de la cocina...

En aquellos momentos yo adoraba ese pastel y también a mi abuela. En una ocasión cometí el error de comprar unas bolitas de goma de mascar, de un vivo color rojo, pero resultó que también era pecado. «Sólo los tunantes mascan goma», dijo la abuela. ¿Qué podían ser los *tunantes*?, me preguntaba yo, y ansiaba ver uno.

Cuando llegaba silbando, la abuela me reprendía: «Aline, deja de hacer este ruido. Mujer que silba y gallina que cacarea siempre son de mala ralea.»

Y me estaba preguntando de qué ralea acabaría siendo yo cuando, con una detonación, sonó el teléfono. Eran las once y media de la tercera noche.

La oscuridad era total. El único rumor era el de las olas que lamían la mohosa plataforma de madera. Más allá empezó a zumbar un motor. Me habían llevado en coche a través de Manhattan y después, a través de numerosas calles llenas de niebla, hasta el extremo de un muelle desierto, también cubierto por la niebla. Un hombre de cara arrugada, tocado con un gorro de lana, apareció como por encanto.

—La estábamos esperando, señorita —dijo.

Con una mano asió mi bolso de mano y con la otra acepté su

ayuda para bajar por una escala hasta una lancha. El haz de su linterna reveló dos figuras, y un hombre alto se levantó en el momento en que la embarcación se ponía en marcha, para empujarnos hacia el banco opuesto.

—Más peligroso que el frente —bromeó—. ¿Está usted bien?

En la hombrera de su capote brillaban las cuatro estrellas de plata de un general. Asentí sonriendo. La lancha avanzaba por la mar picada y el viento cortante me hizo alzar el cuello de mi abrigo y calarme el sombrero. En muy poco tiempo nos acercamos a una masa sombría y saltamos a una pasarela.

Dentro había un enorme salón como los de los transatlánticos, con cortinajes y alfombras, paneles de bruñida madera, sofás y butacas, y un bar en un extremo. Éramos treinta y dos personas a bordo. Me habían dicho que éste era el número máximo para los vuelos transatlánticos. El Clipper de la Pan American flotaba como un pato en el mar mientras el general me escoltaba a través de la cabina. Tres hombres avanzaron presurosos hacia él; ninguno iba de uniforme.

—¿Qué arma secreta nos trae, mi general? —preguntó uno de ellos.

—Ni siquiera sé cómo se llama, Russ. Pero no me cabe duda de que usted lo averiguará.

Un auxiliar de vuelo anunció el despegue. El hombre llamado Russ me guió hasta una butaca acolchada y él se sentó en otra, delante de mí. Nos ceñimos los cinturones de seguridad. Uno tras otro, rugieron los motores y el hidroavión empezó a moverse, adquiriendo impulso mientras surcaba las aguas. Después, con un estrépito atronador y vibrando de proa a popa, despegó y lentamente se elevó en el aire.

Tan pronto hubo ganado altitud, una voz dijo desde atrás:

—Russ, tú y la señorita estáis invitados a cenar con nosotros, a petición del general.

No podía dar crédito a mis ojos. ¡El hombre del clavel blanco en el Biltmore, hacía ya meses!

—Larry Mellon —dijo Russ—. Y esta señorita es...

—Aline Griffith —murmuré.

Larry Mellon me estrechó cordialmente la mano.

—Es un placer conocerla, Miss Griffith.

Le seguimos a la cubierta posterior y a una sala que recordaba el coche restaurante de un tren, pero mucho mejor, y tomamos asiento ante una mesa en la que resplandecían la cristalería y el damasco blanco y almidonado de la mantelería. Larry Mellon y el general se habían sentado frente a un hombre que me fue presentado como Bill Casey.

Al acomodarme yo junto al general, apareció un camarero.

—Dentro de dos horas y media llegaremos a las Bermudas, señores. Después de repostar allí, iremos directamente a Lisboa.

Quedé sorprendida, ya que en las dos últimas semanas me habían prodigado inyecciones contra dolencias que iban desde la enfermedad del sueño hasta la malaria y la peste negra. Me volví hacia el general.

—Mi viaje a Europa había de seguir una ruta a través de Brasil y Marruecos. Hay tantos visados en mi pasaporte que parece un acordeón.

—Se ha cambiado la ruta como medida de precaución —explicó el general—. Los alemanes atacan todo lo que atraviesa el Atlántico.

—Hace poco, derribaron un avión procedente de Lisboa, en el que viajaba Leslie Howard. Buscaban a un amigo mío, un general inglés. Por desgracia, era también amigo de Howard, y sospechamos que agentes alemanes pudieron detectar su paradero debido a la publicidad del actor de cine. —El general meneó la cabeza—. Los vuelos hacia y desde Lisboa han perdido ya varios aviones.

—No deberíamos asustar a la única dama que tenemos a bordo —observó Larry Mellon.

—He estado observando a esta joven dama durante el despegue y no creo que se asuste fácilmente —apuntó Bill Casey—. En su lugar, general, a mí me preocuparía más el hecho de volver al frente.

7

Lisboa se encontraba debajo nuestro, centelleante como una herradura de brillantes. Era como si llegáramos a una fiesta gigantesca en pleno auge, y su esplendor alegre parecía reflejarse en la noche aterciopelada desde la iluminada bahía. Tal vez fuera el contraste con la oscuridad de Estados Unidos, o quizá se debiera a que era mi primer viaje en avión, pero me quedé como hechizada en la cabina del capitán observando cómo descendía el Clipper hasta el agua, y después hendía las olas formando crestas de cremosa espuma.

Lanchas de motor tripuladas por vociferantes portugueses con gorros de lana de larga borla roja nos transportaron hasta el muelle.

—¡Fíjese! —Larry Mellon me señaló unas barcas de remos cercanas a nosotros—. Los japoneses. Su centro de información actúa desde Lisboa y Madrid. Cuando hace un mes se estrelló un Clipper de la Pan Am, los japoneses registraron sus restos antes de que nadie más pudiera llegar al lugar, recogiendo valijas destinadas a las embajadas aliadas y dejando que los pasajeros heridos se ahogaran mientras ellos ponían a salvo documentos secretos. Tenga mucho cuidado —dijo muy serio—. Bajo la frivolidad de Lisboa, hay una ciudad llena de intrigas mortales.

Me había informado de que tenía órdenes de presentar el nuevo agente al personal de la SI en Portugal antes de que yo fuese a Madrid.

Un taxi nos llevó, por la carretera del litoral, al Hotel Palacio de Estoril, a una media hora de distancia. Mientras el empleado de la recepción hojeaba los pasaportes, contemplé admirada la soberbia alfombra, el mobiliario Luis XVI, el antiguo reloj barroco, la calidad y elegancia del viejo mundo.

Larry consultó su reloj de pulsera.

—¿Puede ponerse un vestido de noche en veinte minutos? Tengo que ir al casino, y también usted debería verlo.

La idea de ver un casino me encantó y me cambié en apenas quince minutos.

Ante las puertas de caoba con incrustaciones de bronce que daban entrada al palacio de juego, había lacayos de librea. Dentro, el escenario era sobrecogedor a causa de la enorme dimensión de opulencia. De los grandiosos techos colgaban arañas de cristal, suspendidas de cadenas de bronces sobre una serie de mesas de juego. Las magníficas ventanas arqueadas tenían cortinajes de terciopelo granate con flecos, y las rojas alfombras absorbían nuestras pisadas. Apenas entrar, pudimos oír los chasquidos de las fichas y el zumbido de las ruletas.

—*Prenez vos places. Rien ne va plus* —gritaban los croupiers.

Voces amortiguadas hablaban en numerosos idiomas. Larry señaló hacia los japoneses que merodeaban por el lugar.

—Véalos otra vez. Aquí, en Lisboa, reciben información sobre los envíos de tropas desde nuestras costas del este y del oeste, y estos datos son enviados a Tokio y a Berlín. Los japoneses poseen una excelente red de espionaje de ámbito mundial. Aquí, en el casino, establecen contacto con agentes y reciben mensajes, algunos de ellos con fechas y horas son transmitidos por los números que se juegan en una mesa de ruleta... y todo ante nuestras narices.

Nos encontrábamos ahora cerca de una mesa de *chemin de fer*, ante la que se sentaban ocho jugadores, y una veintena de personas, algunas con traje de etiqueta y otras con indumentarias bastante desaliñadas, presenciaban la partida.

—No hable nunca audiblemente cerca de una mesa de juego —me susurró Larry—. Los jugadores son supersticiosos, sobre todo cuando las apuestas son elevadas. En esta mesa hay, en este momento, más de diez mil dólares en escudos y fichas.

Una señora muy gorda con un vestido rojo de encaje y un broche de brillantes y rubíes prendido sobre su busto monumental, se disponía a sacar cartas de una caja de madera que tenía delante. Un dedo con la uña pintada de rojo extrajo un naipe tras otro, cara abajo, sobre la superficie de fieltro verde: dos para sus adversarios y dos para ella.

—Es un juego endiablado —murmuró Larry—. No se le puede comparar con la ruleta. El ganador es aquél cuyas cartas sumadas tienen el valor más cercano a nueve, pero sin pasar de nueve.

Reyes, reinas y valets equivalen a cero. Los ases, a uno. Fíjese, ha dado vuelta a una de sus cartas..., un tres. Ahora, el contrincante puede decidir si desea una tercera carta. —Se cernía un pesado silencio sobre el grupo—. Ah, le cuesta decidirse. —El susurro de Larry se hizo más intenso—. Probablemente tiene un cinco, tal vez incluso un seis. —El jugador hizo un leve movimiento negativo con la cabeza—. ¿Lo ve? Yo tenía razón. No quiere correr el riesgo. Otra carta podría llevarlo a más de nueve.

Vi que la señora sacaba una tercera carta para sí.

—Es Madame Lubescu, y las joyas que lleva representan todo lo que queda de una enorme fortuna que le dio el rey Carol de Rumania. ¡Si pierde esta noche...!

Mis ojos estaban clavados en la pila de fichas. ¿Ganaría? Un segundo después, descubrió las cartas sobre el tapete verde, con un obvio suspiro de alivio... al que hizo eco el gentío circundante. Su contrincante se levantó sin decir palabra y ella esperó hasta que la pala del croupier reunió las fichas y los billetes de banco en un ordenado montón, en medio de la mesa. La mano de la mujer titubeó un momento sobre la caja. Sufría la tentación de probar nuevamente. Si ganaba, podría doblar su dinero. Lentamente, empezó a deslizar las fichas en su bolso y la mayoría seguimos observando mientras también metía en él billetes. Seguidamente se levantó y se alejó.

Durante un rato paseamos por los salones de juego, con Mellon explorando las caras. Después me guió a lo largo de un amplio pasillo hasta el Wonder Bar: el club nocturno, me dijo, «famoso por su cocina». A medianoche, la afluencia de público había alcanzado su cota más alta y todas las mesas estaban ocupadas y la pista estaba llena de parejas que bailaban rumbas al compás de una orquesta.

Después de pasar unos minutos en la barra de cristal, nos sentamos cerca de la pista de baile. Larry se inclinó hacia mí.

—Fíjese en el hombre que baila con la señora del vestido plateado. En el futuro, lo verá con frecuencia. Es Top Hat, uno de nuestros mejores agentes.

Mi primera impresión fue pensar: «Top Hat, el gato». Era esbelto y felino, y sus gruesas cejas y un bigote fino le daban un aspecto de refinada astucia. Era evidente que su bella pareja disfrutaba con su conversación.

—Uno de los atributos de Mr. Top Hat parece ser el de su atractivo con las mujeres —comenté.

—¿Atractivo? —replicó Larry secamente—. No se limita a atraerlas..., las arrolla.

Después de cenar, regresamos a los salones de juego atravesando el vestíbulo de altísimo techo, charlando sobre los contrastes con la vida en nuestro país. De pronto, resonó el penetrante chillido de una mujer aterrorizada, a lo largo del amplio pasillo. En un instante, ante nosotros toda la escena se convirtió en un caos de gente que corría. Larry echó a correr también y yo le seguí con la mayor rapidez posible. Cuando llegamos al final del largo pasillo, se estaba formando un nutrido grupo alrededor de algo que yacía en la roja alfombra. Contemplé el cuerpo retorcido de un hombre caído boca abajo. Larry, que estaba a mi derecha, me oprimió un brazo. En seguida comprendí por qué. ¡En el centro de la chaqueta de esmoquin del hombre sobresalía un cuchillo! Permanecimos inmóviles, como petrificados. Más gritos detrás de nosotros. Una mujer se desmayó. Arrodillándose, Larry buscó el pulso de la víctima mientras la gente se empujaba para ver mejor. Todo había ocurrido demasiado deprisa para que yo pudiera digerir su significado..., aquella escena tenía la irrealidad de una ópera. Después, mi compañero dio vuelta al cuerpo, sólo lo suficiente para ver la cara.

La tez cenicienta del caído me impresionó. Todo el color había desaparecido de la prominente nariz y de las mejillas. Mellon pareció conmovido por una revelación, y en aquel momento supe que había reconocido al hombre que yacía en el suelo.

¿Qué se quebró allí y en aquel preciso momento? ¿Qué ilusiones mías? Aquello era la diferencia entre los libros de texto de medicina y la sala de operaciones. La faz contraída, inmovilizada en una expresión de dolor, me despertó a la realidad de aquello en lo que yo me había metido. La sangre manchaba ahora la gruesa alfombra y en mis zapatos de satén negro había diminutas gotitas rojas. Cuando alcé la vista, una masa de rostros horrorizados —damas enjoyadas, empleados de uniforme y algunos croupiers— seguían mirando fijamente.

Enderezándose, Mellon me puso las manos en los hombros y me hizo dar media vuelta, impulsándome con energía a través del pasillo lleno de gente y en dirección a la salida.

—¿Está muerto?

—Y bien muerto.

—¿Usted le conoce?

—Claro que no. Vamos, no podemos vernos implicados en esto.

—¿Y cómo evitar la implicación? ¿No nos interrogarán?

—Aline, ¿dónde cree que estamos? Despierte..., esto es Lisboa. Aquí, lo único que preocupa a todos es desembarazarse del cadáver para poder regresar a sus mesas. Algunos de estos jugadores pueden parecer gente opulenta, pero la mayoría de ellos se juegan el desayuno de mañana.

Mientras regresábamos al hotel, cada uno sumido en su propio mundo, apenas hablamos. Yo pensaba en la rapidez con la que puede presentarse la muerte. El suntuoso vestíbulo del hotel estaba desierto, y el reloj antiguo sobre el mostrador del conserje, con su tictac regular y monótono, marcaba las tres y media. Mellon me dejó ante la puerta de mi habitación.

—Procure apartar esto de su cabeza, Aline... y dormir un poco. Mañana por la mañana la llamaré.

Asentí con la cabeza.

En mi habitación, abrí el balcón y escuché el rumor del mar a lo lejos, y vi unas cuantas luces diseminadas que centelleaban como estrellas caídas al mar. La noche, fría y sin luna, me hizo volver treinta horas atrás, a un muelle de Brooklyn. Mi universo ya había cambiado. Había probado la emoción, pero también el horror. No obstante, poco después logré conciliar el sueño. ¿Debióse al cansancio o a mi nuevo endurecimiento?

El día siguiente, Larry evitó toda referencia a la noche anterior mientras recorríamos la trepidante carretera marítima hacia Lisboa.

No tardaron en surgir calles adyacentes a la carretera: las calles estrechas y serpenteantes que festoneaban las abruptas colinas de Lisboa, con sus tonalidades rosadas y siena. En una plaza adoquinada cercana a los muelles, unos pescadores y sus esposas vendían relucientes bacalaos en toscas paradas formadas por cajones de embalaje, los hombres con anchos pantalones de pana negra y las mujeres con faldas largas hasta los tobillos, chales negros con flecos y pañuelos negros en la cabeza. Circulaban algunos coches, pero mucha gente recorría las calles a pie, y por ellas traqueteaba también un pequeño tranvía rojo.

Delante de la fortaleza que se alzaba con esplendor en una altura escarpada ante la bahía, Larry dijo al taxista que se detuviera. Después de pagarle, nos apeamos y caminamos hacia una calle lateral. Larry me indicó la enorme estructura situada en lo alto.

—Éste fue uno de los pocos edificios que resistieron el terremoto de 1755. Voltaire se encontraba aquí y describió el holocausto en *Candide*. ¿Lo recuerda?

La calle era angosta y empinada, bordeada por viejas casas grises con balcones en los que se secaban ropas que ondeaban movidas por el salado aire marítimo. En el número 16, Larry abrió una puerta y me guió a través de un pequeño patio, y bajamos después por una vetusta escalera de piedra. El sótano, carente de ventanas, con la excepción de una abertura enrejada situada a considerable altura, lo llenaban nubes de humo de cigarrillos creadas por los diez hombres sentados allí en círculo. Reconocí a Bill Casey y Russ Forgan, del avión, pero con respecto a los demás el surtido no podía ser más variado. Uno tenía el aspecto de un académico, otro era de tipo mediterráneo, y otro, con acento británico, me ofreció una silla.

Larry se adelantó hasta el centro del círculo. Los demás corrieron colectivamente sus sillas y volvieron a tomar asiento. Reinó el silencio en aquella húmeda habitación de sótano.

—Las noticias no pueden ser peores —anunció Mellon, recalcando las palabras—. El jefe de uno de nuestros equipos MO fue capturado y nuestro agente transmisor informa de que los alemanes empezaron a torturarlo arrancándole las uñas una por una.

Hice cuanto pude para disimular mi revulsión. Los agentes MO eran los que actuaban detrás de las líneas enemigas, extendiendo la guerra psicológica en el sur de Francia, y a veces volando puentes o saboteando las carreteras. Larry prosiguió:

—Uno de nuestros colegas, lanzado en la costa de Pau, en Francia, fue detenido apenas llegó. Mala cosa, ¿verdad? Esto podría indicar la presencia de un agente doble en algún lugar.

—¿Y qué se sabe de nuestro agente liquidado ayer en el casino? —preguntó un joven norteamericano muy flaco, sentado a mi lado.

—Olviden ese incidente —ordenó Mellon secamente.

Por lo tanto, el muerto era uno de los nuestros, lo que hacía que la escena que yo había presenciado resultara todavía más espantosa. Mientras Larry comunicaba datos técnicos a los demás, decidí que lo mejor que podía hacer yo era esperar que nadie se diera cuenta de lo profundo de mi inseguridad en ese momento. La última noche había sido un aviso acerca de las situaciones a las que podríamos enfrentarnos en el futuro. Y lo que acababa de oír esa mañana demostraba que nuestro oficio requería más habilidades de las que se enseñaban en la Granja.

8

Los valles verdes y exuberantes de Portugal quedaron detrás y pronto pude contemplar los grises y áridos campos de Castilla. Debajo de mí, la tierra parecía más hostil que invitadora. Aparecieron montañas y a continuación nuevas y ondulantes praderas mostraron sus franjas simétricas de rojos, pardos y grises. Después de cruzar una sierra de montes coronados por la nieve, el avión descendió en un arco, como un ave, siguiendo el curso de un río sinuoso en una alta meseta. ¿Dónde estaban los habitantes? Sólo algún pueblecillo diminuto, con casitas apiñadas, punteaba de vez en cuando aquel paisaje ajedrezado. ¿De modo que éste era mi punto de destino? Al mirar hacia abajo, recé para ser digna de la misión que se me había confiado.

El pequeño avión de Iberia aterrizó, en medio de una ventolera, en un campo donde un panzudo Junkers con una esvástica negra y roja en el ala era el único avión.

En el local que, parecido a un garaje, constituía toda la terminal aérea, dos funcionarios de la aduana, guardias civiles con capas de color de aceituna y largas hasta los tobillos, me saludaron sonrientes.

—Buenos días, señorita.

Después de sellar mi pasaporte e inspeccionar brevemente mi equipaje, me escoltaron amablemente hasta un taxi. Vaya enemigo, pensé, pero después recordé la escena en el casino de Lisboa y comprendí que no debía confiar en exceso.

El taxi traqueteó a través de los arrabales de Madrid, siguiendo una carretera sin asfaltar y llena de baches, en la que apenas había tráfico, y pasó ante una espectacular plaza de toros y después por calles flanqueadas por viejos edificios. Pocos minutos más tarde llegamos a una avenida bordeada por árboles, donde niños bien vestidos jugaban bajo la vigilancia de unas amas ataviadas con pintorescas faldas a cuadros, mantones de lana con flecos y grandes pendientes dorados y de forma esférica.

—La Castellana —anunció el taxista orgulloso.

Como Lisboa, la ciudad estaba casi desprovista de automóviles: unas pocas bicicletas, algunos carruajes desvencijados tirados por esqueléticos caballos... y ningún guardia ni semáforo. En cierto momento, mi taxista rozó lateralmente a otro taxi que venía en dirección contraria, tras lo cual ambos conductores bajaron sus ventanillas y gritaron: «¡Idiota!» Cada varias manzanas pasábamos por una plaza con árboles desnudos y fuentes sin agua, adornadas por estatuas gigantescas; flanqueaban la avenida palacios de granito, cuyos muros y verjas circundaban jardines. Aquella amplia y tranquila avenida, con las residencias que la orillaban, tenía un aire de opulencia y dignidad muy a la antigua. Según mi reloj, enfilamos la entrada del majestuoso Hotel Palace a las cinco menos veinte de la tarde del 31 de diciembre de 1943. Rellené varios impresos en el mostrador de recepción del vestíbulo. Aquél era el momento planeado en Washington para que yo me encontrase, de modo aparentemente accidental, con el agente que había de asistirme «en el exterior», como había dicho Shepardson.

Al volverme, salió un hombre por detrás de una columna de mármol y avanzó hacia mí, exactamente como estaba predeterminado. Su paso felino activó mi memoria antes incluso que su cara exótica y de pómulos altos. ¡Top Hat!

En el mismo momento, ocurrió algo más. Detrás de Top Hat, se acercaba también un joven muy apuesto. ¿Cuál de ellos era mi contacto? Cuando dejé caer mi bolso, tal como estaba previsto, ambos hombres se precipitaron a recogerlo. Miré a uno y al otro, y entonces Top Hat, con un cortés «usted perdone» dirigido al más joven, recogió mi bolso y me lo entregó.

—El método histórico para conocer a una dama.

Sus palabras, aunque correspondían al código exacto, fueron pronunciadas con el aire de afectación propio de un mal actor. Vistas de cerca, sus facciones parecían marcadas por un matiz ligeramente siniestro; tal vez se debiera al bigote de gángster sobre la seductora curva de su sonrisa. Tenía el cabello negro y espeso, reluciente de brillantina, unos dedos gráciles y unos dientes extraordinariamente blancos.

—Me llamo Edmundo Lassalle. ¿Me harías el honor de tomar algo conmigo en el bar, esta noche?

Ahora fui yo la que contesté con una frase previamente convenida:

—Muy amable por tu parte invitarme.

Cambiamos unas pocas palabras más antes de que yo le tendiera la mano para despedirme. Top Hat se inclinó ligeramente y me besó la mano, siempre teatral.

Cuando llegué al ascensor me sorprendió encontrar al apuesto joven de antes, que me esperaba con mis dos maletas. Su presencia mientras subíamos me puso nerviosa y me sentí aliviada cuando cerré detrás de mí la puerta de la habitación.

Miré a mi alrededor. El suelo, de parquet de roble, estaba cubierto sólo en parte por una raída alfombra roja, pero el cuarto era espacioso y de techo alto, y tenía muebles de caoba tallados y un armario de tres cuerpos en vez de armarios empotrados. Seguidamente, me acerqué a las ventanas y corrí el grueso cortinaje de terciopelo rojo, y después las cortinas de encaje. Había delante un imponente edificio con dos leones de piedra que adornaban la amplia escalinata; sobre la entrada se leía la inscripción «Las Cortes». Nada menos que el Parlamento español.

Un taxi cruzó la plaza a mi derecha, allí donde una estatua de Neptuno decoraba otra fuente seca, y un tranvía amarillo pasó junto a ella. Abajo, en la acera, un viejo pregonaba unas tiras de papel que blandía en el aire. «¡Lotería!», chillaba con una voz cascada. Con lotería o sin ella, la ciudad mostraba un ritmo lento y pacífico, a años luz de la conmoción de Manhattan.

A las nueve y media entré en el bar del Palace. Edmundo Lassalle se llevó mi mano a los labios mientras me dedicaba una sonrisa deslumbrante. Una vez sentados, me preguntó:

—¿Qué vas a tomar? Aquí, se bebe jerez seco o un gin fizz.

—No bebo.

—¡Divina! —musitó—. Tanto mejor para tu trabajo, querida.

Su sonrisa seguía envolviéndome.

—¿Tienes alguna idea de quién era aquel joven bien parecido que estaba en el vestíbulo esta tarde? —inquirí.

Se encogió de hombros.

—Un simple admirador, supongo. Tu entrada causó lo que se llama una sensación.

Le miré con aire de duda.

—Has de saber que me subió las maletas a la habitación y

cuando le ofrecí una propina no quiso aceptarla. Hablaba perfectamente inglés. Pero supongo que igualmente podía ser alemán...

—Esto no debe preocuparte. Eres nueva y estarás bajo observación durante algún tiempo.

—Puesto que vamos a trabajar juntos, ¿no crees que yo debería saber cuál es tu cobertura?

—Consiste en ser súbdito mejicano. —Contuve la risa. ¿Qué otra cosa hubiera podido ser?—. El representante de Walt Disney en España. Esto me da la posibilidad de parecer neutral y me permite alternar con personas de ambos bandos. El plan consiste en acompañarte a la recepción que ofrece la marquesa de Torrejón, donde conocerás a españoles, a embajadores extranjeros, a algunos espías de otros países y también a muchas mujeres extranjeras, ricas y hermosas. Hoy, sólo las mujeres con influencia pueden conseguir permisos de salida de los países en guerra. En estos momentos, Madrid está considerado como el paraíso de Europa. Ésta será la oportunidad ideal para introducirte en la alta sociedad de la ciudad.

Un hombre bajo y rechoncho, acompañado por una mujer rubia, se detuvo ante la mesa para hablar con Edmundo. Mi acompañante se levantó. Murmuró una palabra y volvió a sentarse en seguida.

—Un amigo mío de la policía secreta. No podía presentártelo porque iba con su querida. Aquí, las queridas y las mujeres respetables no entran en contacto —me explicó.

Eché otro vistazo a aquella mujer, preguntándome cómo lograría yo distinguir esta diferencia.

—Querida, vas a adorar esta ciudad —prosiguió él—. Aquí, cada persona merece que se tome nota de ella. Allí —me indicó con un movimiento de la cabeza— están los italianos. Junto a ellos, los alemanes. Inmediatamente detrás de ellos, rumanos, polacos y búlgaros. Los japoneses se encuentran en aquel rincón.

—¿Algunos de ellos son espías? —pregunté.

—¿Algunos? —Se echó a reír—. *Todos* son espías. En este lugar no hay ni una sola persona fiable.

—¿Esto te incluye a ti? —inquirí sonriendo.

—De ningún modo.

Un nuevo resplandor de sus dientes.

Algo en su sonrisa calculadora, su manera de hablar, su

risita, me hacía pensar que él era tan tenebroso como cualquiera de los que me había señalado.

—¿Quién es la marquesa de Torrejón?

—Es la figura más popular entre las que encabezan la alta sociedad, y sus fiestas son las más refinadas. Espero que cuentes con un guardarropía capaz de cumplir con las exigencias de la vida social en Madrid. Te recomiendo una visita a Balenciaga. En Madrid, las mujeres son especialmente *chic*, pero, para serte sincero, la esposa del embajador Hayes es de lo más desaliñado, en tanto que la del embajador alemán tiene una elegancia que ya se considera proverbial. Políticamente, la mayoría de los españoles son aliadófilos, pero, querida amiga mía, por mucho que yo quiera a los americanos, y trabaje para ellos, sus atractivos sociales no pueden compararse con los de los europeos.

Sus ojos iban de un extremo de la sala al otro. Cada recién llegado era debidamente examinado, pero sin que la brillante conversación de Top Hat cesara ni por un momento.

—Las cacerías de perdices son fiestas grandiosas. Las mesas para el almuerzo se instalan en pleno campo, con cristalería y con cubertería de plata, y las sirven criados de librea con guantes blancos. Cuando termina la temporada de caza, empieza el carnaval, con fiestas y bailes de máscaras. Antes, toda la gente de la ciudad salía con máscaras y disfraces a la calle, pero Franco puso fin a esta práctica. Fue una lástima. Hubiera resultado muy útil para nuestra actividad. A mí me encantan los disfraces. ¿A ti no?

Comía patatas mientras hablaba y rara vez esperaba a que yo le contestara. Su acento extranjero hacía que todo lo que decía resultara cautivador.

—La Cuaresma representa un bajón en todas las actividades. Juegan mucho a las cartas en sus helados palacios. Ya sabes que hay una gran escasez de carbón, y por esta razón la mayoría de los vestidos de Balenciaga son de lana y con mangas largas. Durante la Cuaresma, las damas toman té y rezan el rosario, y los hombres juegan a los naipes y fanfarronean sobre sus conquistas femeninas. Franco prohibió los casinos públicos, lo que probablemente fue oportuno, ya que los españoles son jugadores por naturaleza. Se permiten apuestas en el frontón Jai-alai, de la calle Hermosilla. Es digno de ver con qué rapidez los corredores aceptan las apuestas y después meten sus recibos en pelotas de tenis cortadas y las lanzan a las tribunas. El frontón es el juego de pelota más rápido del mundo. Los jugadores suelen ser vascos. Con un poco de suerte, la Cuaresma se ve animada por algún escándalo romántico. Aquí no existe el divorcio, y el adulterio es un pasatiempo inevitable.

Edmundo volvió a levantarse, esta vez para inclinarse ante una mujer particularmente atractiva que se disponía a instalarse en la mesa situada detrás de nosotros.

—La guapísima marquesa de Córdoba—murmuró para mí, al volver a sentarse.

Pero ni siquiera ella le distrajo de su empeño en informarme a fondo acerca de la vida en España. Prosiguió su peroración más o menos allí donde la había interrumpido.

—Los grandes de España rara vez van a sus fincas rurales, aunque poseen propiedades enormes. La ración de gasolina es de treinta litros al mes, por lo que muchos viajan en tren cuando se ven obligados a efectuar una visita a sus granjas o cortijos. Pero todos prefieren la vida alegre de la ciudad al campo..., a no ser, claro está, que haya una cacería. En España, la vida rural es dura. No hay electricidad, ni agua corriente ni calefacción, ni siquiera unas carreteras decentes. Y la guerra civil no contribuyó a mejorar la situación.

Edmundo gesticulaba frecuentemente con sus dedos gráciles. A menudo, su voz se alzaba en un crescendo chillón al final de una frase. Todavía no podía determinar qué clase de persona era mi colega, pero no cabía duda de que era muy especial.

—Una invitación formal anuncia la cena para las diez y media, pero es probable que no la sirvan hasta una hora más tarde. Las gitanas que ofrecen el espectáculo no llegan hasta las dos; por lo tanto, ¿por qué empezar más temprano? Por otra parte, nadie se levanta con el sol. Y recuerda que es de mala educación telefonear a una señora antes del mediodía.

Pidió otro gin fizz.

—Después de la Cuaresma y de la Semana Santa, en abril comienzan las Ferias de Sevilla. ¡Qué enganches y caballos tan espléndidos! Los arneses siempre están adornados con plumeros y cascabeles. ¡Castañuelas y baile en las calles, de día y de noche, durante toda la semana! Has de saber, querida, que los españoles son en realidad gente democrática. Más que nadie. Gitanos, pobres, ricos, grandes, pastores y vaqueros bailan y beben todos juntos cada vez que se celebra una fiesta. Son orgullosos e individualistas. No les atrae la reglamentación, como a los alemanes. Se envidian entre sí, pero se dejarían matar por un amigo. Aborrecen obedecer las leyes y son totalmente ingobernables. Les agrada en especial quejarse de su gobierno, cualquiera que sea éste..., monarquía, república o democracia, y los han tenido todos.

Dejó de hablar por unos segundos mientras buscaba en sus bolsillos otro paquete de cigarrillos.

—Verdaderamente, Aline, deberías regalarme uno de esos cartones que tienes en tu oficina, para ayudarme a ganar amigos. Esos cigarrillos negros españoles huelen a mil diablos.

Hizo una seña a un camarero y se llevó expresivamente la mano a la boca para indicar lo que deseaba, y después volvió a dedicarme su atención.

—Mayo es el mes de la Feria de San Isidro, el Santo Patrono de Madrid. Hay corridas de toros diecisiete días seguidos. Entrado el mes de junio, las esposas y chiquillos se van hacia el norte. Los maridos se quedan aquí, aparentemente para trabajar, pero el programa diario consiste en jugar... con sus amiguitas, desde luego. En Madrid, el clima estival es seco y caluroso, pero nunca insoportable.

Apareció el camarero con un surtido de cigarrillos y cigarros. La transacción absorbió la atención de mi colega durante unos buenos cinco minutos. Finalmente, pareció satisfecho y reanudo la tarea que él mismo se había impuesto y que consistía en hacer de mí la recién llegada mejor informada de todo Madrid.

—En la fiesta de la marquesa habrá un despliegue de personalidades españolas y del Eje. Concéntrate en las mujeres, único medio para que le inviten a uno en su hogar español. La idea de que las mujeres españolas son sumisas es ridícula. —Extrajo un reloj con cadena de oro del bolsillo de su chaleco—. Debes de estar hambrienta. Tenemos una mesa reservada en el Edelweiss.

—¿Un restaurante alemán?

—Sí. Para ver un poco más de cerca al enemigo. El Edelweiss es el restaurante favorito de los diplomáticos alemanes y de los simpatizantes con su causa.

Había mucha gente esperando en la entrada, pero a Edmundo y a mí nos condujeron inmediatamente a una mesa. El local carecía de pretensiones de lujo, estaba lleno a rebosar y el murmullo de las voces resonaba por doquier. Vi que el camarero se deshacía en atenciones hacia Edmundo. Si figura en nómina, está extremando su papel, pensé.

—¿Le apetecerían al señor Lassalle unos arenques en escabeche recién llegados en avión desde Berlín? Esta noche tenemos *Wienerschnitzel* y también venado.

Me entraron ganar de reírme. Iba a saborear en ese lugar provisiones procedentes de la capital enemiga.

Edmundo encendió un cigarrillo largo y delgado.

—Debes comprender la cualidad y el ritmo del mundo en el que estás entrando. Ahora estamos en temporada de caza. Perdiz y jabalí, querida. Rara vez te dan otra cosa cuando cenas en casa de un aristócrata. Especialmente en las cenas ofrecidas por uno de los grandes, que son la flor y nata de la nobleza. Viven con esplendor, pero desde luego no despilfarran. ¡Ni una peseta! Cazan cuatro días a la semana y comen el fruto de sus esfuerzos a lo largo de los siete de la semana. En este país, disfrutar de la vida siempre precede al trabajo. Y esto es aplicable a todos los niveles de la sociedad.

Bruscamente, dejó de hablar. Pasado un rato, dijo:

—Fíjate en el hombre alto y rubio de la esquina, a tu izquierda.

Dirigí hacia allí una mirada casual. Sólo pude ver el perfil de un hombre joven, con una cicatriz cerca del ojo izquierdo y un brazo en cabestrillo. Consulté con la mirada a Top Hat.

—Constantin von Weiderstock, uno de los discípulos favoritos del almirante Wilhelm Canaris, el hombre que controla la Abwehr. Debes saber que en estos momentos existe en Berlín una lucha por el poder entre Himmler y el jefe de ese joven, jefe que es también su padrino. Himmler quiere desembarazarse del almirante Canaris y absorber la Abwehr, el mejor servicio de espionaje que hoy existe en todo el mundo, para fusionarla con la Gestapo, que se encuentra bajo su mando. Trata de convecer a Hitler de que Franco no se ha unido a ellos en la guerra porque el almirante Canaris, que es amigo del dictador español, le aconseja que no lo haga.

Desde luego, yo ya había oído antes parte de esa historia y él debió de notarlo. Miró su reloj.

—Casi es medianoche. Debemos apresurarnos para saludar la llegada del Año Nuevo en el Teatro de la Zarzuela, al otro lado de la calle. Las estrellas del espectáculo, Lola Flores y Manolo Caracol, son amigos míos y muy útiles... y además los mejores artistas de flamenco de Madrid.

Cuando entramos, una hermosa muchacha gitana, con largos y abundantes cabellos negros rizados, unos ojos enormes y un cuerpo que era todo curvas, repiqueteaba con los pies en el escenario y castañeteaba con los dedos, al compás de la música fascinante y contagiosa que interpretaban dos guitarristas. Un hombre robusto, con un sombrero negro de amplia ala, pantalones negros muy estrechos y camisa de seda roja, cantaba *La Niña de Fuego*.

Ella se movía frenéticamente, lujuriosamente, y su frenesí aumentaba con el crescendo del ritmo. Cuando terminó la canción, bajó el telón entre los atronadores aplausos, pero nadie se movió. Faltaban diez minutos para las doce. Los acomodadores, presurosos, distribuyeron cestillos de uvas amarillas a lo largo de las filas. En el escenario, todos los artistas sostenían un cestillo similar. La atención del público se concentró en el gran reloj situado sobre el escenario. Después empezó a resonar un gong grave y solemne, marcando lentamente las campanadas. Todas las cabezas se inclinaron. Los artistas engulleron sus uvas, y el público hizo lo mismo. A mi alrededor les oía escupir las pepitas y atragantarse. También Top Hat se esforzaba animosamente, tragándose incluso pieles y pepitas antes de que sonara la última campanada. Cuando ésta resonó, el teatro se llenó de gritos y aplausos.

Edmundo se volvió hacía mí y me dio un húmedo beso en cada mejilla.

—Feliz año nuevo, Aline... *Happy New Year.* —Después contempló mi cestillo, todavía medio lleno—. No te has comido las doce uvas. Eso es un mal presagio para tu año 1944.

Y lo dijo con toda seriedad.

9

La mañana siguiente, me despertó una suave pero persistente llamada a mi puerta. Me puse una bata.

—¿Quién es?

—El mozo de espadas.

¿Mozo de espadas? Abrí la puerta cautelosamente. Tres hombres con trajes negros se inclinaron ante mí, respetuosamente. Uno de ellos sostenía el mayor cesto de flores que jamás había visto. Claveles de un rojo vivo. Los otros dos llevaban, dobladas sobre sus brazos, unas prendas centelleantes.

—Señorita Griffith, soy el mozo de espadas de don Juan Belmonte, que le envía estos obsequios.

—¿Belmonte?

—Sí, señorita.

Y me miró radiante.

—Por favor, ¿quién es ese Belmonte?

—¿La señorita no ha oído hablar del gran Belmonte?

Negué con la cabeza.

—Debe de haber algún error.

—Ningún error —contestó el hombre cortésmente—. Don Juan vio a la señorita, la noche pasada, en el Teatro de la Zarzuela.

Señalé aquellas ropas deslumbrantes.

—Pero ¿qué es esto?

—Señorita, es el traje de luces que don Juan llevó en Toledo cuando cortó las dos orejas.

Las prendas eran bellísimas: pantalones de satén rosado, bordados a mano, y una chaqueta corta y un chaleco que hacían juego, adornados con hilos de oro y lentejuelas. Antes de que me diera cuenta, me encontré con una soberbia capa en mis brazos, tan pesada, debido a su rico bordado con piedras resplandecientes, que apenas podía sostenerla.

—Dígale al señor Belmonte que le estoy muy agradecida y que acepto sus flores, ¡pero no sus ropas!

—Señorita, no lo rehúse por favor. Don Juan nunca... nunca nos lo perdonaría.

—Lo siento, pero no pienso admitirlo.

Necesité cinco minutos más para convencer al trío de que debían largarse.

Telefoneé a Top Hat.

—Edmundo, soy Aline. Siento despertarte. Muchas gracias por esta noche. Dime tan sólo una cosa, y después sigues durmiendo. ¿Quién es don Juan Belmonte?

—Un gran torero, y el hijo del más famoso torero de la historia. Te llamaré más tarde, guapa.

Me bañé, me vestí con sencillez —pantalones de franela y una camisa a cuadros—, devoré el crujiente pan con mermelada y bebí el té mientras estudiaba un plano callejero de Madrid, buscando el número 4 de la calle de Alcalá Galiano —la American Oil Mission—. Donde empezaría a trabajar el día siguiente. Después me puse un abrigo largo y salí.

Era una hora muy temprana del día de Año Nuevo y la ciudad era mía. Tomé un tranvía amarillo que subió por la Castellana hasta la Plaza de Colón, donde una estatua de Cristóbal Colón parecía contemplar el mundo. A pesar del frío aire invernal, había dos hombres sentados bajo el sol ante un establecimiento, tomando café. Recorrí la calle de Alcalá Galiano hasta el número 4, un edificio antiguo de Piedra, donde el chófer de un Packard negro y moderno me miró fijamente, como habían hecho otros en el vestíbulo del hotel y en el tranvía. Al pasar junto al coche, asomó la cabeza por la ventanilla.

—¿Cómo se le ocurre a una chica tan guapa vestirse de hombre?

Me ceñí más el abrigo. Al menos, ahora sabía por qué me había mirado la gente y que sería mejor no volver a ponerme pantalones en Madrid.

Cambié rápidamente de dirección y me encaminé hacia el centro de la ciudad. Como en Lisboa, las tiendas de las angostas calles era pequeñas y especializadas. Las calles llevaban los nombre de sus actividades artesanales, como la calle Plateros. Y había también la calle de Guarnicioneros, la calle de la Pañería y la calle de los Libreros. Los artículos expuestos en los escaparates parecían datar de cincuenta años antes: corsés con ballenas y voluminosos sostenes, sombreros de copa y utensilios hogareños de cobre.

En las aceras había arrapiezos que pedían limosna, y cuando me senté en un banco de la plaza de Santa Ana, un limpiabotas acercó un taburete y empezó a lustrarme los zapatos. Las mujeres vestían de negro, con bufandas de lana anudadas debajo de sus barbillas, y los hombres llevaban voluminosas capas o los abrigos colgados de los hombros. El carruaje de un solo caballo que me llevó de nuevo al hotel sólo me costó diez céntimos, pero el trayecto por la calle de Alcalá y la Gran Vía exigió media hora. Carros y carretas tirados por mulos se mezclaban con viejos automóviles, muchos de los cuales funcionaban gracias a un depósito montado en su parte posterior y en el que quemaban carbón de leña. El cochero me explicó que estos gasógenos eran una solución, debido al precio de la gasolina.

Cuando entré en el vestíbulo del Palace, los tres hombres esperaban con más flores y con aquel traje centelleante. Una vez más acepté las flores y rechacé el traje del torero. Mi habitación parecía ya la antesala de un velatorio. Media hora más tarde, sonó el teléfono.

—¿Señorita Griffith?

Lo pronunciaba alargando las íes.

—Sí.

—Soy Juan Belmonte, y me agradaría tener el privilegio de salir con usted para comprarle una caja de bombones.

Hice un esfuerzo para no soltar la carcajada. Tan increíble invitación me alentó a preguntar:

—¿Y cuándo le agradaría comprar esos bombones, señor Belmonte?

—Lo antes posible, señorita. Esta tarde sería perfecto. Podría ir a buscarla a las cinco. ¿Será posible?

Puesto que yo no tenía nada mejor que hacer, accedí.

—Pero ¿cómo le reconoceré?

Hubo una pausa antes de que contestara:

—Esto no es ningún problema, señorita. Yo la reconoceré a usted.

El vestíbulo del hotel, tan desierto por la mañana, a las cinco bullía de actividad. Una causa de esta conmoción parecía ser un joven de negros cabellos que firmaba autógrafos. Miré a mi alrededor... Nadie me estaba esperando. Y entonces el centro de la atención avanzó hacia mí. ¿De modo que aquél era mi torero?

Yo había imaginado que un matador de toros había de ser alto y robusto, como un jugador de rugby. Pero era bajo y muy delgado, con una piel aceitunada y una sonrisa agradable.

—Señorita Griffith —me dijo, llevándose mi mano a los labios—. No se me ocurre un augurio más prometedor que el de pasar el primer día del Año Nuevo regalándole bombones.

Me pregunté si ésta sería otra superstición española.

—¿Puedo llamarla por su nombre de pila?

—Me llamo Aline.

Belmonte cogió mi brazo y me escoltó hasta un coche rodeado por admiradores en medio del camino circular de entrada al hotel. El portero dispersó al grupo y partimos en el Bugatti descapotable de color crema.

—Es usted la primera chica americana que he visto en Madrid. —Belmonte tenía los ojos negros y vivarachos, y unas pestañas largas y espesas—. ¿A qué debemos el honor de su visita, señorita?

—Voy a trabajar en Madrid, señor Belmonte.

—Por favor..., llámeme Juanito. Todos lo hacen. —La expresión del torero se animó—. ¿De modo que pasará algún tiempo con nosotros? ¿El suficiente para verme torear? La temporada empieza en marzo, pero las mejores corridas no comienzan hasta mayo. —Redujo la marcha al desviarnos de la Gran Vía—. ¿Y cuál es su trabajo aquí?

—Estoy en la American Oil Mission.

—Espléndido. Le ruego que utilice su infuencia para que nos den más gasolina. Los precios del mercado negro hacen que cada día resulte más caro utilizar este coche. Ahora que está usted aquí, tengo la seguridad de que esto va a mejorar.

Detuvo el coche en la calle Peligros, frente a una tienda que ostentaba sobre la puerta el rótulo «La Mahonesa» en brillantes azulejos, y galantemente se apartó a un lado para dejarme entrar en ella.

—Gracias por abrir en este día festivo, don José, y feliz Año Nuevo.

El propietario, visiblemente complacido por la visita del famoso diestro, hizo varias reverencias y después empezó a felicitarle por una de las corridas de la temporada anterior. Juanito le interrumpió para presentarme y don José se dobló varias veces por la cintura.

—Señorita, es un honor para mí que visite esta tienda. Durante ciento sesenta y seis años, mis antepasados y yo hemos fabricado los mejores bombones de chocolate de toda España. Hemos servido a la familia real y a los ciudadanos más ilustres del país. La señorita debe llevarse una caja como las que antes preparábamos para la reina Victoria Eugenia.

Tomó una caja forrada con seda de color rosa y, cogiendo unas pinzas que había sobre el mostrador, empezó a seleccionar bombones del escaparate.

Esperamos unos momentos y después Belmonte me cogió por el brazo y se volvió hacia la puerta, diciendo al atareado comerciante:

—Don José, estaremos en el coche.

—Pero ¿y los bombones? —pregunté yo—. ¿No deberíamos esperar?

—Claro que no —me contestó—. En España, los caballeros no llevan paquetes.

Minutos más tarde, apareció don José sosteniendo una bandeja de plata con la caja.

—Los bombones de la señorita —anunció con orgullo, dedicándonos de nuevo su radiante sonrisa.

Al regresar al hotel, Juanito recitó los nombres de las avenidas flanqueadas por los árboles, y de las personas que vivían en los palacios y embajadas a lo largo de la Castellana. Muchos transeúntes le saludaban con la mano al pasar ante ellos.

—¡Juanito! ¡Juanito!

Dos chicas muy hermosas, esbeltas y morenas, le llamaron desde un café con el nombre «Chicote» sobre la puerta.

—¡Feliz Año Nuevo, Juanito!

—Feliz Año Nuevo, Carla. Feliz Año Nuevo, María —contestó Juan.

—¿Admiradoras? —le pregunté sonriendo.

—Bueno..., sí, en cierto modo.

—¿Chicote es un bar popular?

—No es un lugar para usted, Aline —respondió Juanito.

—¿Por qué?

—Pues... porque no es respetable, ea. Esas chicas son modelos.

Le miré fijamente.

—¿Y esto qué tiene de malo?

Ahora fue él quien me miró sorprendido.

—Todo el mundo sabe que las modelos no son respetables. Una chica como usted no debe ir nunca a Chicote.

Decididamente, la mentalidad española era diferente.

Al aproximarse al hotel, un Mercedes negro que enarbolaba un banderín alemán en el capó pasó junto a nosotros en dirección contraria. Una mujer velada saludó con la mano a Juan desde el asiento posterior.

—Es la condesa alemana Podevils. Es muy hermosa y valiente... Y no torea mal.

Cuando unos momentos después me invitó a cenar con él la semana siguiente, acepté. Era amigo de toda la gente de la ciudad y podía resultar útil.

—Me gustará. Llámeme.

Entré precipitadamente en mi habitación, ya que el teléfono empezó a sonar mientras yo abría la puerta.

—¿Dónde has estado metida todo el día?

—Recorriendo la ciudad con aquel torero. Esta mañana te he preguntado por teléfono quién era.

—Apenas despuntaba el día, querida. Pero... ¿cómo has llegado a conocer a Belmonte?

Le conté todo lo que había ocurrido durante el día.

—¡Delicioso! —exclamó—. Lo supe apenas te conocí..., eres la norteamericana más reconfortante que he conocido en mucho tiempo. —Hizo una pausa y añadió—: A propósito, tengo algo para ti. ¿Querrás cenar conmigo el lunes por la noche? Y haga lo que haga, guárdame uno de esos bombones, querida. Son mis predilectos.

10

El tosco escrito en un cartón frente al ascensor rezaba: «No funciona». El letrero, como las paredes marcadas por impactos de bala en tantos edificios, me recordó que me encontraba en un país que todavía se estaba recuperando de una guerra y en el que muchas cosas no funcionaban. Subí por una escalera de mármol descantillada, donde un rótulo en una puerta anunciaba: «Oil Mission of the United States of America». Una mujer me acompañó al despacho de Walter Smith, que, según me habían dicho en Washington, era el auténtico representante de la Oil Mission y no formaba parte de nuestras operaciones de la OSS. Amablemente, me guió a otra escalera y llamó a una puerta. Una estentórea voz masculina nos ordenó que entráramos.

Detrás de una mesa escritorio, había, sentado, un hombre gigantesco. Se levantó y, al estrecharme la mano, pareció crecer todavía más.

—La he estado esperando Miss Griffith.

Devolvió fugazmente mi sonrisa, con aire de formalidad. Era un hombre voluminoso, con poderosa osamenta pero al mismo tiempo anguloso, una cara curtida, ojos pardos —casi negros— y una abundante mata de cabellos oscuros.

—Soy Phillip Harris. Siéntese, por favor.

Ocupé la única silla de la habitación. Los cerrados porticones cerraban el paso a la soleada mañana y a los ruidos del exterior.

Volvió a instalarse al otro lado de su mesa.

Sin recurrir a ningún preámbulo, con sus ojillos evitando los míos y una voz tranquila, controlada, sin inflexiones, fue directamente al grano.

—Por suerte, ha llegado finalmente. Tengo trabajo para varias personas como usted. Andamos muy mal de personal desde que un agente triple quemó la mitad de nuestro grupo..., y el embajador hace todo lo posible para dificultarnos la obtención de refuerzos. Ese maldito agente trabajaba para los alemanes, para los españoles y para nosotros, y todo ello al mismo tiempo. Cuando empezó a pasearse por la ciudad con un coche nuevo y una fulana de postín, comprendimos que no toda su pasta procedía de nosotros. Nunca se puede ser demasiado cauteloso. Recuérdelo.

Su silla basculante de madera rechinó al arrellanarse en ella la voluminosa personalidad de Harris. Los brazos que cruzó ante él encima de la mesa hicieron que la habitación y su mobiliario parecieran diminutos. ¿Podía ese hombre transitar por la calle y pasar desapercibido?

—En toda España, apenas somos una docena los agentes entrenados en los Estados Unidos. Los alemanes tienen centenares, literalmente. Eso le dará una idea de nuestra situación. —Cambió de posición y temí que la silla fuera a romperse—. Tengo entendido que su encuentro con Top Hat transcurrió como estaba planeado, ¿verdad?

—Sí. Cenamos juntos.

—Muy bien. Recuerde que en Madrid yo soy el único que está enterado de la Operación Corrida. Usted será el contacto entre Top Hat y yo. Él también trabajará con usted cuando convenga, pero recuerde que él tiene su propia misión que cumplir. Nada de confidencias innecesarias. Toda información debe serme dada a mí. Sólo yo junto las piezas del rompecabezas. ¿Me ha comprendido?

—Desde luego.

Su actitud era pomposa e intimidadora, pero le escuchaba con interés.

—Sus órdenes consisten en desenmascarar al principal agente que tiene Heinrich Himmler aquí. No hay tiempo que perder. La Operación Yunque ha de tener lugar alrededor de una semana después de la Operación Overlord, y ésta puede iniciarse en cualquier momento.

Seguía sin mirarme mientras hablaba. Parecía absorto en un lápiz amarillo que hacía girar entre los dedos de ambas manos.

—El éxito de la invasión en el sur depende principalmente de la información de la OSS en Madrid. Parte de nuestra información sobre los movimientos de tropas alemanas nos la traen agentes que llegan aquí cruzando los Pirineos. También recibimos informes a través de nuestras radios. Nuestros transmisores, aunque pequeños, llegan hasta Madrid y después retransmitimos a nuestros centros de mando. Éste es el lugar –dejó caer el lápiz y descargó el puño sobre la mesa– desde el que se asegurará el éxito de la Operación Yunque. –Esta vez alzó la vista hacia mí–. Miss Griffith, si no sigue estrictamente mis órdenes, puede ser responsable de la muerte de cientos o miles de soldados americanos.

La brusquedad y la magnitud de esta aseveración y el tono arisco que la acompañó hicieron que el subsiguiente silencio resultara tan intimidante como sus palabras. No osé hablar. Él cogió entonces unos papeles.

–Lea ahora estos informes y procure memorizarlos.

La primera hoja se refería a Ramón Serrano Suñer. El párrafo era corto.

Ramón Serrano Suñer, cuñado de Franco, ex ministro. En relaciones amistosas con Hitler, Himmler, Goering y la mayoría de los altos gobernantes de Alemania. Se rumorea que Franco le desposeyó su cartera ministerial a causa de sus esfuerzos para conseguir que España entrara en guerra al lado del Eje.

Príncipe Nikolaus Lilienthal, ciudadano checoslovaco hasta 1925; más tarde utilizó pasaporte diplomático alemán; activo en el movimiento nazi-sudeta en Checoslovaquia durante el período de Munich 1938-39. Desde entonces, en estrecho contacto con Berlín, particularmente con Himmler y Goering. Actualmente, trata de transferir el capital de sus amigos alemanes del grupo Hermann Goering, de Alemania a España. Está obligado a devolver la ayuda económica recibida de Himmler por haber prestado servicios políticos en cooperación con la Gestapo. Las autoridades de Berlín tienen en alta estima a Lilienthal debido a su posición social y a sus influyentes relaciones en España. La actitud que suele adoptar en España es la de presentarse como antinazi y monárquico, con el peligro comunista de Moscú como única preocupación.

Condesa von Fürstenberg, con residencia en el Palace Hotel de Madrid y recientemente llegada de Berlín; está en contacto con Walter Schellenberg, alto funcionario de la Gestapo y favorito de Himmler. Sin medio de subsistencia conocido en Madrid, aparte de la posible ayuda de la Gestapo.

Franz o Hans Lazaar, agregado de prensa de la embajada alemana en Madrid, actual responsable de la labor efectiva con los corresponsales españoles.

Cuando levanté la vista. Phillips Harris me estaba estudiando.

—¿Puedo pedirle a Top Hat más información sobre estas personas? —me aventuré a preguntar.

—Sí, pero no quiero que él merodee alrededor de ninguno de estos sospechosos. No es el hombre capaz de desempeñar el papel definitivo que le tenemos destinado a usted. Él es un gran especialista en un círculo algo diferente, pero de todos modos podrá introducirla a usted en un par de grandes recepciones donde pueda llegar a conocer a esa gente. A partir de entonces, tendrá usted que avanzar por su cuenta.

Recogió los papeles que yo había dejado sobre la mesa y los metió en un cajón.

—Como es lógico, ahora no puedo decírselo todo, pero le aseguro que su misión se volverá más vital a medida que la vaya desempeñando.

De modo que eso iba a ser la preparación para algo todavía más importante. ¿Qué podía ser?

—Sus otras obligaciones, Miss Griffith, serán variadas. Por encima de todo, debe usted proteger su cobertura. No hacerlo equivaldría a ponernos en peligro a todos los demás. Esto significa que deberá seguir un horario de oficina. Dar la impresión de ser un auténtico miembro del Oil Mission. Aléjese del personal de la embajada. No tienen el adiestramiento de usted en materia de seguridad y sin querer pueden resultar peligrosos. Utilizaremos su apartamento, cuando lo tenga, para ocultar agentes femeninos portadores de información bélica de Francia. Aquí, en la oficina, trabajará en la codificación. Pero tiene usted un objetivo primordial: desenmascarar al agente especial de Himmler en Madrid.

Hizo una pausa mientras yo esperaba a que me diera pie para hacerle preguntas. Se me ocurrían un centenar.

—Utilice el teléfono con cuidado. No hay equipos para registrar conversaciones, e incluso en el caso de que el enemigo trajera aquí el suyo, la electricidad estática y los continuos cortes en la línea hacen que el pinchazo sea imposible. Pero no corra riesgos innecesarios.

»Hay otra cuestión, Miss Griffith, de la que debo hablarle. —Se enderezó en su silla y empezó a jugar otra vez con el lápiz—. A la menor indicación de que inicie alguna relación romántica, será enviada de nuevo a Washington. Precisamente ayer, en Lisboa, una agente de nuestro personal se suicidó. Había quebrantado estas reglas manteniendo una relación amorosa con un subagente portugués, que vendió al enemigo la información que ella le proporcionó incautamente. No sabemos cuánto daño ha causado, pero ¿sabe cómo se mató? —Tampoco esta vez tuve tiempo para contestar—. Metió la cabeza en el horno de la cocina y dio el gas. Desagradable, ¿verdad? Y otra cosa a tener en cuenta es que los círculos sociales españoles en los que usted tendrá que moverse jamás admitirían a una chica americana desconocida cuya reputación no fuese impecable. Esto es España, no Estados Unidos.

Me sonrojé..., en parte debido a la indignación

—Esto no debe preocuparle, Mr. Harris.

Abrió un cajón de su escritorio y me entregó una pequeña Beretta calibre 25.

—Le sugiero que se acostumbre a llevar esto encima en todo momento. —Abrí mi bolso y dejé caer en su interior aquella arma con la que ya estaba familiarizada—. No olvide las municiones —añadió.

Cuando me entregó la cajita, me levanté. Di por supuesto que nuestra entrevista había terminado y, después de darle las gracias, di media vuelta para marcharme.

No me es posible imaginar mi expresión al cerrar la puerta. Cualquiera que fuese, el joven que me saludó soltó la carcajada.

—¡Hola, Aline! Soy Jeff Walters. Bienvenida a Madrid.

Nos estrechamos la mano. Su rostro sonriente resultaba atractivo y charló por los codos mientras me acompañaba a lo largo del pasillo. La habitación en la que entramos contenía dos grandes mesas sobre las que se apilaban las tablas de codificación. Jeff se portó en seguida como buen amigo y me informó de todo lo referente a nuestros colegas. Según él, en la oficina era fácil avenirse con todo el mundo..., excepto con el jefe. Phillip Harris —cuyo nombre en código era Mozart— vigilaba a todos como un halcón, y la laxitud en el cumplimiento de las normas de seguridad era severamente condenada. Jeff también me confesó que se sentía fascinado por una bella joven sueca, hija del cónsul de Suecia. Después me explicó que todos los hombres de nuestra oficina estaban casados, pero que, puesto que no se permitía que les acompañaran sus esposas, muchos aprovechaban su libertad con bellas modelos españolas y bailarinas de los espectáculos musicales.

—A este puesto le llaman «la sopa boba», y lo es... hasta que matan a uno de nuestros agentes. Durante los cinco meses que llevo aquí, a uno de nuestros subagentes lo encontraron muerto con un alambre enrollado en el cuello, y nuestro anterior operador de radio fue torturado con métodos que no podría contar.

Traté de dar a Jeff la impresión de que no me sentía especialmente intimidada, encogiéndome de hombros y volviéndome hacia el trabajo que me esperaba sobre mi mesa. En realidad, sin embargo, estaba recordando la visión de aquel cuchillo que sobresalía del esmoquin negro y la sangre que formaba un charco sobre aquella alfombra de Lisboa, y en mi interior temblaba. Tendría que endurecerme sin tardanza si estas cosas iban a convertirse en rutina.

En medio de mi mesa había un papel que contenía las ya familiares palabras de cinco letras en código.

—Prueba con éste primero —dijo Jeff—. Lo descodifiqué durante el fin de semana, pero antes que empieces tu tarea de hoy, quiero ver si necesitas alguna ayuda. —Sonrió—. No pretendo herir tu amor propio. Washington informó de que eres una maestra en eso, pero no estoy seguro de que te enseñaran con las mismas tablas.

La tabla de cartón, de unos sesenta y cinco centímetros de altura por metro veinticinco de ancho, se alzaba frente a mí como si fuera un cuadro de grandes dimensiones. Di una palmada en aquella placa cubierta por un laberinto de letras del alfabeto, y dije:

—No te preocupes. Aunque el tablero es mayor que los que yo utilicé para trabajar en mis clases, me resultará más fácil.

El mensaje procedía de Lisboa y Jeff siguió facilitándome información general, mientras yo procedía a la descodificación.

—Las oficinas de la embajada se encuentran a cuatro manzanas de distancia, en la calle Miguel Ángel, pero procuramos ignorarlas...

Repentinamente, dejé de escucharle. La información que contenía aquel cable absorbió mi atención.

A MOZART DE CEBRA STOP SUBAGENTE SÓCRATES SORPRENDIDO VENDIENDO INFORMACIÓN AL EJE STOP SÓCRATES HA SIDO ELIMINADO STOP.

—¿Qué ocurre? —preguntó Jeff—. ¿Algún problema?

—No, la clave es fácil, pero creo que este cable se refiere a un hombre que fue asesinado cuando yo me encontraba en el casino de Estoril.

—Nunca se sabe. Mozart sólo nos cuenta lo indispensable.

Asentí distraídamente. Por lo tanto, aquel cadáver tenía un nombre en código. Sócrates. ¿Había sido también el amante de aquella chica a la que Mozart hizo referencia?

Los rastros eran sutiles, pero no lo bastante sutiles. Mi habitación había sido registrada minuciosamente. Por suerte, yo había dejado trampas en ella, un hilo aquí y otro allá, no sólo inspirada por mi entrenamiento, sino también por los japoneses que habían coincidido conmigo aquel día dos veces en el ascensor y que también lo habían abandonado en la quinta planta. Sin duda alguna, tenía que encontrar un apartamento lo antes posible.

Edmundo me llamó por teléfono.

—Escúchame bien, querida. Reúnete conmigo en el vestíbulo a las once. Ponte tus zapatos de baile. Iremos a recorrer locales nocturnos.

Di por sentado que aquella noche habría trabajo, pero no me acordé de preguntar si aquella hora tan tardía indicaba que yo había de cenar antes. El horario español iba a dificultar mi sueño nocturno y por lo tanto, para mayor seguridad, me acosté un par de horas en vez de esperar que me sirvieran la cena en mi habitación. Top Hat se rió a carcajadas cuando más tarde le expliqué mi dilema.

—En Madrid, sólo un bárbaro cena antes de la once, querida. Cenaremos allí donde iremos ahora. Ningún restaurante, bueno o malo, sirve la cena antes de las diez, y en los clubes nocturnos mucho más tarde.

Recorríamos la Gran Vía en un taxi.

—Edmundo, hoy han registrado mi habitación. ¿Quién crees que lo ha hecho: la policía secreta de Franco, los japoneses o los alemanes?

—Puede que hayan sido los americanos —me contestó con una risita.

Parecía estar sobre ascuas, pero no me contó la finalidad de nuestro encuentro.

En la misma Gran Vía, entramos en un portal bajo un toldo y bajamos por una amplia escalinata, alfombrada de rojo, hasta una espléndida sala. El Pasapoga rivalizaba en esplendor con el Wonder Bar. El lustre de los bronces se reflejaba en los espejos de las paredes, las columnas de mármol y las arañas de cristal. Una orquesta con numerosos músicos tocaba música de Guy Lombardo.

—¿No es un lugar maravilloso? —me preguntó Edmundo, radiante—. Tan llamativo y tan barroco... Es el lugar predilecto de los españoles para invitar a sus queridas.

Una y otra vez sonreía o saludaba a alguien, disfrutando con su papel de hombre de mundo. Después de sentarnos y encargar la cena, la orquesta hizo una pausa y su director se acercó a nuestra mesa. Edmundo me lo presentó.

—Aline, quiero que conozcas a René Blum. —Bajó la voz—. René es francés y vino aquí hace un año desde París, escapando por los pelos de la Gestapo. Gracias a sus gestiones, ayudamos a muchos judíos a huir hacia España

El músico se sentó junto a mí. Me gustó en seguida su cara redonda y sonriente.

—Tú serás mi contacto con René cuando yo esté fuera de la ciudad, Aline. Él es mi mejor agente.

Blum se echó a reir.

—Edmundo exagera. Cualquiera, en mi situación, facilitaría informes a los extranjeros en Madrid. Todos vienen aquí. Muchos se emborrachan y revelan asuntos confidenciales. Yo me limito a hacer circular lo que veo y oigo, y, como es natural, estoy en contacto con mis amigos judíos en mi país. Todos trabajamos a la vez para sacarlos de allí.

Cuando los camareros se alejaron. Top Hat dio sus instrucciones para que el director de orquesta se pusiera en contacto conmigo en caso de emergencia, cuando él estuviera de viaje o no se le pudiera localizar. Una vez intercambiados horarios y números de teléfonos, René volvió junto a sus músicos.

—Edmundo, ¿sabe Mozart que yo he de ponerme en contacto con ese hombre?

—Ten la seguridad de que ninguno de nosotros puede utilizar un subagente ni presentarlo a personas de la OSS sin permiso. Mozart es el que toca todas las teclas. Blum es totalmente fiable. La mitad de su familia ha sido encarcelada por los alemanes. No te preocupes. Nunca pondrá en peligro tu cobertura.

Las parejas llenaban ahora la pista de baile, mientras los camareros seguían desfilando con copas sobre bandejas de plata. Risas y conversaciones llenaban el local. De pronto, Edmundo apoyó una mano en mi brazo.

—Aline, tenemos que bailar. Es indispensable.

Y, arrastrándome casi hasta la pista, inició conmigo un complicado tango. Hice cuanto pude para seguir sus pasos sinuosos, pero él me hizo girar, descender casi hasta el suelo entre sus brazos, alzarme de nuevo, y de prontó me lanzó y empezé a girar sobre mí misma. Me hubiera sentido como una perfecta necia de no ser por su gracia al bailar y su extraordinario dominio. De nuevo me hizo girar y entonces... un impacto. Había chocado con otra persona que bailaba y di media vuelta para excusarme.

Bien plantado, cabellos color de la arena, con un brazo en cabestrillo y una cicatriz en forma de hoz cerca del ojo izquierdo... ¡Me encontré cara a cara con Constantin von Weiderstock! Aunque momentáneamente confuso, en seguida se inclinó ante mí.

—Ha sido culpa mía, señorita. Dado mi estado, no tengo derecho a estorbar en una pista de baile.

Y al alejar de nuestro paso a su pareja, von Weiderstock se volvió una vez más para mirarme. Edmundo me dirigió un guiño y volvió a ceñirme entre sus brazos.

—Cree que eres española. Probablemente, se hubiera expresado mucho mejor en inglés. Todos los alemanes lo hacen. Pareces una española, y esto es una ventaja, pues encaja perfectamente en este ambiente. Ahora, ya tienes un pretexto para hablar con él cuando vuelvas a verle y apuesto cualquier cosa que él buscará esa oportunidad.

¿Me habría empujado adrede Edmundo hacia el ahijado de Canaris? El almirante Canaris podía ser una figura clave en la misión de Edmundo. Miré hacia la orquesta. René Blum agitaba su batuta con vivos movimientos, como si el ritmo fuese lo único que le preocupara.

Cuando Edmundo me sacó de la pista, nos acercamos a una mesa donde un grupo de personas estaban solicitando autógrafos. Juanito se levantó inmediatamente y, aunque todavía nos separaba una distancia, se inclinó desde su silla vacía.

Al sonreír yo, Edmundo murmuró entre dientes:

—Mi querida Aline, debes presentarme al gran Belmonte.

Y me hizo atravesar aquel grupo de admiradores hasta que Juanito y yo nos encontramos cara a cara.

—Es un placer volverla a ver, Aline —me dijo con su acostumbrada formalidad.

—Juan, le presento a Edmundo Lassalle. —Y, en mi deseo de alejarme de todos aquellos mirones, añadí—: Me alegro de volver a verle, Juan.

Y di media vuelta para marcharme.

Demasiado tarde, pues, desde luego, Edmundo conocía a varias de las amistades de Belmonte y se dedicó a repartir abrazos y besos. Sin dejar de mirarme, Juanito frunció el ceño, lo que acentuó la leve curva ganchuda de su nariz y la oscuridad de su tez. Me pregunté por qué se mostraba tan manifiestamente enojado.

No tardé mucho en averiguarlo.

—No apruebo a este admirador suyo, Aline. Si fuese un caballero, nunca la habría traído a un lugar como éste.

11

Como me había prometido, Top Hat me llevó a la recepción de la marquesa de Torrejón una semana después. Esta vez me recogió a las nueve y media y, en la oscura y vetusta calle de Ferraz, delante de un palacio de granito todavía señalado por la metralla de la guerra civil, Edmundo dio unas enérgicas palmadas mientras miraba a uno y otro lado de la calle.

—¿Dónde se habrá metido el sereno? —preguntó—. Debería estar esperando aquí, puesto que se celebra una fiesta tan importante.

—¿Quién es el sereno? —pregunté yo.

—El individuo que abre las puertas de todas las casas de este barrio. Los serenos son una parte importante de la vida nocturna de esta ciudad. Los porteros inspeccionan a la gente durante el día. Pero los serenos protegen los edificios por la noche. —Mientras hablaba, pudimos oír los golpes de un recio bastón en la acera—. Bueno, ahí viene por fin —dijo Edmundo.

Entre las sombras apareció una figura ataviada con unos pantalones holgados, un chaquetón hasta las rodillas, una bufanda de lana enrollada al cuello que le tapaba la boca, y una sucia boina echada sobre la frente. Se apresuró a sacar una enorme llave de hierro forjado del manojo que colgaba de su cinturón, al tiempo que se metía su grueso bastón bajo un brazo y nos lanzaba un sonoro: «Buenas noches, señores.»

La puerta, reforzada con barras de hierro, se abrió.

—Éste es uno de los pocos grandes palacios que sobrevivieron al asedio de Madrid —me explicó Top Hat mientras subíamos por la escalinata—. El asedio duró casi tres años.

En el espacioso salón, unos cortinajes de color rubí, ya ajados, adquirían matices tornasolados ante los hombres vestidos de etiqueta y las enjoyadas mujeres con sus negros conjuntos firmados por Balenciaga.

—A próposito, la madre de la marquesa era mejicana —me confió Edmundo—. Una compatriota.

—*Querido* —respondí, imitando su modo de hablar—. ¡Y yo que siempre pensé que eras un grande de España!

—Soy un grande de México —alegó— Por parte de mi madre, Cortés, y por parte de mi padre, Moctezuma. Y ahora ya conoces mi secreto, el misterio de mi sangre salvaje... es el azteca que hay en mí. Recuérdame un día que te enseñe mis tatuajes tribales.

—¡Eres tan modesto!

—Querida —repuso—, como dijo La Rochefoucauld: «La humildad es la peor forma de fatuidad.»

Cada pocos pasos, Edmundo se detenía para besar una mano o palmear a un hombre en la espalda mientras lo abrazaba, al tiempo que me presentaba al duque y la duquesa de Lerma, a Marcela de Juan —una belleza china—, al prelado francés, Monseñor Boyer-Mas, con su negra sotana ceñida por una faja de color frambuesa, o a la encantadora condesa de Yebes. Cuando me presentó a la condesa de Orgaz, hizo una pausa para decirme que el cuadro más famoso de El Greco representaba el entierro de un antepasado de esa dama, en el siglo XVI.

—Ven conmigo —me dijo después, guiándome a través del abarrotado salón, hasta llegar a un Goya.

—Observa la dama de este retrato —me pidió—. Y ahora ven aquí.

Me condujo hasta un grupo de invitados sentados alrededor de una mujer cuya identidad supuse de inmediato. Su semejanza con el retrato de su antepasada era indiscutible.

—Mimosa es la mujer más astuta de Madrid —me confió Edmundo—. No le pasa por alto nada de lo que ocurra en la ciudad.

—Edmundo, pícaro, ¿dónde estaba escondido?

La marquesa de Torrejón —una criatura pequeña y frágil, con los cabellos teñidos de un pardo visón, dos manchas rojas en las mejillas y varias vueltas de perlas luminosas alrededor de un cuello que parecía un palo— divisó a Edmundo con sus ojos vivarachos apenas penetramos en su círculo.

—Blanca Velayos está furiosa con usted porque no asistió a su fiesta.

Entonces pareció verme a mí por primera vez, y, besando los dedos ensortijados que ella le tendía, Edmundo nos presentó.

—Es encantador tener con nosotros a una joven americana. ¡Me gustan tanto los americanos! Tienen... ¿Cómo lo dicen ustedes? ¿Coraje? —Su inglés era impecablemente británico—. Hay aquí muchos jóvenes que estarán encantados de conocerla, querida.

A continuación, la marquesa me presentó a los componentes de su grupo: Lequerica, ministro de Asuntos Exteriores, y una rubia arrebatadora, que era la duquesa de Suecia; la princesa Agata Ratibor, y el embajador británico, sir Samuel Hoare, con su esposa.

El mobiliario era Luis XVI, mezclado con piezas inglesas Reina Ana. Sobre una enorme chimenea colgaba un retrato de doña Mimosa con un vestido de *chiffon* estampado con flores y unos diminutos zapatos de satén puntiagudos, en una época en que sus cabellos castaños todavía no habían sido teñidos.

Directamente delante del banquillo que ocupaba la marquesa había una antigua mesa de juego con incrustaciones doradas, y sobre ella una baraja de naipes de pequeño tamaño y diseminados. Nuestra anfitriona gimoteó:

—Edmundo, esto es terrible. Realmente, lo es. Esta noche mis amigos se han adormecido con mis lecturas. Pero yo les pregunto: ¿acaso es culpa mía? Yo soy, simplemente, la médium..., las cartas hablan por sí solas. ¿Se me ha de culpar tan sólo porque no se puede decir nada sobre los que están aquí que los demás no sepan ya? —Esta observación de Mimosa arrancó murmullos de aprobación y ella, alentada, prosiguió—: En realidad, es una lástima. A mí me encantaría echarle las cartas, pero esto, desde luego, es imposible en público. Hasta las cartas se sonrojarían.

La marquesa exhibía un humor efervescente y la atmósfera vibraba por fin.

Para no dejarse apabullar, Edmundo, que se encontraba ya en su elemento, miró a todos los presentes.

—Mi querida Mimosa, usted me halaga en demasía. Seguramente, gran parte de sus deliciosas lecturas de cartas se debe a las brillantes maquinaciones de su vívida imaginación.

La penetrante mirada de la marquesa volvió a posarse en mí. Después ahuecó sus pintarrajeadas mejillas.

—Vamos a ver, Miss Griffith —dijo—. Déjeme echarle las

cartas. Tengo la fuerte impresión de que los naipes tienen algo especial que decirle. Esto es magnífico. Una persona totalmente desconocida...

Su entusiasmo arrancó murmullos de apoyo por parte del grupo.

Volviéndose hacia mí, Edmundo exclamó en voz alta:

—¿No te lo dije? ¿No es divina?

Sonreí, pero hubiera preferido no constituir tan pronto el centro de la atención.

—Déjenle sitio —ordenó la marquesa—. Acérquese y siéntese a mi lado. ¿Cómo se llama, jovencita? Aline. Siéntese aquí.

El embajador británico se levantó.

La princesa Ratibor agitó un abanico de seda y dijo:

—Mimosa es capaz de todo con tal que sus fiestas sean las más divertidas.

Edmundo se sentó a su lado, muy satisfecho de su apostura, y el ministro Lequerica me recomendó:

—Tenga cuidado, señorita. La marquesa es una hechicera. Leerá en su mente como si fuese la suya propia.

Observé que otras personas se habían unido al grupo. ¿Qué podía hacer yo? La expectación era como una súbita corriente de aire. ¿Me vería obligada a acurrucarme al lado de la condesa de Yebes?

Jamás había visto unos naipes como aquellos. Tenían números pero los decoraban trajes llenos de adornos, dibujos de grandes copas doradas o de hombres a caballo y con indumentarias del siglo XV. La marquesa empezó a barajar y después expuso las cartas, una por una, cara arriba sobre la mesa de juego. Pasaban junto a nosotros parejas de invitados y camareros con bandejas llenas de canapés. Desde otro salón llegaba la música de un piano y la voz de alguien que cantaba.

Los ojos de la marquesa tenían un brillo pétreo.

—Bien, todos ustedes saben que yo nunca había visto antes a esta chica. Todo lo que sé de usted, Aline, es que tiene amistad con Edmundo y que es americana. Nada más, ¿no es así?

Asentí. En la sala había dos personas que conversaban, pero los demás contemplaban las cartas que había sobre la mesa. La marquesa había sacado un nueve, un cinco y un siete, y estaba estudiando los naipes como si contuvieran insondables informaciones. Finalmente, habló:

—Veo que llegará a ser famosa en esta ciudad, hija mía. Por

una u otra razón, correrá peligro. Ah, y veo que no volverá a su casa hasta pasados largos años.

Aunque yo no creyera en la buenaventura, su enunciado fue tan dramático que, como los demás que rodeaban la mesa, escuché atentamente.

Sus ojos buscaron los míos.

—¿Prosigo?

Asentí, entre murmullos de aprobación de los demás. Miré a Edmundo, pero sus ojos oblicuos también estaban fijos en las cartas. La princesa murmuró algo a su oído.

La marquesa sacó otras tres cartas: un seis, un dos y un cinco.

—Vaya, esto es muy serio —rezongó—. Las cartas indican que va a verse metida en una especie de conspiración internacional. —Me miró fijamente—. ¿Quiere que continúe o esto la preocupa demasiado, querida?

—En absoluto —contesté sonriendo.

Se me ocurrió que tal vez sus palabras contuvieran un significado para alguna otra persona. Miré a mi alrededor. La mayoría de los que rodeaban la mesa contemplaban a la marquesa, pero la princesa Ratibor y Edmundo se concentraban en las cartas más que los otros asistentes. ¿O tal vez fuera imaginación mía? pero cada vez precisamente tres números... Eso solía ser una señal en códigos numéricos...

Doña Mimosa volvió a barajar las cartas y extrajo otras tres. Seguidamente se pasó un dedo huesudo y cargado de anillos por sus teñidos cabellos.

—Hay alguien cuyo bienestar le preocupa a usted... y con razón. La vida de esta persona corre peligro. —Volvió a mirarme fijamente—. Lo siento, querida mía, no hago sino interpretar las cartas.

Sacó de nuevo tres cartas y yo observé los números. ¿Golpeaba con su larga uña la segunda carta por puro nerviosismo, o para llamar la atención de alguien? Yo conocía diversos códigos basados en números en vez de letras. Tal vez fuese posible. Sacó tres cartas más.

—Aventuras e intriga.

—¿Qué clase de intriga? —preguntó el embajador de Gran Bretaña, que se encontraba de pie detrás de mí—. A mí me ha dicho lo mismo.

—Y a mí —murmuró la duquesa de Suecia, que se apoyaba en el respaldo de la silla de Edmundo.

—Como todos saben, yo soy meramente una médium —dijo la marquesa, volviéndose hacia ellos—. Si quieren, lo dejamos. Este juego también empieza a aburrirme a mí.

—No —protestó la princesa—. Si hay algo más en las cartas, que salga a relucir.

Esta vez, al dar vuelta la última carta, la marquesa suspiró.

—Oh, no, no puedo continuar, pequeña... —Tocó mi brazo—. Habré cometido algún error esta noche al barajar las cartas. Revelan fuerzas malignas en acción alrededor de alguien en quien usted está interesada, Aline. —Hizo una pausa—. Bien, espero que no sea nadie que le inspire un afecto personal. —Su dedo huesudo golpeó de nuevo la primera carta antes de recogerla con las otras y barajar el mazo—. No, no haré más lecturas esta noche. He perdido el tacto.

—En absoluto —dijo Edmundo—. Esto es más divertido que nunca. Continúe, Mimosa.

La marquesa siguió con su exhibición. Tres cartas más. Frunció el ceño y se relamió los delgados labios. Sus rojas uñas pellizcaron las perlas de su collar.

—Es extraño —musitó—. A veces, en seguida todo está claro, y un momento después, puf... se ha ido todo. Las cartas están empañadas. No puedo interpretarlas. —Frunció el ceño, confusa—. Lo que veo ahora no tiene nada que ver con Aline Griffith.

—Queremos saberlo —decretó el embajador.

—Veo una corrida de toros —contestó Mimosa—. Oh, qué terribles esas cartas negras..., ¡una muerte por asesinato! —Recogió apresuradamente los naipes—. Lo siento, Aline. Espero no haberla trastornado con mi pequeño pasatiempo.

Me levanté.

—En absoluto, marquesa, se lo aseguro. He disfrutado con él.

Intervino entonces la condesa de Yebes.

—Ahora me toca a mí, Mimosa. Quiero oír mi futuro, y espero que sea más divertido que mi pasado.

Yo estaba segura ya de que en las cartas había existido un mensaje. Los números eran un código. Sin embargo, sus palabras sobre una conspiración internacional y un asesinato me obligaban a preguntarme si existía la posibilidad de que ella estuviera enterada de mi misión. Decidí que eso era imposible. De todos modos, se lo preguntaría a Edmundo en cuanto pudiera. ¿Y dónde estaba éste?

Fui de un salón a otro, buscándole. Parecía haber desaparecido. Finalmente, llegué al lugar de donde procedía la música.

Había una docena de jóvenes alrededor de un piano que tocaba una muchacha muy hermosa, mientras otras dos cantaban. El conjunto sonaba muy bien. A los pocos minutos, noté una presencia junto a mí. Edmundo se había situado a mi lado.

—Concéntrate en esas tres chicas. Procura trabar amistad con ellas. Más tarde te explicaré el porqué. Volveré dentro de media hora para llevarte a cenar.

Volvió a alejarse discretamente.

Con una actitud natural, me acerqué al piano y empecé a acompañar a media voz a aquellas chicas, que cantaban *Good Night, Sweetheart*. Sus caras tenían unos óvalos perfectos y, si bien su música no llegaba a la perfección, tenía la naturalidad de lo que carece de afectación. Al terminar la canción, nos presentamos mutuamente y cuando Casilda, la pianista, descubrió que yo era norteamericana, exclamó:

—¡Sé otra canción americana! ¡La cantarás conmigo!

Y antes de que yo pudiera protestar, inció una lenta y apasionada ejecución de *It Had to Be You*. Yo la sabía también e hice lo que pude.

It had to be you.
It had to be you.
I wandered around, and finally found somebody who,
Could make me be true, could make me be blue...
Or even be glad
Just to be sad
Thinking of you.

La canción brotó de mi boca con lo que quise esperar fuese una resonancia agradable. Y al llegar al final, alargué la palabra «you» media docena de compases.

Al grupo le encantó. Carmen, Casilda y Nena me abrazaron y, cuando les dije que había traído a España una colección de discos americanos, me invitaron a cenar la semana siguiente.

En cuanto nos encontramos en un taxi, Edmundo me dijo:

—¿No te ha parecido estupenda Mimosa? Yo me he divertido de lo lindo.

—Edmundo, estoy segura de que con aquellos números estaba transmitiendo un mensaje.

—Claro. Estuvo brillante. Y fue muy útil.

—¿Qué quieres decir?

Los negros ojos de Edmundo chispeaban.

—El mensaje iba destinado a mí. ¿Recuerdas los números de las cartas?

—No me fijé hasta que las hechó por segunda vez. Se me escaparon las primeras. Pero nadie podía descifrar un código como ése, excepto la persona a la que estuviera destinado. Tú ya lo sabes. ¿Cómo funcionaba?

—La clave era siempre el número de la segunda carta. Un cinco, un dos y un uno. Y después repetidos.

—¿Y...?

Edmundo sonrió con una expresión maliciosa.

—La marquesa ha estado realizando algunos trabajitos para mí. Un polo aquí y otro polo allá. Y ha descubierto una información verdaderamente fantástica.

Y, tras haber excitado mi curiosidad, Edmundo bostezó con indiferencia.

—No me tortures. Prosigue.

Extrajo un sobre del bolsillo interior de su esmoquin, y lo metió dentro de mi bolso de noche, junto a mi pistola.

—Entrega esto a Mozart.

—Dime lo que transmitió la marquesa.

Edmundo sonrió irónicamente.

—Mi querida Aline, esto es lo que me gusta de ti. Eres tan impaciente como yo. Dime, querida ¿no habrá un poco de sangre india en tus antepasados? Juraría que posees una nota salvaje que indica ese tipo de genealogía.

—¡Edmundo!

Me sentía exasperada, lo que era exactamente su intención. Me miró fijamente.

—La marquesa ha oído un rumor sobre una conspiración para asesinar a un alto personaje oficial. Para ejecutarlo aquí, en Madrid.

—¿Se sabe quién?

—¡Todavía no! Es posible que tampoco ella lo sepa.

—¿Y cuándo?

—Esto es lo que acabo de saber. Dos. Uno. Cinco. El veintiuno de mayo. —Y extrayendo de su bolsillo una pequeña agenda, la hojeó—. ¡Ah, ya comprendo! Es muy interesante.

—¡Dímelo!

—Es el día de la corrida de toros más importante en la Feria de San Isidro.

Sin poder evitarlo, tenía que formular las preguntas que se agolpaban en mi cerebro.

—¿Va Franco a corridas de toros? —inquirí.

—Veo que has tenido una brillante idea..., similar a la mía, pequeña. Sí, el Generalísimo va a las corridas de toros... a veces..., aunque no le gustan.

—Pero si Mimosa Torrejón ha tenido noticia de un complot para matar a Franco ¿por qué no se lo cuenta a él?

—La última cosa que la marquesa haría sería prevenir a Franco. ¿No te das cuenta de que los aristócratas españoles ven con malos ojos a Franco porque consideran que está usurpando el lugar de su rey? Todos ellos son monárquicos y les encantaría verle abandonar este lugar para que lo ocupara su amado Don Juan, actualmente exiliado en Lisboa. Franco no le permite entrar en el país.

—Pero ¿de dónde ha sacado Mimosa esta observación?

—Camareras o ayudas de cámara que escuchan detrás de las puertas. Su doncella, Salud, tiene acceso a todas las casas que más pesan en esta ciudad. Cuenta más de ochenta años y todo el personal de servicio de las casas de los grandes acuden a ella con sus chismes.

—Edmundo, ¿y por qué quería Mimosa contártelo a ti en especial, si sabe que es algo que afecta a Franco? Esto es un problema español, no nuestro.

—Estás en un error —me replicó—. España podría representar un último esfuerzo de Hitler para cambiar el signo de esta guerra, que ahora le es adverso. Con España peleando al lado de los alemanes, Francia no podría ser liberada. Cabría incluso que las tropas aliadas no pudieran llegar a Italia... y todo el curso de la guerra quedaría cambiado.

—¿A quién pondría Hitler en lugar de Franco?

—Es imposible decirlo... A uno de los generales de la División Azul, que simpatizan con los nazis, o a su cuñado, Serrano Suñer, al que se supone germanófilo.

Una idea brilló en mi mente: ¡Júpiter, Shepardson y Mozart han confiado a Edmundo la misma misión que a mí! Por alguna razón, no confían en él. Está ocurriendo algo más..., algo que a mí me han ocultado.

Escrutando la cara de Edmundo, pregunté:

—¿Se puede confiar en la marquesa?

—Como te dije, yo no confío en nadie.

—Claro —admití—. Se supone que ninguno de nosotros ha de confiar en nadie.

Estábamos sentadas en el Chipén, un bullicioso restaurante de moda en la calle Peligros, con las paredes revestidas por azulejos árabes y las zonas laterales delimitadas por arcos, cuando Edmundo sacó un objeto de su bolsillo. Era un diminuto jarrito de porcelana, con flores doradas pintadas a mano, tan pequeñas que apenas parecían más que puntos. Depositó la porcelana sobre la mesa.

—¿De dónde has sacado esto?

—De una mesa en el *boudoir* de Mimosa.

Le miré fijamente.

—No lo entiendo.

—Querida, estas cosas Mimosa las tiene a millares. Nunca lo echará de menos.

—Pero, Edmundo... ¿acaso lo has robado?

—Aline, me gusta. Tenía que tenerlo. ¿No crees que es precioso?

¡Edmundo, un cleptomaníaco! Avergonzada, cambié de tema.

—¿Y por qué quieres que conozca a aquellas chicas?

—Son de la clase de amigas que una jovencita como tú debería tener en esta ciudad. Mi principal motivo para llevarte a esa fiesta fue, precisamente, que las conocieras. Siempre asisten a las fiestas de Mimosa. Y, después de todo, Mozart me ha ordenado que te ayude a introducirte en los círculos sociales de Madrid. Ésta es la mejor manera, pequeña.

Y muy satisfecho de sí mismo, Edmundo siguió admirando el jarrito de porcelana, probablemente calculando dónde colocarlo en su colección.

—En realidad, lo deseaba como recuerdo de esta velada.

—¿Qué quieres decir?

—¿No viste cómo reaccionaba aquella princesa alemana? Como decís vosotros, los norteamericanos, comía literalmente de la palma de mi mano.

—Esto no tiene nada de particular.

Me miró con una sonrisa radiante.

—¿Lo crees así? Posee uno de los títulos más encumbrados de

Europa. En mi próximo informe la describiré como el último agente de las SS llegado a Madrid.

—¿No creerás que es un agente del enemigo?

—No, claro que no, pero se presta a una buena historia. He estado esperando durante años que entrara en mi vida una mujer como Agata Ratibor.

—¿De qué me estás hablando?

—Una mujer con un título tan importante, atractiva y en busca de un marido. ¿Por qué no yo?

—¿La conocías ya, antes de esta noche?

—La primera vez que vi a la princesa fue hace dos semanas, en Estoril.

Después de servirnos el camarero una paella, quise echar un cabo suelto, y creí haberlo hecho con facilidad.

—Tengo entendido que allí asesinaron a un subagente llamado Sócrates.

Edmundo empezó a comer y, tras una pausa, contestó:

—Era mi subagente.

—¿Qué ocurrió?

—El pobre diablo vendía informaciones secretas acerca del suministro de municiones a los aliados y no sólo a la legación alemana en Lisboa, sino también a los japoneses. Y ahora yo te pregunto: ¿no crees que es tener cara dura?

—¿Quién lo descubrió?

Edmundo seguía comiendo.

—Yo.

—¿*Tú*? —exclamé, sintiendo una premonición.

—¿Y quién había de ser si no, querida?

—¿Y qué hiciste?

Llevándose la servilleta a la boca —un acusado contraste entre el damaso blanco y su piel de color acaramelado—, replicó:

—Lo maté.

—Oh, Edmundo... —casi sonreí, pensando que se trataba de una broma

—Recuerda, Aline, que un ser vivo puede traicionar a miles de personas. Piensa en la multiplicación. ¿Qué otra cosa podía hacer yo?

Brilló en mi mente la visión del cuchillo que sobresalía del negro esmoquin de aquel hombre. Durante un largo tiempo, no oí nada. Dejé de comer.

—Esto te ha impresionado, ¿verdad? Sin embargo, te conviene estar preparada. Cabe la posibilidad de que también tú tengas que matar a alguien. Me desagradó el método, pero era silencioso. Piensa en las consecuencias de una inacción. ¿Qué preferirías? ¿La muerte de un agente doble, o la muerte de diez mil de tus muchachos norteamericanos?

12

Fue a principios de febrero, unas tres semanas después, un lunes a las nueve de la mañana. Yo atravesaba rápidamente el vestíbulo del Palace, camino de mi trabajo. Mi atención se había centrado en un enorme jarrón lleno de rosas blancas, que adornaba una cómoda junto a una pared. Paco, el ascensorista, me había cxplicado que las flores llegaban a diario de Alicante, y al meterme en las puertas giratorias me estaba preguntando si alguna vez tendría la oportunidad de visitar esa ciudad.

Y entonces le vi. Mi impresión fue tan intensa que casi me tambaleé en aquel estrecho recinto acristalado que me estaba empujando hacia el exterior, movido por el impulso de la persona que acababa de entrar por el lado opuesto. Quise esperar que mi expresión fuese tan indiferente como la suya. Nuestros caminos se cruzaron sin que nos dirigiéramos siquiera una inclinación de cabeza. No me atreví a mirar atrás y bajé los escalones hasta la calle, como atontada.

Tomé un taxi y, apenas entré en las oficinas, me dirigí al despacho del jefe.

—Mr. Harris, al salir del vestíbulo del Palace esta mañana, he visto a un agente al que conocí en la Granja. Su nombre en código era Pierre.

—¿Sí?

Arrastró la ese, mientras sus ojillos marrones, me dirigían una mirada glacial.

—He pensado que acaso usted desee saber acerca de su presencia en Madrid.

Lo que yo esperaba era que Mozart me dijera por qué se encontraba Pierre en la ciudad y si trabajaría con nosotros.

Tras moverse en su asiento y colocarse cómodamente, Mozart contestó tranquilamente:

—Pues claro que lo sé, Miss Griffith. Estoy al corriente de todo lo relacionado con nuestras actividades en este país. Pierre vendrá a Madrid de vez en cuando. Y esto es más de lo que usted necesita saber acerca de sus actividades.

Recordé que Edmundo había dicho que la marquesa era la mujer más astuta de todo Madrid y que no ocurría ninguna intriga de la que ella no estuviera al corriente. La marquesa tenía un rival. Mozart, la Mente Rectora. ¡Cómo me hubiera gustado ver a la marquesa echándole las cartas! Sin embargo, estaba muy contenta. La seca reprimenda me había proporcionado buenas noticias. Vería a Pierre otra vez. Pero ¿cuándo?

—Y ahora siga ocupándose de sus asuntos —emitió una leve tosecilla—. Reconozco que su primer mes de trabajo ha sido satisfactorio.

Asentí. Él sabía que yo había estado trabajando sin parar en la sala de codificación. Cada cable había sido una aventura, tan absorbente que me sentía como si estuviera combatiendo en una docena de frentes. A última hora de la tarde y por la noche había asistido a diversas recepciones y cenas, invitada por Juanito Belmonte y también por Casilda Ávila, la joven que tocó el piano en la recepción de la marquesa.

—¿Algo de qué informar acerca de su misión?

¿Había en su tono una nota de reto?

—He preparado una lista de todas las personas a las que he conocido desde que llegué —contesté y se la entregué.

Apareció una sonrisa tortuosa en su cara mientras leía mi informe.

—Muy bien, Miss Griffith. Veo que ha trabado conocimiento con varias personas útiles. —Dobló cuidadosamente el papel y lo guardó en su cajón—. Aunque no sea fácil encontrar un apartamento práctico para nuestro trabajo, debe conseguir uno lo antes posible. Esto dificultará a otros verificar sus movimientos, y al mismo tiempo necesitamos con urgencia un lugar para albergar a las agentes que lleguen de Francia. Otra cosa: ocúpese de organizar su cadena. Necesitará montar una para el seguimiento de sus sospechosos.

—Deseaba hablarle de esto, Mr. Harris. Precisamente me están siguiendo a mí. La cosa comenzó dos día después de mi llegada.

—Haré cuanto pueda para que uno de los nuestros la proteja, pero la semana pasado perdimos dos de nuestros mejores hombres.

No pude resistir mi curiosidad.

—¿Perdido?

—A uno lo encontraron muerto bajo el puente de la calle Segovia. Aparentaba ser un suicidio, pero estamos seguros de que lo arrojaron desde el puente. El otro, simplemente, ha desaparecido.

En ese momento, mis esfuerzos se concentraban en mantener un aspecto de indiferencia, como el suyo. Encendió un cigarrillo y yo esperé.

—¿Tiene su pistola siempre a punto?

—Desde luego.

—No tema utilizarla si la atacan. Si no hay testigos, aquí se acepta cualquier explicación. Y si los hay, en estos asuntos nadie acude a la policía. En un bando o en el otro, nadie desea verse expulsado del país.

Aunque no volví a ver a Pierre, el mero hecho de saber que estaba cerca de mí me hacía pensar más que nunca en él. Soñé con él varias noches y durante el día me mantenía ojo avizor.

Finalmente, encontré un apartamento en la calle Monte Esquinza, una calle paralela a la Castellana y a poca distancia de mi oficina. Al cabo de una semana, se me indicó que el edificio era apto desde el punto de vista de seguridad. La portera era considerada mujer segura porque pertenecía al Partido Comunista clandestino, y el hermano de su marido acababa de salir de Portiel, la cárcel destinada a los que se entregaban a actividades políticas subversivas.

Yo nunca había tenido una habitación propia. En casa, compartía una con mi hermana o con un hermanito pequeño, o con la sirvienta cuando podíamos permitirnos tener una. En el colegio tenía una compañera de cuarto. ¡Y ahora todo un apartamento lujoso para mí sola! Mi salario de la OSS, incrementado por el concepto de «tarea con riesgo», era generoso y, con el cambio favorable de la peseta, tenía a mi alcance casi todo lo que pudiera soñar. Un vestido de Balenciaga hecho a medida costaba doscientos dólares, y pagaba un alquiler de cincuenta dólares al mes. El dinero dejó de ser un problema para mí.

El marido de mi portera solía estar borracho y tenía un carácter insoportable. Su mujer, Antonia, ignoraba sus gritos e insultos y se pasaba horas enteras en la calle, delante de nuestra puerta, con un pecho al aire y alimentando a su robusto bebé, incluso en las mañanas más frías.

Mi sirvienta, Angustias, recomendada por la de Jeff Walters y revisada por el CE, era alta, huesuda y de cabellos negros, y lucía profusamente dos dientes de oro que, en cierto modo, indicaban su categoría social como superior a la de la portera, a la que trataba con menosprecio. Sus hermanos habían muerto durante la guerra civil. Uno de ellos se encontraba en Madrid cuando estalló la guerra y por consiguiente se vio obligado a luchar al lado de los republicanos, que controlaban la capital; al otro le sorprendió en Burgos y tuvo que incorporarse a las fuerzas nacionales que tenían su cuartel general en esa ciudad. Angustias decía que no tenía la menor idea acerca de las razones de aquella guerra, ni preferencia por ninguno de los dos bandos. Cuando la portera arremetía contra Franco, Angustias asentía con la cabeza, pero cuando el carnicero de nuestro barrio culpaba a los republicanos de la pobreza crónica de España, también se mostraba de acuerdo. Angustias calificaba a Antonia y a su marido de «rojos», que, según ella decía, conspiraban para desencadenar otra guerra civil.

—Yo no quiero saber nada de eso. Sufrimos demasiado durante la guerra, En Madrid casi nos moríamos de hambre, y sólo los rusos podían conseguir comida. Colgaron un retrato de aquel Stalin suyo que tapaba cuatro pios del edificio de Correos, y en el Banco de España teníamos que ver otro retrato, alto como tres pisos, de un tío feo y calvo que se llamaba Lenin.

Angustias también me explicó:

—Las chicas de servicio que trabajan para los americanos pueden disponer de harina, azúcar, arroz y alubias, todo lo que está racionado, de modo que la señorita comerá bien apenas le encuentre una cocinera.

—¿Usted no sabe guisar? —le pregunté.

—¡Oh, esto no sería apropiado para la señorita! La señorita debe de tener al menos dos criadas.

Aunque traté de rehusar, Cecilia, la nueva cocinera, apareció con dos bolsas de lona negra que contenían sus pertenencias y con su hija de doce años. Cuando pregunté si el marido de Cecilia había muerto en la guerra, me contestó:

—No, señorita. Huyó a Uruguay con otra mujer, y fue una suerte que yo sólo tuviera esta hija. No fueron fáciles... todas aquellas noches que tuve que pasarme sentada en una silla. —La hija, pálida y delgada, miraba, vergonzosa el suelo–. No se preocupe señorita –me tranquilizó Cecilia–, Engracia come muy poco y puede dormir en mi cama

Pensé que la niña sería muy hermosa apenas le diéramos de comer y la vistiéramos.

Cada mañana, mi vestido, mis medias, pañuelos y zapatos, y el bolso estaban preparados en el cuarto vestidor. Angustias calentaba el cuarto de baño utilizando una palangana de porcelana en la que hacía arder alcohol. Su llamarada anaranjada y azul duraba lo suficiente para que yo me bañara y vistiera. La devoción de mi criada llegaba hasta el punto de planchar a medianoche.

Utilizaba unas planchas voluminosas, cuya parte superior levantaba para llenarlas con brasas de carbón y cada una tenía una pequeña chimenea para dejar escapar el humo.

–Mire, Angustias, le agradezco su buena intención, pero no puedo dormir con el ruido de esas planchas –tuve que decirle.

Una mañana me despertó un alarido escalofriante, procedente de la calle. Me senté de un brinco en la cama.

–¿Qué ocurre? –grité.

Angustias apareció con los brazos en jarras y riéndose con ganas.

–La señorita no irá a decirme que nunca había oído el rebuzno de un burro...

Me precipité hacia la ventana. En la calle, un asno pequeño y gris alzaba la cabeza y emitía aquel agudo chillido. Su amo tiraba de él, pero el animal se obstinaba en no moverse.

Me sentía feliz en mi nueva casa, adaptada ya a un nivel de lujo que nunca había conocido. Sin embargo, todavía notaba que me seguían. Las caras cambiaban, y a veces eran mujeres las que relevaban a los hombres cuando éstos desaparecían. Era algo que no me agradaba. Significaba que se trataba de buenos profesionales. No obstante, esperaba que, poco a poco, el horario rutinario de oficina, que yo observaba religiosamente, acabara por desalentarlos.

Cuando despertaba cada mañana, me entraban ganas de pellizcarme para cerciorarme de que todo aquello era real. La belleza de la ciudad, el cielo de un azul intenso, incluso en días invernales, las amplias avenidas bordeadas de árboles y las calles estrechas y sinuosas, la cortesía de la gente, la hermosura de los niños. El ritmo de la ciudad era apaciguador. Nadie parecía tener prisa. El trabajo en las oficinas comenzaba alrededor de las diez de la mañana y era aliviado por largas siestas a primera hora de la tarde. El personal de las oficinas regresaba a ellas a las cinco o las seis de la tarde, para quedarse hasta las nueve. No había turistas y sólo los españoles y el personal extranjero de los servicios diplomáticos cenaban a base del mejor marisco de Europa: exquisiteces tales como las angulas, diminutas anguilas pescadas en estuarios de agua dulce en la costa atlántica; percebes, y también merluza, un pescado blanco y muy fino que no existe en Norteamérica. Por la noche, se oía la familiar llamada de «¡Sereno!», seguida por el golpeteo del chuzo en la acera y la prolongada respuesta de «¡Vo-oo-oy!». La magia de la ciudad y de sus habitantes me cautivaba.

La pena aplicada en España al súbdito español que practicara el espionaje era la de muerte. Por lo tanto, extremé la cautela al elegir a la que había de ser cabeza de mi cadena de mujeres.

En la Granja, me habían enseñado a formar una cadena buscando una mujer fiable que reclutara a otra que a su vez encontrase a otra, hasta formar un grupo de quince. Algunas serían secretarias, otras asistentas, cocineras, modistas o lavanderas. Yo sólo conocería a la mujer reclutada por mí, y cada una de las otras, excepto la última, conocería a dos. De esta manera, si detenían a una parte de la cadena, no se revelaría de inmediato la identidad de todo el grupo.

Puesto que se me había aconsejado no emplear a nadie que hubiera peleado al lado de los nacionales de Franco, tuve que elegir entre republicanos. Sólo la mitad, más o menos, de los republicanos habían sido comunistas o socialistas cuando estalló la guerra en 1936, pero muchos se habían pasado al bando nacional al comprender que los republicanos pretendían un gobierno totalitario bajo control soviético. Estos conversos habían permitido a Franco ganar la guerra a pesar de la debilidad de sus fuerzas y el escaso territorio bajo dominio nacional al comenzar la contienda. Por lo tanto, quienes ahora se consideraban republicanos eran comunistas o socialistas y mis órdenes consistían en reclutar a partir de este grupo.

Ni la costurera que me hacía las cortinas para mi apartamento, ni mi peluquera, las dos «republicanas» comunistas y a las que tuve en cuenta para esa tarea, eran de fiar. Necesitaba a alguien con un nivel de educación más alto y se me ocurrió pedirle a la portera que me recomendara a una maestra o profesora que me ayudara a perfeccionar mi español. Ella juzgó lógica mi petición.

—Es una buena idea, señorita. Ese español americano no suena muy bien. Yo conozco a una mujer que fue secretaria de un ministro durante la República. Es lo bastante culta incluso para dar lecciones a la señorita.

Pilar Hernández era una mujer sencilla, con gafas y de cabellos grises. Siempre llevaba el mismo traje hombruno y unos recios zapatos negros. Desde la primera lección, comprendí que era eficiente y capaz, pero de todas maneras la observé a lo largo de una semana durante nuestras clases diarias, en algunas de las cuales expresó sus ideas políticas.

—Nosotros los socialistas —algunas veces se refería a sí misma tildándose de socialista y otras de comunista— tratábamos de salvar a España, distribuyendo la riqueza entre el pueblo. Nosotros creemos en la igualdad, no en la libertad. Queríamos liberar a las masas de la tiranía del capitalismo.

Por más que yo lo intentara, no me fue posible convencerla de que la democracia era el camino ideal para que los pobres mejorasen su condición.

—Nadie puede cambiar mis opiniones, señorita —me dijo—. En tres años de guerra, perdí tres hermanos, uno cada año, por culpa de los fascistas y de Franco.

Le hablaba con frecuencia de los problemas de la American Oil Mission en sus envíos a España, pero comprendía que si Pilar era tan inteligente como parecía, una vez le propusiera el espionaje, mi cobertura quedaría expuesta, al menos ante ella. Procedí con cautela.

Nuestras opiniones políticas siguieron siendo el tema principal durante nuestras lecciones, pero Pilar era una comunista convencida y nada de lo que yo dijera le causaba el menor efecto. Entonces, yo ya sentía tanto aprecio por los «rojos» como por los «fascistas». Todos los españoles a los que conocía parecían tener la misma personalidad afectuosa, y poseían también un respeto admirable por la dignidad personal de los demás. Mi portera cambiaba saludos a diario con nuestros vecinos, el duque de Silvela, sin ninguna traza de servilismo ni de superioridad por una y otra parte, aunque unos años antes hubieran sido enemigos. En todos los niveles de la sociedad existían unos modales impecables acompañados por el respeto mutuo.

Y también había sentido común y valor. Dos semanas más tarde, propuse a Pilar la tarea de formar una cadena de mujeres y ella aceptó.

13

A las once, el Restaurante Horcher todavía no estaba lleno. Al acompañarnos un camarero de frac a nuestra mesa, contemplé los altos techos, las elaboradas molduras, los paneles murales dignificados por la pátina de los años, los cortinajes de terciopelo verde, todo ello en un cálido ambiente bajo la luz ambarina de los candelabros de plata.

Apenas me senté, el camarero colocó un cojín bajo mis pies.

—En la oficina me dijeron que es ahí donde ocultan sus magnetófonos —comenté, palpando el cojín con un pie.

Edmundo se echó a reír.

—Esto es una ridiculez. Un cojín bajo los pies de una dama es normal en los restaurantes elegantes de Europa. Y éste es, probablemente, el más lujoso de la Europa actual. El propietario, Otto Horcher, dirigía el mejor restaurante de Berlín y se instaló en Madrid cuando los bombardeos empezaron a afectar su negocio hace un año.

Mi atención se centró en la puerta, donde acababa de aparecer un hombre bajo y rechoncho, de unos sesenta años. Su calva resplandecía sobre una orla de pelos grises y rizados, y llevaba un traje negro y una camisa a rayas con el cuello planchado de inmaculada blancura. Pero lo que más me fascinó en él fue el monóculo clavado ante un ojo, que arrugaba su rostro redondo. Los camareros se inclinaron ante él cuando atravesó la sala en dirección a una puerta que había en el extremo opuesto.

—¿Quién es? —pregunté a Edmundo, en un susurro.

—Hans Lazaar —contestó mi acompañante—. Tiene, entre otras dudosas ocupaciones, la de agregado de prensa de la embajada alemana y es una figura importante en la sociedad de esta ciudad.

Esperé que no trasluciera mi excitación al ver por fin a uno de mis sospechosos.

—¿Y siempre lleva ese monóculo?

—Siempre. He oído decir que oculta un ojo de cristal. Una vez me lo presentaron, pero no lo conozco lo suficiente y no podría asegurarlo.

—Tal vez sea el monóculo lo que le da ese aspecto tan siniestro.

—Todo el mundo habla de él. Algunos dicen que utiliza el monóculo como una lupa, y otros que lo emplea para reflejar la luz en los ojos de sus víctimas cuando las interroga.

—¿Qué víctimas?

—Bueno, en esta ciudad, la gente siempre anda chismorreando sobre unos y otros. Lazaar es un objetivo evidente, porque ofrece fiestas suntuosas en un palacio que ha alquilado en la Castellana. Tiene también una finca rural en las afueras de Toledo, donde, según dice la gente, hay mazmorras en las que desaparecen los espías más atractivos, como usted y yo.

Tras echar un nuevo vistazo a la puerta por la que había desaparecido, pregunté:

—¿Adónde ha ido?

—A un comedor privado. Reservado para amigos del Tercer Reich, querida.

Otro grupo de clientes en la entrada. Avanzó hacia el interior una mujer de extraordinaria belleza. Alta y esbelta, de unos treinta y cinco años, con trenzas de negrísimo cabello, una capa de armiño de los hombros hasta los pies, un traje de noche de raso negro, y largos collares de perlas resplandecientes.

—¿Quién es *ésa*?

Edmundo se volvió.

—La única, la incomparable. La condesa von Fürstenberg.

La vimos desfilar a través de la sala, en dirección a la misma puerta posterior.

—Ahora ya sabemos a quién ha invitado Lazaar a cenar —comenté. Hasta el momento, aquella noche se estaba convirtiendo en la más importante de mi carrera.

—Puede haber allí otras personas —dijo Edmundo—. Tal vez importantes funcionarios alemanes.

Decidí entonces que había de encontrar la manera de entrar en aquella habitación.

—Edmundo, ¿tú la conoces? Debe de ser una mujer fascinante.

—Es fascinante, pero, por desgracia, no tengo la suerte de conocerla íntimamente. Sin embargo, la conozco a través de rumores. El embajador de Guatemala dice que la vio en un casino de México, cuando ella tenía dieciséis años. Es de «buena» familia. No una familia distinguida o aristocrática, ni nada de eso..., de clase media y de Guadalajara. Como yo, mitad española y mitad india. No sé quién fue..., no consigo acordarme..., la llevó a Hollywood apenas la vio. Estuvo en Los Angeles el tiempo suficiente para conocer a un financiero holandés —en realidad, Hollywood era demasiado pequeño para las ambiciones de Gloria— que se la llevó consigo a Europa. Allí hubo un inglés y después Fürstenberg. Una noche, Mimosa tendrá que contarnos toda la historia. Ahora tal vez sea una viuda de guerra, no lo sé, y tiene dos hijos de corta edad, y carece de recursos por completo..., pero no por largo tiempo. He oído decir que sale con el riquísimo señor March y también con Ahkmet Fakry, el hijo del embajador egipcio, que es mucho más joven que ella. Necesitará no sólo dinero, sino también un nuevo pasaporte si los alemanes pierden la guerra.

—¿Qué quieres decir con eso de *si* los alemanes pierden la guerra? —exclamé, atónita ante esa observación de Edmundo.

—No te me enfades..., que estoy bromeando. Pues bien, querida, una cosa debo decir en favor de la Fürstenberg: su estilo es sublime y tiene una gran agudeza de ingenio. No todas las damas de Madrid la acaban de aceptar. Es una competidora demasiado importante. —Apuró su copa de vino tinto—. A las mujeres no les faltan motivos para tenerle celos. En Berlín era famosa y, según dicen, hasta el Führer quedó impresionado por ella. Además, es muy lista, puesto que cuando nadie podía ir a ninguna parte, ella se las arregló para ir a París y a Roma.

—¿Y Lazaar? ¿Qué pinta él en todo esto?

—Son muy buenos amigos. Yo no sé que hace él por ella, pero no cabe duda de que le resulta útil en algo. Para conseguir un visado español, ella consiguió que el embajador español en Berlín se enamorase de ella. Después, sedujo al general Wolff, de las SS, para obtener un permiso de salida de Alemania hacia España.

—¿Y de dónde saca Lazaar su dinero? ¿Es rico?

—Quienes le conocían en Berlín dicen que no tenía donde caerse muerto. —Dejando de lado a Lazaar, Edmundo continuó—: Ella hará cualquier cosa para continuar con su tren de vida... ¿y por qué no? Tiene un don especial. En Berlín se relacionaba con todos los peces gordos, Schellenberg, Goering, Himmler, todos los que detentan el poder y están cerca de Hitler. Yo he procurado conocerla más a fondo, pero no hay manera de que ella se digne siquiera hablar conmigo. No soy lo bastante rico, ni lo bastante poderoso, ni lo bastante *chic*. ¡Lástima!

Todo lo que él decía me impulsaba más a introducirme en aquella habitación.

—Hace aquí mucho frío —le dije al camarero que llenaba la copa de vino de Edmundo—. Supongo que es la corriente de esta ventana junto a nuestra mesa. ¿Podríamos ocupar aquella mesa que hay allí?

Y señalé hacia una mesa vacía situada frente a la puerta del comedor privado.

—Si la señorita lo prefiere, en seguida cambiaremos la mesa.

Antes de que acabara de hablar, yo ya me dirigía hacia allí. En cualquier momento, podía entrar alguien más, y aquél era el único lugar desde el cual podía ver el interior de aquel comedor.

—Verdaderamente, Aline, ésta es la peor mesa del restaurante —se quejó Edmundo, apenas nos sentamos allí—. No hacía frío, ni mucho menos, y al menos allí podíamos hablar sin que nos oyera nadie.

Mientras hablábamos, un camarero abrió aquella puerta especial. Vi apenas un extremo de la mesa y la capa de pieles de la condesa en el respaldo de una silla.

—Ah —exclamó Top Hat—, ahora veo por qué has querido cambiar de mesa. —Meneó la cabeza—. Un esfuerzo inútil. Desde aquí, no verás nada. Siempre tienen esa puerta cerrada. Pero a ti no te detiene nada, ¿verdad que no, querida? Te aseguro, Aline, que eres la mujer de mis sueños. ¡Si al menos tuvieras un título! Dime si ves algo, pequeña, porque yo tendría que utilizar el espejo de tu polvera. —Soltó una risita—. No creo que a Horcher le gustara ver a un hombre empolvándose la cara en su restaurante.

Entraba ahora otro camarero en el comedor privado, con bebidas. Esta vez, sólo vi a Lazaar, pero al menos pude constatar que había otras personas a la mesa. A pesar de que la puerta sólo se abrió por breves segundos, descubrí que había otros dos hombres cenando con la condesa y con Lazaar, pero la puerta se cerró antes de que pudiera ver sus caras. Quise esperar que uno de los camareros abriera algo más la puerta, pero uno tras otro sirvieron a los comensales, y en ningún momento pude ver más que un rincón.

Como no se me ocurriera algo más, no habría manera de poder ver quiénes eran los demás que ocupaban la mesa.

Finalmente, entraron allí tres camareros a la vez, evidentemente para servir el plato principal. Esta vez, yo estaba bien preparada. Apenas el primero cruzó la puerta, hice un amplio gesto con la mano, como si le enseñara a Edmundo una jugada de tenis, con el que volqué la frasca de vino que teníamos junto a la mesa. El hielo, el agua y la botella se esparcieron frente a la puerta que acababa de abrirse. El estruendo hizo que acudiera allí el propio Horcher. Todos se apresuraron a remediar el desastre ya que incluso había quedado afectada la alfombra en aquella habitación tan hermética. Los ocupantes de aquella mesa, sobresaltados por la confusión, se volvieron hacia nosotros y en aquel momento vi, cara a cara, al hombre sentado frente a la condesa alemana. No me cupo ninguna duda acerca de su identidad, ya que nos separaban poco más de seis metros.

Unos momentos después se cerró la puerta y renació la calma.

—Mucho me temo que pasará algún tiempo antes de que aquí vuelvan a darnos la bienvenida —comentó Edmundo, riéndose—. ¿Ha valido la pena armar tanto jaleo, Aline?

Unté una tostada con mantequilla, y hablé con toda la indiferencia que me permitió mi entusiasmo.

—No sé qué opinarás tú. Sólo he visto a Heinrich Himmler.

Me miró fijamente.

—Estás loca, Aline. Tal vez has bebibo demasiado de ese vino tinto.

—No he bebido ni una gota. Mira, mi copa sigue llena.

Yo no era ya una abstemia total, pero una copa de vino me duraba toda una noche.

—Deliras. Es imposible. Himmler no puede estar en España. Nos hubiéramos enterado.

—Te aseguro que le he visto —susurré.

—Aline, Himmler no ha venido aquí desde 1941..., pero lo averiguaremos.

Después de cenar, Edmundo pidió una taza de café, y después otra. Pasó largo tiempo con su cigarro puro y su coñac, mientras el restaurante se vaciaba poco a poco, una mesa tras otra. Finalmente, la condesa y Lazaar salieron por la puerta practicada en el panel mural. También salió Constantin von Weiderstock —el hombre al que no había podido ver claramente— ... ¡y nadie más!

—Ya lo ves, querida, sólo imaginaciones tuyas. Nada de Himmler.

—Edmundo, ha de existir otra puerta para salir de esa habitación. No me mires como si estuviera loca. Hay caras que son inconfundibles.

Nos habíamos levantado y estábamos a punto de marcharnos.

—¿Y qué pretendes hacer? —me preguntó.

—¡Vaya pregunta! Decírselo a Mozart, naturalmente.

No me agradaba en absoluto la idea de despertar a Mozart a la una y media de la madrugada, aunque fuera ésta la hora en la que solían terminar las cenas y las fiestas, pero apenas Top Hat me dejó en mi casa, salí de nuevo y recorrí la desierta calle de Alcalá Galiano hasta la oficina. Probablemente, Mozart tendría que enviar un cable a Washington con mi noticia, y en todos los aspectos era mejor utilizar el teléfono de la oficina. Debía de haberse reventado una tubería, puesto que un gorgoteo de agua que corría por la calle era el único ruido que pude oír.

El propio Mozart contestó al teléfono.

—Diga.

Su voz era perentoria. No había estado durmiendo.

—Soy Aline.

En previsión de que alguien estuviera escuchando, mi nombre real era obligatorio.

Una pausa.

—¿Qué hay?

—Estaba en el Restaurante Horcher esta noche y he pensado que le interesaría saber que he visto allí a Heinrich Himmler, en el comedor privado.

Suspiró penosamente.

—Si esto fuese verdad, yo sabría que se encontraba en el país. Hay en Madrid, como un centenar de hombres rechonchos y con gafas que pueden confundirse con él. ¿Y esto es todo?

—Pero es que estoy segura de haberlo visto.

—¿Puede verificar su presencia alguien más?

—No, de momento no. Edmundo estaba conmigo, pero él

no le vio. Esperamos para verle marcharse, pero debió de salir por otra puerta.

—En el salón privado no hay ninguna otra puerta. Buenas noches, Miss Griffith.

Caminé a lo largo de la desierta hilera de oficinas hasta llegar a la sala de códigos, donde podía verse una rendija luminosa bajo la puerta. Jeff estaba sentado ante su mesa.

—¿Alguna novedad? —le pregunté.

—Estaba descifrando un mensaje de la remesa de esta noche. Ben ha establecido contacto hace cosa de una hora.

Aunque en Madrid la noche estaba nublada, recordé que teníamos luna llena, el momento programado para un lanzamiento en Francia. Nuestro avión de Argel había de lanzar a un agente en paracaídas o bien efectuar un aterrizaje en un lugar iluminado por las linternas de los maquis y despegar de nuevo sin parar los motores. Un operador de radio siempre nos comunicaba a los de Madrid si todo había transcurrido bien y fijaba la fecha y la hora para el siguiente contacto por radio.

—Son buenas noticias —me dijo Jeff—, y un nuevo agente, cuyo nombre en código es Pierre, ha enviado el menaje.

—Déjamelo ver.

Arrebaté violentamente el papel a Walter, que alzó la vista, sorprendido.

—¿Qué ocurre, Aline?

No podía dar crédito a mis ojos. ¿Era Pierre, mi Pierre?

—Un chico, que pasó en entrenamiento conmigo se llamaba así.

Jeff me miró, divertido.

—Pues resulta evidente que estás chiflada por él.

—Nada de eso —dejé de nuevo el papel en su mesa—. Tan sólo curiosidad. —Le saludé desde la puerta—. Hasta mañana, Jeff.

Volví a recorrer las desiertas oficinas, pensando en lo que acababa de ocurrir. El silencio y la oscuridad me alentaron a apresurar el paso. Al entrar en mi calle, oí pisadas detrás de mí y no había ningún sereno a la vista. Eché a correr y tuve la impresión de que quien me estaba siguiendo, quienquiera que fuera, hacía lo mismo. Cuando llegué ante mi puerta, me deslicé entre los barrotes de hierro sin meter la llave en la cerradura, no sin dar las gracias porque no hubieran vuelto a colocar el cristal desde que acabó la guerra civil y por ser yo tan delgada, y subí al galope por la escalera.

Me había decepcionado que Mozart no me hubiera creído, pero al menos ahora sabía por qué había estado Pierre en España. Iba camino de Francia y bien podía volver, cosa que me alegraba inmensamente. Estaba agotada y me dejé caer sobre la cama, pero un momento después volví a levantarme para sacar mi pistola del bolso y meterla debajo de la almohada. Aunque ya me estuviera acostumbrando a la tensión, pensé que era innecesario asumir riesgos.

Me quedé dormida con una sensación de satisfacción. Finalmente, me encontraba camino de descubrir al menos a dos de los sospechosos de mi lista.

Los antiguos edificios de granito y los grises troncos de los árboles sin hojas destacaban bajo la intensa luz solar mientras el aerodinámico Bugatti de Belmonte recorría las calles.

—¿Le gustaron los bombones? ¿Y los claveles?

Ahora, estos obsequios ya se habían convertido en rutina.

—Sí. Me gusta todo lo que sea de Madrid.

Se volvió hacia mí.

—Pero espero que no el Pasapoga.

—Juan, de esto ya han pasado más de dos meses. ¿Por qué volver a sacarlo a colación? Yo no tenía idea de que no era un lugar adecuado al que ir. Edmundo se limitó a decir que aquella noche iríamos a bailar.

—¿A bailar? Parece como si su acompañante se preparase para saltar al ruedo.

Sonreí.

—Edmundo es un poco alocado, pero tiene un gran sentido del humor.

Con la vista al frente mientras doblábamos una esquina, Juan repuso:

—No creo que sea un amigo conveniente para usted. España es diferente de América. Lo que es aceptable para los hombres no lo es para las mujeres.

—¿Y usted cree que esto es justo?

Juanito sonrió a su vez.

—Sí, yo lo creo así.

—Pues bien, yo no.

Tal vez notara mi irritación, pues se desvió del tema.

—Ya hemos llegado. —Juan me indicó, debajo de nosotros,

un riachuelo en el que apenas fluía el agua—. El Manzanares. Claro está que la sequía lo ha afectado un poco, pero de todos modos es bien visible. En la verbena de San Antonio, las chicas que quieren encontrar marido echan monedas en este río. —Se volvió hacia mí—. Espero que no tenga ningún compromiso el diez de junio.

—Que yo sepa, no —contesté—. Además, todavía falta mucho para esa fecha.

—Muy bien. Tenemos una cita, Aline. Esa noche yo echaré una moneda al Manzanares con usted a mi lado... y entonces usted ya no se marchará nunca de España. San Antonio es el santo patrono de los enamorados.

No supe qué contestar. La formalidad de Juanito, así como su actitud envarada y siempre correcta, me resultaban increíbles pero, me gustara él o no, lo cierto es que resultaba útil. Conocía a todo el mundo.

El escenario tenía su encanto, ya que nos habíamos sentado en un café al aire libre en la árida orilla del río, donde unos pocos clientes disfrutaban del vivo sol del mes de marzo. Después de tomar una copa de Jerez Tío Pepe, Juan sugirió cruzar la calle hasta la iglesia de San Antonio de la Florida. Yo noté que la vista se me cegaba temporalmente del vivo resplandor del sol a la oscuridad de aquella iglesia pequeña y destartalada, pero en seguida observé que la cúpula del techo ostentaba unos frescos resplandecientes.

—Los pintó Goya. —Juanito miró hacia arriba y, seguidamente, dijo con toda la seriedad de un guía turístico—: Los ojos de estas figuras pintadas son como los suyos: fulguran como brasas.

Meneé la cabeza y reprimí la risa. Era un hombre imposible.

Desde allí, fuimos a la Plaza Mayor, un recinto impresionante, del siglo XVII, circundado por arcadas y tiendas en edificios simétricos adornados por numerosos balcones.

—Desde aquí, la familia real y su corte presenciaban las corridas de toros —explicó Juan—. A veces, cuando el torero hacía una faena particularmente buena, las damas lanzaban perlas al ruedo, —me miró—. Como sus dientes.

—¿Mis dientes?

—Sus dientes son como perlas, Aline.

Y mi boca como una ostra, pensé, incapaz de proferir una palabra. Bajamos por unos escalones desgastados por los siglos —la famosa Bajada de Cuchilleros— y, después de atravesar una serie de cámaras abovedadas y llegar a una estancia parecida a una pequeña caverna, entramos en un bar semejante a una mazmorra y nos dimos un festín con pan crujiente recién cocido, queso manchego y vino tinto.

Juan alzó su copa y dijo lo que yo ya estaba previendo.

—Un vino tan rojo como sus labios.

Tomé un sorbo en silencio.

—Y brindo por nuestro futuro —añadió.

¿Un futuro con Juan Belmonte? No me era posible imaginarlo.

—Aquí es donde solía ocultarse el famoso bandido Luis Candelas, Aline. Robaba a los ricos para socorrer a los pobres..., como hacía su Robin Hat.

—Hood —le corregí—. Robin Hood.

Poco después recorrimos la calle de Segovia —nos encontrábamos en el barrio más viejo de Madrid— y entramos en un restaurante muy antiguo.

—La especialidad de la casa es el cochinillo asado —explicó Juanito.

Me miró, cuando ya abría la boca, le interrumpí:

—¡Por favor, Juanito, no me compare con un cerdito asado!

Él echó la cabeza atrás y ambos prorrumpimos en carcajadas. Cuando recuperé la voz, le dije:

—De veras, Juan, si sigue diciendo estas cosas tan absurdas, terminará nuestra amistad.

—Gracias por decírmelo —me contestó—, pero es que las mujeres españolas esperan que el hombre las requiebre sin cesar.

—Estoy segura de que las chicas como las de Ávila no se dejan camelar con esto, ni tampoco las cantaoras de flamenco.

Un coro de voces anunció la entrada de una tuna, un grupo de estudiantes universitarios provistos de guitarras y bandolinas y ataviados con trajes negros a la antigua, de cuyos hombros colgaban cintas multicolores. Interpretaron varias baladas, y al final Juan les entregó una buena cantidad de pesetas.

No hizo más comentarios tontos hasta que le pregunté si conocía a la condesa de Fürstenberg.

—Claro que la conozco, ¿Por qué me lo pregunta?

—¿Podría presentármela?

—Ni pensarlo. No es una amistad apropiada para usted.

Juanito era un ser de otro siglo.

14

Lo vi en sus ojos, detrás de los cristales de las gafas: Pilar estaba excitada. Con el pretexto de una lección, blandía una pequeña pizarra en la que había anotado con tiza la conjugación de unos verbos irregulares.

—Tiene usted razón —me dijo a media voz apenas me senté a su lado—. De noche la siguen, pero no podemos identificar al hombre. Desaparece en la Ribera de Curtidores, en el Rastro, la parte vieja de la ciudad. Es una calle llena de viviendas muy pobres. Viven allí muchos gitanos, y también hay en ella pensiones baratas en las que paran los labriegos que vienen a Madrid. Y en todo el barrio pululan granujas y vagabundos. Un lugar muy difícil para encontrar a alguien.

—Pilar, sigan buscándolo. También me siguen de día, y lo hace más de una persona. También tengo otro trabajo para usted. La condesa von Fürstenberg vive en el Hotel Palace. Quiero que me consigan toda la información posible sobre ella.

—Eso es fácil. Ya tenemos una camarera en el hotel, que es una de mis mejores chicas.

—Pilar, espero que haya seguido el sistema que yo le expliqué. Por su propia seguridad, se supone que usted sólo conoce a la mujer a la que haya reclutado y a ninguna más.

—No se preocupe, señorita. Es, exactamente, el trabajo que realicé durante la guerra. A usted no la conoce nadie, y esto es lo que debe mantenerse en secreto.

—Vi a Heinrich Himmler comiendo en el salón privado del Horcher, pero necesito pruebas de que estuvo allí. Averigüe si ese comedor tiene una entrada secreta. Verifique las listas de los pasajeros de la Lufthansa llegados y salidos de Madrid... y también las de los que tomaron los trenes de Barcelona e Irún en ambas direcciones, y cualquier otra ruta utilizada por altos funcionarios procedentes de Berlín. ¿Sabe qué aspecto tiene Himmler?

—¿Cómo puede pensar la señorita que no conozco a semejante monstruo? Si ha estado en España, no le quepa ninguna duda de que mis mujeres lo averiguarán.

A fines de marzo las hermanas Ávila me invitaron a cenar en su casa. El sereno me abrió la puerta del viejo edificio, encendió la luz de la entrada y tiró de la cuerda de la campana para anunciar mi llegada a los de arriba. La escalera era amplia, grandiosa, y en el rellano había una sirena de madera tallada que había adornado la proa de un navío del siglo XVI, pero los escalones de madera estaban muy desgastados y no los cubría ninguna alfombra. Un criado de pelo blanco, elegante en su librea azul con chaleco y botones dorados con el blasón de la familia, esperaba ante la puerta y me hizo pasar al recibidor, una sala de techo alto y enteramente desnuda excepto por dos armaduras montadas sobre pequeños pedestales. Cogió mi abrigo y me condujo a través de una vasta estancia en cuyo extremo opuesto había un órgano antiguo con tubos de bronce. Pasamos ante muebles antiguos, ingleses y franceses, caminando sobre una alfombra deteriorada, mientras se filtraban frías corrientes de aire a través de los gruesos y ajados cortinajes azules. Recordé que aquella familia acababa de reunirse otra vez después de una guerra y que en Madrid muchas casas antiguas habían sido utilizadas como cuarteles durante el asedio de la ciudad. Se oyó la voz de Casilda:

—Evaristo, acompaña aquí a la señorita, donde hace algo de calor.

Casilda abandonó una mesa redonda cubierta con un tapete de terciopelo que llegaba hasta el suelo, para saludarme.

—Perdona que no vayamos a la otra sala, pero aquí tenemos un brasero debajo de la mesa y se está mejor. Esperaremos aquí hasta que se caliente el comedor pequeño. Ese racionamiento de coque y carbón es una pesadilla.

Abracé a las otras dos hermanas y después me presentaron a la cuarta joven, una belleza clásica, rubia y de ojos azules.

—Es mi mejor amiga —explicó Casilda—. Carola Lilienthal.

No acertaba a creer mi buena suerte. Aquella chica había de ser la hija del príncipe Nikolaus Lilienthal, uno de los personajes de mi lista. Era lo bastante atractiva como para atraer las miradas de cualquiera, incluso en El Morocco, y, además, en seguida me di cuenta de que era extremadamente simpática.

—Aline, no fingiré que no sé nada de ti. Casilda nunca deja de hablar de ti, y también he oído comentarios de otros amigos. Sé que la otra noche estuviste en Chipén con Juan Belmonte. Ya ves que estoy enterada de todo lo que ocurre en la ciudad.

Charlamos durante la cena como si nos conociéramos de toda la vida. Las chicas deseaban saber todo lo referente a los colegios norteamericanos y a nuestra manera de vestir, y también me hablaron de sus fiestas y pasatiempos, más dedicados a encontrar el marido adecuado que a llevar una vida de trabajo o estudio. Después de cenar pusimos en el gramófono los discos americanos que yo había traído, y la interpretación de *One O'Clock Jump* por Benny Goodman se convirtió en su favorito, pues nunca la habían oído antes. Les enseñé el baile rápido con ritmos sincopados, y ellas me enseñaron a bailar el chotis e incluso algunas sevillanas. En muchos aspectos, fue como volver a estar en el colegio y el único momento libre de preocupaciones del que había disfrutado en varios meses, y más relajante que las fiestas a las que Edmundo me había llevado hasta entonces.

Cuando vino el chófer de Carola para llevarla a su casa, ella me ofreció acompañarme también a mí. Durante el trayecto me dijo:

—Debes venir a pasar un fin de semana con nosotros en el campo. ¿Qué te parecería el fin de semana del primero de abril? Te encantará El Morisco. Tendremos muchos invitados, y también habrá flamenco.

Me limité a mirarla fijamente, pues eso estaba resultando casi demasiado fácil.

—No aceptaré una negativa, Aline —me dijo cuando yo me apeaba del coche.

—No te preocupes —le contesté—. Tendré libre ese fin de semana.

Llovía. No había taxis y yo tenía que ir al apartamento de Pilar, en la calle Conde Duque. Nadie tenía un paraguas. Angustias ni siquiera conocía una tienda donde los vendieran.

—¿Y quién va a querer un paraguas, señorita? El agua que

Dios envía desde los cielos es buena para la piel, y significa suerte y riqueza para España —explicó Cecilia, la cocinera.

La estrecha escalera de la casa antigua donde vivía Pilar estaba impregnada por el olor del aceite de oliva empleado para freír, un olor que yo empezaba a considerar como el olor nacional. Pilar abrió la puerta, llevándose un dedo a los labios para pedir silencio. Después me indicó un viejo aparato de radio.

—La Pasionaria habla desde Moscú...; es la mujer que nos alentaba a luchar en nuestra guerra.

En la radio, una vigorosa voz femenina exhortaba:

—No desesperéis, camaradas. En el sur de Francia, vuestros camaradas se están agrupando para conquistar nuestra amada patria...

La alocución política por radio continuó, tediosa y repetitiva. Miré mi reloj. Ansiaba recibir los informes de Pilar sobre Himmler y la von Fürstenberg, y deseaba estar en el Hotel Ritz a las diez, pues allí Juanito ofrecía una fiesta de cumpleaños a su colega Manolete.

Ahora hablaba una voz masculina en la radio:

—Españoles, ¡desconfiad de los imperialistas americanos! Cuando termine esta guerra, el buen pueblo soviético eliminará el foco del sistema capitalista, los Estados Unidos de América.

Resultaba difícil creer que los soviéticos nos atacaran así por la radio cuando éramos aliados. Pedí a Pilar que apagara el receptor.

—No puede creer esa falsa información sobre mi país, Pilar.

—No se preocupe, señorita. Ahora, yo le soy leal a usted. Tenemos un enemigo mutuo: Hitler. Pero después de la guerra verá que nuestro sistema soviético es mucho mejor que el suyo. ¡Dentro de veinte años, Rusia será el país más rico de la tierra!

Meneé la cabeza, disgustada, pero después contemplé aquella habitación desnuda y fría, en la que una sola bombilla colgaba del techo. No era extraño que hubiera comunistas en este país.

Pilar me entregó dos hojas de papel.

—Esto es el informe sobre la condesa, pero no poseo informaciones fidedignas acerca de Himmler. No obstante, un hombre que respondía a su aspecto en general estuvo en el restaurante la semana pasada. Hemos podido averiguar que existe una puerta invisible en la pared del comedor privado. La utilizan con frecuencia ciertos clientes.

Sus noticias eran alentadoras, pero temí que no bastaran para complacer a Mozart.

De pie bajo aquella luz mortecina, leí el informe, pulcramente mecanografiado en la que debía de ser una máquina anticuada:

Condesa von Fürstenberg
(semana del 20-3-44)

20-3

11.00 Desayuno en su habitación. Llamadas de la Sra. Stiller, esposa de un funcionario de la embajada alemana; Sr. Hans Lazaar; Sr. Ahkmet Fakry, hijo del embajador egipcio; y de un hombre no identificado.
13.00 Fue a la peluquería Rosa Zavala (delante del Hotel Palace).
14.30 Almuerzo en el Grill del Palace con la condesa Podevils.
17.00 Cita en la modista Ana de Pombo, calle de Hermosilla, 14.
18.30 Regreso al hotel.
22.00 Vino a buscarla el Sr. Fakry, de la embajada de Egipto.
22.30 Cena en Orcapón, Carrera de San Jerónimo (con Fakry). Después de la cena, el agente pierde la pista; ningún taxi puede seguir a un Mercedes.
4.30 Regreso al hotel.

21-3

13.00 Desayuno.
13.42 Llamada telefónica desde Berlin: Sr. Walter Schellenberg.
15.30 Recoge a sus hijos en el Colegio Alemán.
16.30 Calle Lope de Vega, 12, zapatería Francisco Fanjul.
17.00 Cita en la modista Ana de Pombo, calle de Hermosilla, 14.
18.30 Regreso al hotel.
22.00 Viene a buscarla un coche de la embajada alemana.
22.30 Cena en Castellana, 49, la casa del Sr. Lazaar.
2.00 Regreso al hotel.
2.30 Llamada telefónica desde Berlín.

22-3

11.00 Desayuno.

12.00 Masajista: Conchita.
13.00 Manicura: Carmen Tirano.
16.30 Llamadas telefónicas: condesa Podevils, Sr. Luca de Tena, zapatero Sr. Álvarez, calle del Conde Duque, 25.
17.00 Cita con Ana de Pombo.
18.30 Regreso al hotel.
22.00 La recoge un coche de la embajada italiana.
22.30 Cena con Sr. y Sra. San Juste, residencia oficial de los embajadores italianos.
1.00 Sale en compañía del Sr. Ahkmet Fakry.
1.15 Baile en La Reboite, calle de Prim.
5.00 Regreso al hotel.

Hice una pausa para mirar a Pilar, que me estaba acechando con su usual afectación.

—Esto es increíble, Pilar, y muy útil.

Brilló la satisfacción en sus ojos.

—Dentro de pocos días tendré los nombres y los números de teléfono de su libreta de direcciones. Consigo de mis chicas un trabajo eficiente.

Al contar los salarios, añadí quinientas pesetas.

—Esto es para usted, Pilar, para que pueda vivir más confortablemente. Aquí debe de helarse.

Rehusó, pero yo insistí. Sabía que era dinero suficiente para comprar en el mercado negro carbón para tres meses. Mi camarera y mi cocinera me costaban ciento cincuenta pesetas al mes, lo que representaba más o menos quince dólares cada una. El traje de Balenciaga que yo había comprado la semana anterior había costado dos mil pesetas, una suma exorbitante para España, pero que para mí representaba mucho menos que el precio de un vestido de Hattie Carnegie. Le entregué el dinero y lo aceptó.

—Reclutaré otra cadena para facilitar más información a la señorita.

Me marché, esperando no estar financiando el antiamericano Partido Comunista de España.

15

La guerra mo marchaba como se había esperado. La operación Overlord y la Operación Yunque no podían ponerse en práctica hasta que la campaña de Italia adquiriese un signo satisfactorio, y por el momento era una partida en tablas. El 15 de marzo, bombardeos aliados sobre Casino habían destruido un antiguo monasterio que, según nuestros mandos, era un puesto de observación de los alemanes. Se equivocaron y ahora los alemanes quedaban en libertad para maniobrar en ese sector, utilizando el monasterio y las ruinas de la población cercana como fortificaciones para sus tropas. Todos esperábamos que ese error no fuera consecuencia de una información incorrecta de la OSS Italia. Por otra parte, a pesar del gran número de vehículos y hombres desembarcados en la cabeza de puente de Anzio, nuestras fuerzas tampoco avanzaban allí. Aunque hubiéramos acabado con el dominio del Eje en el mar, los reveses en Italia estaban creando una tensión que nos afectaba a todos.

Mozart se mostraba especialmente taciturno en esos días, y nuestro equipo estaba más nervioso que de costumbre. El 27 de marzo, anunció que nuestra oficina se trasladaría de inmediato a otro lugar. Ostensiblemente, la excusa era la de que la Oil Mission necesitaba más espacio, pero Mozart nos comunicó brevemente:

—Washington exige mayor seguridad para nuestros archivos de la OSS y mayor cautela por parte de nuestros agentes.

Se ocultaron los tableros de código en archivadores metálicos y los transmisores en grandes cajas destinadas a material de oficina. Se necesitaron dos días para el traslado al piso más alto de la residencia del embajador norteamericano y durante ese tiempo no se descodificó ningún mensaje.

Nuestro nuevo emplazamiento, el palacio del duque de Montellano, estaba rodeado por un vasto jardín y todavía quedaba más cerca de mi piso. Cuando llegué, el primer día, el portero abrió una puerta adyacente a la gran entrada de la verja y, por su camino de grava, me condujo hasta una entrada lateral de la casa. Fui inmediatamente al despacho de Mozart con el informe de Pilar sobre la condesa, y le comuniqué que una de las mujeres de la cadena de Pilar había confirmado la presencia de Himmler en el Restaurante Horcher la semana anterior.

—Quiero una prueba, Miss Griffith —dijo Phillip Harris enfáticamente—. ¿Hasta qué punto es fiable esa mujer? ¿No se tratará de una asistenta ignorante? Desde luego, no era una camarera. ¿Lo vio personalmente? Una noticia tan vital como la presencia de Himmler en Madrid ha de ser verificada por informadores fiables.

—Pero en aquella habitación hay una puerta secreta, y probablemente él la utilizó para marcharse sin ser visto.

—Esto es ridículo. No puedo correr el riesgo de enviar a Washington una información tan cogida por los pelos.

Y con un gesto de la cabeza me despidió.

Era muy difícil conseguir una felicitación del jefe. Sabía que los demás pasaban también por idénticas decepciones, y por tanto procuré disipar mi desilusión. Walters me estaba esperando en el nuevo cuarto de códigos.

—¿Ya estás aquí? ¿Cuando yo ya he hecho todo el trabajo más pesado? —me aguijoneó Jeff—. Tenemos un buen montón de cables esperando, pero primero quiero enseñarte la gran vista de que disfrutamos ahora.

Rayos de sol iluminaban aquella gran sala en un ángulo del ático. Vi desde la ventana extensiones cubiertas de verde césped, viejos castaños, robles, acacias y arbustos de forsitias en flor. Jeff me llevó a la otra ventana, frente a la Castellana. Todavía no había niños jugando allí, pero unos cuantos carruajes con los usuales caballos esqueléticos esperaban clientes y también pasaron dos o tres automóviles. Al otro lado de la avenida había un palacio similar al que ocupábamos nosotros.

—Es el palacio del conde de Romanones, el famoso primer ministro de la monarquía —explicó Jeff al dar yo media vuelta y coger el primer cable de Londres.

A MOZART DE CHESS STOP BRITANICOS HAN
CAPTURADO ESPAÑOL TRABAJANDO COMO
AGENTE ALEMAN BAJO NOMBRE DE
CODIGO GARBO STOP GARBO ENVIABA
MENSAJES A BERLIN A TRAVES DE
GUILLERMO EN MADRID STOP

A Jeff y a mí nos divertía ver quién podía descifrar con mayor rapidez. El siguiente cable era similar a otros que habíamos recibido la semana anterior.

DE HOTSPOT A MOZART STOP SE SOLICITAN
AGENTES CON CONTACTOS EN ITALIA
CERCA DE BISENTI AYUDEN A NUESTRO
AGENTE FRITZ QUE NECESITA SER
EVACUADO URGENTEMENTE STOP

Unos cuantos cables más y descifré uno que inmediatamente dejé sobre la mesa de Jeff.

—Fíjate en éste, Jeff. Parece ser que los alemanes han puesto fin a su período de benignidad.

El cable decía:

ORDENES DE HITLER A LA WEHRMACHT
INDICAN TEXTUALMENTE QUE LAS FUERZAS
TERRORISTAS Y DE SABOTAJE, ARMADAS O
NO Y CON O SIN UNIFORME, DEBEN SER
EXTERMINADAS HASTA EL ULTIMO HOMBRE
STOP ESTO INCLUYE A LOS AGENTES
ENEMIGOS EN PAISES NEUTRALES STOP

Después de leerlo, Jeff comentó.

—Esto significa que si nos cogen o tan sólo sospechan de nosotros, las órdenes son ahora las de matarnos. ¿Te das cuenta de que esto es una violación de la Convención de Ginebra? —Dio unos golpecitos al revólver que llevaba en el cinturón—. Te aconsejo que extremes las precauciones allí donde te encuentres, Tigre, sea donde sea. Por mi parte, no pienso exponerme a riesgos.

Seguí trabajando durante el largo rato concedido para almorzar a la hora española, y después me relajé leyendo el periódico. Los resultados de la labor de Lazaar como agregado alemán de prensa llenaban la primera página del diario *Informaciones*, según el cual los alemanes estaban ganando la guerra. Aunque esto fuera pura propaganda, el hecho de que los aliados hubieran desembarcado en Sicilia en septiembre y todavía estuvieran atascados permitía a la prensa española restringir las victorias aliadas a breves noticias en las páginas interiores. ¡Y yo que tanto me había preocupado, durante mi entrenamiento, al pensar que la contienda pudiera terminar antes de que yo cruzara el océano!

Cuando reanudé mi trabajo, la mayoría de los cables confirmaban noticias de excepcional importancia. Otro, procedente de Londres, decía lo siguiente:

> A MOZART DE CHESS STOP HIMMLER SE
> DISPONE A ABSORBER EN LA GESTAPO
> SERVICIO DE INTELIGENCIA ABWEHR
> DESPUES DESTITUCION CANARIS STOP
> WALTER SCHELLENBERG CONTROLA
> AHORA TODO EL SERVICIO ALEMAN DE
> INTELIGENCIA EN EL EXTRANJERO STOP

Caía ya la tarde cuando descifré mecánicamente los últimos cables:

> A MOZART DE CHESS STOP INFORMADOR
> FIABLE DICE QUE HIMMLER ESTUVO
> RECIENTEMENTE EN MADRID...

Noté que me subía la temperatura y me apresuré a terminar el descifrado:

> ...Y BARCELONA STOP INVESTIGUE
> URGENTEMENTE STOP

Era una jornada completa, desde luego. Me levanté de un salto y corrí hacia el despacho de Mozart, donde apenas llamé a la puerta. Estaba telefoneando, y me limité a depositar el mensaje sobre la mesa, ante sus ojos, y marcharme de nuevo.

Mientras trabajaba en los últimos cables, tenía la mente puesta en la reacción de Mozart. ¿No sería ésta una prueba suficiente de que yo había tenido razón al decir que había visto a Himmler? Tan absorta estaba que no oí abrirse la puerta. Mozart, a pesar de su tamaño, sabía moverse como un gato. Frío e impenetrable, como siempre.

—Miss Griffith —me llamó—, ¿quiere venir un momento a mi despacho?

Apenas entré en él, me preguntó;

—Dígame, ¿a quién vio con Himmler aquella noche, en el Horcher?

Le conté con toda precisión a quien había visto y después esperé sus comentarios.

—Consiga detalles sobre la visita de Himmler. Con quién estuvo. Con qué frecuencia fue allí. Dónde se alojaba. —Después, inesperadamente, se arrellanó en su sillón y me preguntó—: Dígame, Aline, ¿qué ha estado haciendo últimamente? ¿Alguna persona nueva en su lista?

Le dije que había conocido a la hija del príncipe Nikolaus Lilienthal.

—Excelente, ¿Cuánto tiempo cree que necesitará para conocer a su padre?

—Carola me ha invitado a su casa de campo para el próximo fin de semana.

—Magnífico. Hemos estado intentando meter a alguien en aquel lugar. Hay una serie de investigaciones que podrá usted efectuar mientras se encuentre allí. Hablaremos de ello el sábado, antes de que se marche.

Después, aquella misma tarde, me encontré sentada ante mi mesa, pluma en mano. El mero pensamiento de que Mozart pudiera ser el encargado de censurar mis cartas inhibía en mí todo pensamiento antes incluso de poder expresarlo por escrito. Mi madre había preguntado en sus cartas quienes eran los «jóvenes» con los que yo trabajaba o salía. Hasta el momento, la única persona a la que me había atrevido a mencionar era Juanito, y la idea de que yo pasara mis ratos libres con un torero no la complacía, ni mucho menos. Finalmente, decidí, al no saber cómo llenar la página enviarle la receta de Cecilia para hacer la paella. Edmundo tenía que recogerme a las diez para ir a un cóctel ofrecido por Ralph Forte, el corresponsal de la Associated Press. Después iríamos a una fiesta en La Reboite, un club nocturno.

Me metí apresuradamente en mi cuarto vestidor y me puse un vestido de seda roja que todavía no había estrenado. Observé que los claveles de Juanito habían empezado a marchitarse y mientras me arreglaba el peinado, pensé que echaba mucho de menos sus extraños requiebros. Me estaba pintando los labios cuando un ruido extraño me arrancó de mis pensamientos nostálgicos. Alguien estaba abriendo los porticones del balcón de la habitación contigua.

Tenía ante mí la pistola, en el cajón donde guardaba mis accesorios de maquillaje. La empuñé, crucé la puerta y me escondí detrás de las cortinas.

Poco a poco, se abrió la puerta cristalera del balcón. Desde mi escondrijo pude ver por un momento la mano de un hombre que apartaba las cortinas de encaje. Pensé en disparar a ciegas contra el intruso, fuese quien fuese, pero decidí que convenía esperar para ver de quién se trataba. Una figura salió de las cortinas.

—¡Pierre! ¿Qué haces aquí?

Me había quedado paralizada, con la pistola todavía alzada y apuntando al pecho de Pierre. Éste se me acercó tranquilamente y se apoderó del arma; después, sonriendo, se llevó a los labios mi mano, todavía crispada.

—¿Cómo estás, Tigre? ¿No esperabas verme tan pronto, verdad?

¡Aquella voz tan seductora!

A pesar del frío de la noche, no llevaba abrigo, sino tan sólo un traje oscuro, como si se dispusiera a asistir a una fiesta.

Me sentí desconcertada.

—¿Cómo has averiguado dónde vivo?

—Esto es parte de nuestro oficio, ¿no? Vamos, sentémonos y charlemos. Hay tantas cosas que...

Le interrumpí.

—Pierre, ¿qué estás haciendo aquí? Ya has visto que he estado a punto de disparar contra ti.

—No puedo contarte gran cosa, y tú sabes mejor que nadie por qué. Tu jefe me despellejaría vivo si supiera que en este momento te estoy visitando.

Me agradó que se hubiera expuesto al peligro para verme, pero pensar que Edmundo estaba al caer me resultaba exasperante.

Pierre me llevó hasta el sofá y los dos nos sentamos en él. De pronto, volvió a levantarse, seleccionó un clavel rojo del jarrón que había sobre la mesa y volvió a sentarse junto a mí.

—Me hubiera gustado comprar una flor lo bastante hermosa como para hacer juego con una cara que no me es posible olvidar, pero tendré que contentarme con ésta.

Quebró el tallo del clavel y lo prendió entre mis cabellos.

Sus besos fueron al principio suaves, pero después me rodeó con sus brazos y me atrajo hacia él. No supe resistirme.

Y en aquel momento se oyó el timbre y en el pasillo resonaron los pasos de Angustias que iba a abrir la puerta.

—¿Quién puede ser? —preguntó Pierre, levantándose.

—Ya sé que es terrible, pero es mi contacto, que viene a buscarme para ir a una fiesta.

Cautelosamente, nos dirigimos los dos al balcón.

—No puedo permitir que me vean, Tigre. Rara vez se pueden quebrantar las reglas, y dudo de que pueda volver a verte dentro de poco. —Se inclinó y me besó fugazmente—. No me olvides.

Después avanzó hacia el balcón. Las cortinas ondearon y él desapareció.

Angustias y Edmundo charlaban en el recibidor mientras yo contemplaba la noche. ¡No había ni traza de Pierre! Abajo, sólo se veían las sombras del patio interior. ¿Cómo había llegado hasta mi casa? Forzosamente, tuvo que arrastrarse sobre los tejados, y sin embargo sus ropas ofrecían un aspecto impecable. Bien, todos habíamos aprendido esta clase de trucos...

La excitación que me había producido la visita de Pierre probablemente se reflejó en mi expresión cuando saludé a Edmundo, ya que éste me dijo:

—¡Divina, parece como si acabaras de ver a un fantasma!

Y yo pensé que esto sería a partir de entonces Pierre, un fantasma. Pero al menos estaba cerca de mí.

El sábado, pocas horas antes de emprender viaje para pasar el fin de semana en casa de Carola, Mozart me dio instrucciones.

—Son varias las razones por las que Lilienthal figura en lugar destacado de nuestra lista negra, Miss Griffith, y en primer lugar porque nuestro contacto en Berlín sugirió la posibilidad de que él fuese aquí el agente especial de Himmler. Por nuestra cuenta, hemos averiguado que muy altos funcionarios alemanes han sido sus invitados en esa finca que tiene cerca de El Escorial. También sabemos que el lugar es ideal para ocultar la emisora secreta de radio que opera desde esta zona y envía sus mensajes a

Berlín. —Me entregó una pesada caja rectangular de cartón, del tamaño de una caja de zapatos—. Esto es un detector de radio. Supongo que está familiarizada con su uso.

Abrí la caja y saqué de ella el pequeño aparato. Era uno de los muchos artilugios sofisticados que Whiskey nos había enseñado en la Granja.

—Otra razón poderosa —dijo Mozart— es que ese individuo puede perder una fortuna si no ganan la guerra los alemanes. Todo lo que posee está vinculado a ellos: fábricas en Alemania y propiedades en Checoslovaquia, Tendrá usted que averiguarlo. Registre su caja fuerte. Fotografíe todo lo que encuentre, y sobre todo su pasaporte, con todos los visados de entrada y de salida. Necesitaremos toda clase de pruebas contra él, cuando llegue el día de ajustar cuentas.

Mozart se dirigió a un rincón de la habitación y cogió el más pequeño de tres maletines negros.

—Estos maletines son para que los utilice usted. Todos tienen doble fondo y éste —me señaló el que tenía delante— contiene materiales diversos que pueden serle muy necesarios. —Consultó su reloj—. Dentro de cinco minutos estoy citado con el embajador. No deja de quejarse a la Casa Blanca de que nuestra organización no ofrece ningún resultado que justifique su presencia aquí. Quiere que nos larguemos, y por tanto ojalá encuentre usted algo incriminador este fin de semana.

Por unos momentos, Mozart pareció humanizarse, cosa inusual en él. Meneando la cabeza, observó:

—Estoy sometido a fuertes presiones. Espero que de un momento a otro se produzca la invasión, ya se trate de Overlord o de Yunque. Todo el mundo, incluso los alemanes, sabe que nuestra primera invasión ha de tener lugar en primavera, para aprovechar el máximo de tiempo potable antes de que llegue el invierno. Y también los alemanes están nerviosos. Recuérdelo. —Me despidió con un amplio ademán de su manaza—. En fin, le deseo buena suerte.

Aquella tarde, Casilda Ávila y yo recorrimos en coche las colinas que flanquean la Sierra del Guadarrama, atravesando arboledas de robles y pinos que dieron paso a pétreas moles al aproximarnos a El Escorial.

—Mira, Aline —me dijo Casilda, señalándome las cuatro torres—. Éste es el palacio real más importante de España, construido por Felipe II en el siglo XVI. El mismo arquitecto que construyó el palacio de los Lilienthal, Llegaremos a él dentro de veinte minutos.

La carretera hasta la mansión de los Lilienthal descendía de una altura desde la cual pude contemplar un inmenso edificio pétreo y de forma cuadrada, todo él resplandeciente con colores de arenisca bajo los últimos rayos del sol crepuscular. Unas polvorientas tejas de arcilla roja cubrían su parte superior. Las puertas de la entrada estaban abiertas y ante ellas había aparcado un Mercedes-Benz negro, cuyo chófer descargaba el equipaje de alguien. Cuando nuestro coche se detuvo, contemplé el escudo de piedra labrada sobre la puerta, y después los jardines que descendían hasta una capilla, para volver a examinar la fachada, donde una hilera de ventanas protegidas por rejas de hierro cruzaba el edificio a la altura de la segunda planta. Ante mis ojos, el palacio parecía austero e inexpugnable, reminiscente de caballeros con armaduras y cuentos de hadas de la infancia.

Mis tacones hicieron crujir la gravilla al dirigirme hacia la puerta con la sombrerera que contenía el equipo que Mozart me había entregado. Afortunadamente, había podido meterlo todo allí; detector de radio, productos químicos, cables y limas, unos polvos especiales y la nueva «cámara de espía». El chófer sacaba del coche mis maletas de lona roja, que había preferido llevarme en vez de las que me había ofrecido Mozart. No sólo el falso fondo de éstas no hubiera engañado a un agente bien adiestrado, sino que, además, su aspecto de equipaje masculino no parecía apropiado para una mujer joven.

Casilda deslizó su brazo bajo el mío.

—Un lugar hermoso, ¿verdad? Y conocerás a una familia encantadora.

Sus palabras me inquietaron ¿Y si yo descubría que el padre de Carola ocultaba a agentes alemanes o era el contacto especial que Himmler tenía en España? Aceptar la hospitalidad de una amiga para encontrar pruebas incriminadoras contra ella era algo que me disgustaba. Entré en aquel antiguo palacio con un peso en el corazón.

Más allá de la doble puerta que se abría en la sala del vestíbulo podía verse el patio cuadrado, cuyo tamaño doblaba el de un gimnasio, rodeado por medio centenar de esbeltas columnas de granito y, a la altura de la segunda planta, por una galería con barandilla de piedra soportada por otras gráciles columnas. El vestíbulo propiamente dicho carecía de mobiliario, con la excepción de una mesa de madera maciza colocada junto a la pared. El mayordomo nos invitó a firmar en el libro de invitados, colocado entre dos grandes candelabros de plata. Al coger la pluma, observé el número de páginas con firmas. Si más tarde podía echarle una ojeada, el libro me mostraría firmas de invitados que se remontaban a varios años.

Acudieron criados de librea para coger nuestro equipaje y dos doncellas nos acompañaron hasta una estrecha escalera. Los largos pasillos, carentes de toda calefacción, eran fríos como los de una catedral. Finalmente, al llegar al extremo de una sala en la parte trasera del edificio, depositaron mi equipaje en una pequeña habitación con vigas en el techo, una chimenea y paredes encaladas. Contigua a ella había otro aposento con una cama cubierta por un dosel de damasco rojo. La doncella se apresuró a encender una lámpara sobre una mesa en un ángulo y a correr las cortinas. Después se volvió hacia mí para decirme que en seguida volvería y desharía mi equipaje.

Había de encontrar sin tardanza un lugar donde ocultar el equipo que llevaba en la sombrerera, aunque los productos químicos en polvo estaban ya disimulados en cajas que contenían mis cosméticos. Sólo en el cuarto de baño pude encontrar un lugar ideal. Si bien la gran ventana que había detrás del tocador era visible desde el patio, la otra parte de mi suite daba al lado opuesto y, subiéndome al wáter, podía llegar a otra ventana frente a un pedregoso acantilado. No había, debajo de ella, camino ni jardín. La bolsa impermeable cabía perfectamente en la repisa exterior y nadie podría verla.

Minutos más tarde me reuní con Casilda en el frío pasillo. Bajamos a la primera planta y recorrimos varios salones antes de llegar a una vasta sala en cuya chimenea ardía un buen fuego. Numerosas personas tomaban el té en ella. Un hombre alto y rubio, con un traje de *tweed* propio para la caza, entraba en aquel momento desde el lado opuesto y comentaba:

—Un gran día de caza, Niki. Cincuenta piezas.

Había mujeres enjoyadas y con vestidos de lana, que charlaban mientras mordisqueaban pastas de té, y el aroma de sus diversos perfumes llegó hasta nosotras mientras avanzábamos. Carola se puso en pie de un salto y vino corriendo a darme un beso en la mejilla.

—¡Qué contenta estoy de que hayas venido, Aline! Voy a presentarte a mi padre. Después verás a mi madre... ella nunca toma el té. —Me condujo hasta un grupo en el ángulo más distante y apoyó su mano en el brazo de un hombre alto y apuesto—. Papi —dijo—, ¿recuerdas que te hablé de Aline Griffith? Te dije que imitamos a un conjunto vocal llamado... ¿Cómo se llaman aquellas chicas americanas, Aline?

—Las Andrews Sisters.

El príncipe Niki sonrió. No obstante, adoptó una expresión de perplejidad.

—¿Las Andrews Sisters? ¿Cantan ópera?

Carola y yo nos echamos a reír.

—Ni mucho menos, papi —le corrigió ella—. Cantan jazz.

Me permití dudar de que el príncipe comprendiera del todo la explicación, pero no obstante siguió sonriendo.

—Debo confesar que hace tiempo había intentado tocar el acordeón y lo encontraba atractivo.—El príncipe hablaba fluidamente inglés, pero con un marcado acento alemán—. De todos modos, Aline, es un placer para mí conocer a una amiga de Carola y tenerla como huésped.

Su cortesía me reconfortó y me volví para saludar a los demás, pero mi satisfacción, cuando empecé a tomar nota de las caras que veía en aquella sala, se convirtió en asombro. En un sillón cercano a una de las chimeneas, las llamas proyectaban un resplandor amarillo en el cabestrillo de Constantin von Weiderstock. Y en otro círculo, tomando el té, estaban la condesa von Fürstenberg con Hans Lazaar. Y por si no bastara, reconocí seguidamente a Mimosa Torrejón, al conde y la condesa de Yebes, y a «Ducky» Durcal, un caballero de avanzada edad que Casilda me había presentado la semana anterior.

Tres de los cuatro personajes de mi lista en un mismo lugar. Era como apostarlo todo a un número... y conseguir un pleno. Y en aquel momento decidí que, antes de que terminara el fin de semana, registraría todas sus habitaciones.

Entonces, otra cara familiar —la de Nena, la hermana de Casilda—, se aproximó a un joven que estaba sentado junto a la condesa von Fürstenberg y Lazaar. Le reconocí inmediatamente: era el mismo que se me había acercado aquel primer día en el vestíbulo del Hotel Palace y había transportado mi equipaje hasta la habitación. Había dos asientos vacíos en su círculo, pero antes de llegar a ellos oí:

—Aline, Aline Griffith ¿cómo estás chiquilla?

La voz cascada de la marquesa de Torrejón me detuvo. Me

saludó brevemente con la mano, con aquellos ojos penetrantes clavados en mí, y yo me dirigí hacia ella.

—¡Cuánto me alegra verte, querida! —exclamó la marquesa y estrechó mi mano con lo que juzgué como un entusiasmo excesivo—. ¿No crees que va a ser un fin de semana estupendo?

—Ya lo creo —contesté con sinceridad—. Estupendo y atareado.

—Te agradará saber que he dejado mis cartas en casa. No, no digas nada..., es evidente que todos se alegran de ello. Nunca me atrevería a aburrir a este grupo tan encantador con otra de mis odiosas lecturas. Y francamente, querida, las noticias son estos días decididamente siniestras. Espantosas. ¡Vivimos en unos tiempos!

Sonreí cortésmente a la excéntrica Mimosa y, tras excusarme, me encaminé hacia el círculo que alojaba a dos de mis presas.

Primero, Nena me presentó al joven que había visto en el hotel y que era el conde de Quintanilla.

—Creo que nos hemos visto antes —me dijo sonriendo, y yo me sentí confusa al recordar la propina que había intentado meterle en la mano aquel día en el hotel.

Después me presentaron a Carlos Beistegui, un hombre de cabellos grises con una prominente barriga y unos ojos pálidos y astutos en su lustroso semblante. Y finalmente... finalmente, a Gloria von Fürstenberg y Hans Lazaar.

Vista de cerca, la condesa era todavía más atractiva y era, simplemente, la mujer mejor vestida que yo hubiera visto jamás. Cada detalle —su traje de lana a cuadros blancos y negros, evidentemente cortado a medida, el broche de brillantes y rubíes en forma de loro que lucía en la solapa, los puntiagudos zapatos hechos a mano y la chaqueta negra de visón colgada en el brazo de su sillón— denotaba su gusto refinado. Su blanca tez, la abundante cabellera y los altos pómulos me hicieron comprender que me encontraba ante una de las grandes bellezas de mi época.

—Encantada, Aline —me dijo con una voz baja y cautivadora.

El monóculo de Hans Lazaar me examinó. A tan poca distancia era todavía más extraño y sus facciones gruesas y feas le daban el aspecto del malo de una película. Se levantó y me dijo en un inglés metálico y preciso.

—Es un placer, Miss Griffith.

Desde una cómoda con superficie de mármol, junto a la pared, Carola me sirvió una taza de té.

El monóculo de Lazaar seguía fijo en mí.

—Claro. La recuerdo perfectamente. —Y volviéndose hacia la condesa, sentada a su izquierda, añadió—: También tú la recuerdas, ¿verdad Gloria? En el Horcher. Hace una semana.

La condesa se encogió de hombros y se acarició las trenzas, negras como ala de cuervo.

—Hans, tu memoria es impresionante. ¿Cómo puedes recordar esos detalles? Yo no recuerdo nada de lo que hice ayer. —Y dirigiéndose al resto del grupo, preguntó—: ¿Sabían que posee una memoria absolutamente fotográfica?

—Es una pena que recuerdes tan poco de tu vida, querida. Precisamente tú, sobre la que se podrían escribir tomos enteros —dijo suavemente el señor Beistegui.

—En este caso, me alegro de no recordar nada —replicó la condesa—. No quiero que se escriba ni una sola palabra acerca de mí..., prefiero permanecer como un misterio.

—¿Un misterio tú? —dijo Beistegui con una sonrisa irónica—. Nada hay de misterioso en una mujer bellísima por la que siempre se ha brindado en todas las ciudades en que ha puesto los pies. Desde hace años, no te has perdido una fiesta.

—Gloria, naciste en un siglo que no es el tuyo —anunció Lazaar pomposamente pero a media voz—. Hubieras tenido que brillar en Versalles.

Por suerte, la conversación se había desviado del tema de la memoria de Lazaar, aunque su monóculo seguía apuntando obstinadamente a mi cara. Poco después, la reunión empezó a dispersarse.

Una hora más tarde —sería alrededor de las siete—, mientras estaba sentada ante el pequeño fuego de mi habitación, sumida en mis cálculos y con un suéter sobre los hombros para defenderme del frío vespertino, oí una discreta llamada en mi puerta.

Cuando la abrí, me sorprendió encontrar a Mimosa Torrejón, con una expresión preocupada.

—¿Qué ocurre? —pregunté, y añadí en seguida—: Entre, por favor.

Aquella mujercilla huesuda entró y cerró la puerta tras ella. Estaba temblando.

—Esta noche no me encuentro bien. Pero no es ésta la causa de que me haya permitido venir a verte. ¿Puedo sentarme?

—No faltaría más. Perdóneme.

Después de sentarse en una silla ante el fuego, Mimosa me dirigió una larga mirada. Sus ojos parecían brillar más que nunca, como dos gemas pequeñas y duras. Me pregunté si habría estado llorando.

—No sé quién eres tú ni a qué te dedicas —dijo por fin, con el mismo tono que empleaba en sus «lecturas»—, pero estoy asustada y no tengo a nadie más con quien hablar. Sé que eres amiga de Edmundo... y por esto corro este riesgo. Estoy aterrorizada y tengo que confiar en alguien.

Me esmeré en medir cada una de mis palabras.

—Le agradezco su confianza, Mimosa.

La marquesa manoseó sus perlas.

—Van a por mí, chiquilla. Lo sé. Lo he descubierto.

—¿Quién va a por usted? ¿Qué quiere decir?

—Los alemanes. ¡La Gestapo, nada menos!

—Pero ¿por qué? —insistí, conteniendo el aliento.

—Esto es lo que he venido a contarte. —Miró furtivamente hacia la puerta y después apoyó su huesuda mano en mi rodilla—. Tengo una información vital para los americanos. Edmundo se encuentra fuera de la ciudad y no tengo manera de avisarlo, excepto hablar contigo.

Se estremeció y alargó los pies hacia el fuego. Unas rosas diminutas adornaban sus puntiagudos zapatos. Contempló silenciosamente las llamas. Había dejado de temblar y yo me pregunté si no sería todo un ardid. Se volvió hacia mí. Su frente y la piel en torno a sus ojos estaban surcadas por profundas arrugas. O bien su ansiedad era sincera o era una artista consumada.

—Cuando te leí las cartas supe que podía confiar en ti.

—Prosiga, por favor —le rogué con la mayor suavidad—. Soy todo oídos.

—Si sospechan que conozco su secreto, me matarán. —La recorrió un nuevo escalofrío—. Y si averiguan que te lo he contado, también te matarán a ti. Son inexorables.

—Pero ¿quiénes son?

—No osaría ponerte en peligro diciéndote sus nombres.

Yo empezaba a pensar ya que sus vagas explicaciones eran el resultado de haber echado demasiadas veces las cartas. Nada de lo que decía tenía mucho sentido.

—Querida, debes tomarme en serio. Los alemanes están

conspirando para asesinar a Franco. Yo sé como lo harán y quién lo está organizando. Están furiosos contra el Generalísimo. No les ha ayudado como ellos esperaban, ofreciéndoles España en bandeja. Por tanto, tienen un plan para sustituirlo por otro que meta a España en la guerra.

Se llevó una mano al estómago e hizo una mueca.

—¿Se encuentra bien? ¿Quiere tomar algo?

—Gracias, querida. Me encontraré bien apenas ponga mis noticias en buenas manos.

—Pero ¿por qué no informa al general Franco acerca de este complot?

—Yo soy monárquica, querida. A ese hombre no le tengo ningún aprecio, ni tampoco la menor influencia sobre él. Está usurpando el lugar de nuestro rey, al que hubiera tenido que traer de nuevo a España una vez terminada la guerra civil. Y en cambio, nuestro rey, Don Juan, se ve obligado a vivir exiliado en Estoril.

—¿Y qué cree que puedo hacer por usted?

—Puedes hacer algo por ti, chiquilla. Puedes ayudar a proteger a tus compatriotas en esta guerra tan terrible. —Observó mi reacción ante sus palabras—. El auténtico problema es un problema de los aliados. Está implicada una persona cercana a los aliados..., un traidor, alguien que finge trabajar para los americanos, pero que en realidad ayuda a los alemanes.

Se reclinó en su silla y sus hombros descendieron. Un largo suspiro me indicó que lo que acababa de confiarme le había exigido un esfuerzo enorme.

Yo no me atrevía a hablar. Sus noticias abrían posibilidades atemorizadoras.

—Sí, ya veo que comprendes que se trata de un asunto delicado y complejo. Debo hablar con tu embajador y sólo con él... inmediatamente.

—Pero seguramente usted conoce al embajador y puede recurrir a él directamente. ¿Por qué no le telefonea ahora?

—En estas montañas no hay teléfonos, ni tampoco en ninguna otra zona rural. Este no es un país moderno como el tuyo. Y aunque yo conociera a tu embajador, no podría visitarle abiertamente ni telefonearle. En este caso, ellos ya no tendrían ninguna duda a mi respecto..., si es que todavía les queda alguna. No, tú debes ponerte en contacto con él apenas llegues a Madrid. Dispón que él vaya a la iglesia de San Fermín de los Navarros, a las once y cuarto de la primera mañana posible. Sé que es hombre religioso y esa iglesia está cerca de su residencia. Fácilmente podría meterse en ella sin suscitar ninguna sospecha. Y lo mismo me ocurriría a mí. Llevó más de treinta años yendo allí a esa hora, en la que la iglesia suele estar vacía. Nadie se molestaría en seguirme dentro de ella. Bastará con que me llames, Aline, querida, y me digas el día. Lo tengo todo bien meditado y ésta es la única manera de realizar mi plan.

La referencia de Mimosa a lo que equivalía a un agente doble era una noticia que Mozart necesitaba saber sin pérdida de tiempo..

—¿Y cómo sabe todo eso, Mimosa? Tal vez cometa usted un error en lo referente al traidor.

Meneó la cabeza.

—¿Un error? Desgraciadamente para mí, no es ningún error. Los vi... con mis propios ojos. Y oí todas sus palabras. —Encogió sus estrechos hombros—. Todo ocurrió por pura casualidad. Yo estaba sentada en una silla de manos del siglo XV. Ya conoces esas cajas cerradas y provistas de travesaños, que transportaban cuatro lacayos o se colocaban sobre mulos para viajar en aquellos tiempos. Habrás visto más de una. Yo tengo dos en mi casa. Muchos amigos han heredado estos vestigios del pasado y los usan como objetos decorativos. —No esperó ningún comentario por mi parte y prosiguió—: Estaba cansada y erraba por el palacio del duque de Medinaceli buscando un lugar tranquilo en el que descansar y aislarme del gentío que asitía al cóctel que dieron allí. Finalmente encontré un cuarto en el que no había nadie y me divirtió comprobar una vez más qué debía de sentirse al recorrer el país en una caja con sólo un agujero diminuto como ventana. Apenas me había instalado dentro, entraron ellos. Lo que me impidió hablar fue el sobresalto que tuve al reconocer a alguien a quien ni siquiera suponía en España..., alguien a quien yo conocía muy bien. —Hizo una pausa y meneó la cabeza con expresión de desespero—. Inmediatamente entraron en los detalles de la conspiración y yo quedé tan aterrorizada que ni me atrevía a respirar. Lo oí todo, detalle por detalle. ¿Cómo podía evitarlo?

—Pero ¿por qué está tan asustada? ¿Acaso la vieron ellos?

—No, pero cuando se marcharon abrí la puerta de la silla de manos para salir de ella. Por desgracia, en aquel momento entró en la habitación un criado que debió de cruzarse con ellos cuando salieron, y me miró asombrado. Desde luego, a él le pareció que yo me había escondido allí adrede. ¿Qué podía decir yo? Cualquier palabra mía no hubiera hecho sino empeorar las cosas. Ese criado había trabajado antes en la embajada alemana. Es un hombre que no me gusta, pues siempre mete las narices en todas partes. No me sorprendería que los alemanes le pagaran todos los informes que él pueda darles.

Se levantó.

—Sé que yo estoy perdida. Cuando te leí las cartas, sabía que se estaba planeando algo contra Franco. Son muchos los que esperan que se intenten cosas como ésta, pero ahora yo sé quién está implicado.

Abrió la puerta y ojeó el pasillo en ambas direcciones.

—No puedo quedarme ni un segundo más. No debes decirle a nadie que yo he estado aquí.

Y seguidamente salió de mi habitación y se alejó silenciosamente.

La historia de Mimosa me hizo olvidar todo lo demás mientras me bañaba y me vestía para la cena. No se me ocurría ningún medio para enviar un mensaje a Mozart antes de mi regreso a Madrid, y a las nueve y media me reuní con los demás en el gran salón, para tomar una copa.

Gloria y Carola charlaban de pie junto a la repisa de la enorme chimenea y otras personas merodeaban alrededor de una mesa donde dos criados preparaban las bebidas. Mimosa todavía no había bajado y aún seguía ausente cuando finalmente pasamos al comedor, a las diez y media. No osé preguntar a nadie por ella.

Cuatro cortinajes de más de diez metros de altura, adornados con el escudo de la familia, cubrían las paredes de aquella sala señorial, cuyo estilo era una combinación de rústico y barroco. Había candelabros de oro sobre manteles de damasco blanco, soberbias alfombras Aubusson sobre el piso de parquet y jarrones pétreos sobre la descolorida repisa de madera de una chimenea de mármol. Observé inmediatamente que nos sentábamos siguiendo un protocolo estricto, pues el príncipe alemán tenía a su derecha a una condesa grande de España, y a su izquierda a otra dama con título cuyo nombre yo no había podido captar. Las personas jóvenes con título se sentaron antes que otras personas mayores pero sin él. Quedaron ocupadas todas las sillas, por lo que supe que a Mimosa no se la esperaba para cenar.

La princesa Lilienthal era una mujer exquisita –alta, elegante y distinguida– y durante la cena hizo reír continuamente al duque de Durcal, que se sentaba a su derecha. Seis criados ataviados con librea roja y azul marino de la familia servían la mesa y atendían a los dieciocho comensales.

Yo estaba sentada entre Luis Quintanilla y Beistegui. Este último comentó que tenía una casa en la Castellana que estaba vacía porque él vivía en París, y que en la casa había una piscina. Cuando le dije que a mí me gustaba nadar, contestó:

–Es usted afortunada. Apenas mejore el tiempo, a comienzos de mayo, haré que la llenen y le ruego que la use con plena libertad. Sepa que no hay, prácticamente, ninguna otra piscina en toda la ciudad.

Después de cenar nos trasladamos a una especie de sala de baile cuyas sillas estaban dispuestas formando un vasto círculo. Muchos invitados que no habían asistido a la cena llenaban ya esta sala. A los hombres se les servía coñac y a las mujeres se les ofrecía naranjada. De pronto irrumpió en la sala una *troupe* de gitanos que acababa de llegar de Madrid, lanzando gritos entusiásticos y pateando el vetusto suelo de madera para probar su resonancia mientras saludaban y dedicaban reverencias a todos los presentes. Cuando se hizo un silencio completo, un hombre muy delgado, con las mejillas hundidas y cabellos grasientos, apoyó la mano en el respaldo de la silla del guitarrista y empezó a entonar una triste y quejumbrosa canción.

No había más instrumento que aquella única guitarra, pero el público escuchaba como hechizado. De vez en cuando, la actuación era acompañada por algún «olé» murmurado por los invitados. Al finalizar cada canción, unos aplausos entusiásticos indicaban su éxito. Después se levantó una gitana, apartando con un pie la cola de su vestido almidonado y estampado con lunares blancos y rojos, y empezó a marcar con palmadas un ritmo intenso. Al levantarse la falda para bailar, mostró unas piernas gruesas y velludas y unos zapatos desastrados, y sus cabellos, reunidos en un moño junto a la nuca, también parecían untados, pero cuando comenzó a moverse adquirió una especie de magnética belleza. Los gráciles movimientos de su cuerpo, la postura de su cabeza y el serpenteo sensual de manos y brazos, resultaban hechizantes.

Aquellos ritmos y canciones apasionantes casi me hicieron olvidar mi preocupación por Mimosa y la tarea que yo había de realizar. Todos tenían la atención puesta en los cantos y en aquellas gitanas que, arqueando la espalda, se retorcían y repiqueteaban con los pies al compás del flamenco. Nerviosa como estaba yo, no dejé de comprender que se me había entrenado precisamente para momentos como éste.

Pasó un camarero con una bandeja de copas de naranjada.

—Perdonen —susurré y Beistegui alzó la vista, así como Casilda y Luis Quintanilla.

Al ver sus miradas interrogantes, añadí en voz baja.

—Voy a buscar mis castañuelas.

Sonreí y vi en todas las caras una breve expresión de perplejidad. Era una respuesta tan inesperada que me permitió una rápida retirada.

Recorrí en silencio los salones a media luz. En algún lugar, un reloj dio la hora. El mío marcaba las once y media. En el vestíbulo de la entrada, decidí fotografiar el libro de honor de los huéspedes. ¡Si conseguía la prueba de que Himmler había estado allí! Un elegante encendedor que llevaba en el bolso ocultaba mi cámara de espía. Página tras página, hice funcionar el diminuto instrumento en aquella sala mal iluminada. Por suerte, la película era muy sensible. Después oí pasos y oculté la cámara en mi bolso.

—Pero Aline, ¿qué estás haciendo? —exclamó la voz infantil de Carola.

—Iba al lavabo y me he sentido fascinada por vuestro libro de invitados. Es tan interesante la vida que ha llevado tu familia... ¡Y esta casa tan hermosa! Jamás había visto nada parecido.

La joven soltó una risita.

—Yo nunca lo veo así... Para mí, son tan sólo mi familia y mi casa. Espera a mañana... Fuera, el paisaje es maravilloso.

Mañana me parecía en ese momento a años de distancia. Creí seguro preguntarle a Carola:

—¿Y cómo está la marquesa? Veo que esta noche no ha bajado.

Frunciendo el ceño, Carola contestó:

—Dice papi que esta noche se encontró mal y él la hizo llevar en coche a Madrid poco antes de la cena. Yo iba ahora a recoger un chal. ¿Vienes conmigo?

Poco podía sospechar Carola hasta qué punto me habían

trastornado sus noticias. ¿Significaban que Mimosa había decidido, a pesar de todo, ponerse en contacto personalmente con el embajador? ¿O estaba tan nerviosa que había enfermado de veras? ¿O...?

Fuera lo que fuese, había una cosa segura: yo tenía que andar con mucho cuidado.

—Con mucho gusto, y te ruego que me cuentes más cosas sobre la casa por el camino.

Subimos por la escalera y después recorrimos un pasillo hasta su habitación sin dejar de hablar. En un momento dado, me detuvo, poniéndome las manos sobre los hombros. Nos miramos cara a cara.

—Aline, ¿me contestarías una cosa con toda franqueza?

Sonreí.

—Pregunta lo que quieras.

—Constantin parece muy tímido. Apenas ha hablado con nadie. Pero yo creo que desea hablar conmigo.

—Pues bien, dale una oportunidad. Toda la noche te ha estado mirando.

Carola sonrió.

—Gracias por el buen consejo.

Seguimos andando y aproveché la oportunidad para preguntarle quién ocupaba las habitaciones ante las que pasábamos. Inocentemente ella fue a la vez mi guía y mi ángel de la guarda. Por suerte, aquellos invitados que a mí me interesaban tenían todos sus habitaciones en el mismo pasillo de la mía.

Llegamos a su cuarto, que contenía multitud de pequeñas pinturas enmarcadas y figuras de porcelana... Edmundo hubiera aprovechado la jornada. Después de ponerse Carola el chal, volvimos por el mismo camino. Ahora me tocó a mí pararla a ella.

—¿Me creerías chiflada si vagase un rato por ahí? Las pinturas y los tapices son tan hermosos... que me gustaría fisgonearlo todo. Y mucho me temo que todavía no aprecio como es debido el flamenco.

—Claro que puedes hacerlo. Debes considerarte en tu casa, como decimos en España.

Nos separamos al pie de la escalera. Esperé a que ella desapareciera y miré mi reloj. ¿Cuánto duraría la fiesta? Casilda había dicho que esas fiestas con cante y baile duraban hasta el amanecer. Quise esperar que fuera así.

Partiendo del comienzo de mi pasillo, hice girar el pomo de la primera puerta. Dentro, oscuridad. Encendí la luz. La cama estaba preparada, con un pijama masculino de franela encima de ella y un batín de seda en la silla. Avancé de puntillas hacia un gran armario y lo abrí poco a poco. Dentro, unos pantalones de golf, de lana marrón y con dibujo de espiga, identificaron a Carlos Beistegui. Medio minuto después me encontraba de nuevo en el pasillo.

Abrí la puerta siguiente y el perfume delató a la condesa. Bañaba la habitación el resplandor amarillo de una lámpara de sobremesa, pero necesité mi diminuta linterna para examinar armarios y cajones. Creí oír un ruido pero, al contener el aliento para escuchar, comprendí que no era más que el viento que, al soplar desde las esquinas del vetusto edificio, hacía vibrar los porticones de las ventanas.

Sobre el escritorio había una hoja de papel. Al inclinarme para ver mejor, vi una carta inacabada, con la pluma abierta a su lado. Era demasiado hermoso para ser cierto: «*Liebe Heinrich*». Podía tratarse de Heinrich Himmler. Inclinando un poco la pantalla de la lámpara, dirigí el haz de mi linterna con una mano y accioné la cámara con otra. Si alguien abría la puerta en aquel momento, yo estaba perdida. Rápidamente, revisé los perfumes y cosméticos que había en el cuarto de baño. No encontré nada interesante hasta que el haz luminoso enfocó un acero reluciente. En el borde de la bañera de porcelana brillaba un objeto metálico. Una pequeña pistola Beretta, en la que relucían unas gotitas de agua. Al parecer, la condesa se bañaba provista de jabón y de una pistola.

Tenía que marcharme. El tiempo era esencial. La habitación de Lazaar olía a polvos de talco y cuero de zapatos. A pesar de registrarlo todo milímetro por milímetro —examinando los forros de sus ropas, las suelas de sus zapatos y todos los compartimientos de su cartera—, sólo encontré un informe oficial sobre el tungsteno que parecía merecedor de una fotografía. En ese momento, se me terminó la película y perdí unos segundos preciosos recargando la cámara. Finalmente, apagué mi linterna y el interruptor de la pared y salí al pasillo, cerrando silenciosamente la puerta detrás de mí. De nuevo a salvo. Avancé dos pasos por el alfombrado pasillo... y me inmovilicé súbitamente.

Se encontraba a unos ocho metros de distancia, apoyado en una pared, como si los dos nos hubiéramos citado de antemano para encontrarnos en aquella ala desierta del edificio. Llevaba un brazo en un cabestrillo negro, que no desentonaba con su esmoquin. Bloqueaba el camino que yo debía seguir..., pero dar media vuelta no lograría más que empeorar mi situación. Cada paso me exigió un esfuerzo, y al pasar ante Constantin von Weiderstock, pude ver que estaba borracho. Me saludó inclinando la cabeza.

—Se está perdiendo aquel espectáculo maravilloso, *Fräulein*. A no ser que se esté divirtiendo por su cuenta.

Sonriendo, pasé ante él, sin volverme, y seguí avanzando por el pasillo en dirección a la escalera. No tenía la menor posibilidad de examinar la habitación de Mimosa, y tal vez en ella hubiera algo que me pudiera proporcionar una pista sobre su partida.

Había pasado media hora, pero todos seguían sentados e inmóviles como si se encontraran en la iglesia. Continuaba la música y la danza, con un estruendoso y apasionado frenesí, pero en comparación con los latidos de mi corazón era como si tocaran un vals.

Desde mi cama, podía ver brillantes estrellas sobre las montañas. Mis sueños se habían visto interrumpidos por el recuerdo del terror que se advertía en la voz de Mimosa, y el de sus palabras acerca de un traidor entre los americanos. ¿Eran imaginaciones suyas? No, Edmundo había dicho que era la mujer más astuta de Madrid. Mis pensamientos giraban y chocaban entre sí. Al escuchar a Mimosa unas horas antes, me había sentido ligeramente preocupada, pero ahora estaba tan asustada como lo había estado ella.

De pronto, oí un rumor. Había alguien en mi habitación. Sólo la luz de las estrellas se filtraba a través de la oscuridad, pero pude distinguir una figura que se aproximaba a mi cama. La silueta se acercó más, hasta inclinarse sobre mí. Con desesperación recordé que tenía la Beretta en mi bolso y que éste se encontraba sobre el tocador.

Una voz de hombre susurró:

—¿Qué estaba haciendo en la habitación de Herr Lazaar? —Reconocí el acento de von Weiderstock. El olor a alcohol resultaba repulsivo. En su tono había una nota de humor—. No se asuste —me dijo a media voz—. Conozco bien a las chicas americanas. Poco les cuesta conceder sus favores.

Trató de besarme la cara pero falló y se cayó. Seguidamente, cogió las sábanas con la intención de meterse en la cama. Estaba borracho perdido. Formé un puño con ambas manos y le solté un trompazo.

—¡Largo de aquí!

Se tambaleó y cayó de rodillas junto a mi cama. Tras unos momentos, volví a oír aquella voz.

—He visto cómo le miraba esta tarde. He oído hablar mucho de las mujeres americanas. Son ustedes muy fáciles.

Había ahora un tono conciliador en su voz pastosa.

Era tan inofensivo como un jovenzuelo que hubiera bebido demasiado en una fiesta. Cuando intentó besarme otra vez, agarré su brazo herido y dejó escapar un gruñido.

—Váyase. Váyase de aquí. Antes de que grite. Antes de que le haga daño de veras.

Se echó a reír.

—¿Usted hacerme daño a mí? Es un buen chiste.

Esta vez, descargué un seco golpe en su brazo herido. Gimió y se levantó tambaleándose.

Había de actuar con celeridad. Su embriaguez tal vez me permitiera obtener informaciones valiosas. Encendí la luz y salté de la cama. Me puse la bata y empujé a mi visitante hacia una silla..., la misma que había ocupado la marquesa unas horas antes. La habitación estaba ahora bien iluminada.

—Siéntese —le ordené, obligándole a hacerlo, mientras él gruñía y gemía, con aspecto de disponerse a vomitar.

Aprovechando su aturdimiento, abrí mi estuche de maquillaje y saqué de él una pequeña cápsula. Era de amobarbital sódico, conocido en la Granja como «suero de la verdad», y actuaba con particular rapidez cuando el sujeto había ingerido gran cantidad de alcohol.

—Está usted bebido y mañana por la mañana lamentará su conducta. Pero no se preocupe, pues le comprendo. Tiene usted una idea equivocada respecto a las chicas americanas. Cuando me vio, también yo estaba mareada. Había bebido demasiado vino. Herr Lazaar no se encontraba en su habitación cuando entré en ella. Estaba abajo, con todos los demás. Me equivoqué al buscar mi cuarto, y esto es todo.

A través de la ventana, el cielo empezaba a palidecer. Von Weiderstock apoyó la cabeza en las manos y yo me apresuré a llenar un vaso con el agua del jarro que había sobre la mesita de noche, vaciar en ella el polvo blanco de la cápsula y remover la mezcla con el dedo.

—Beba esto; un poco de bicarbonato y se encontrará mejor.

Se llevó el vaso a los labios y tomó un sorbo.

—Mierda, ¿qué me pasa?

Había una nota de remordimiento en su voz.

—Bébalo todo y se sentirá mejor. Por la mañana no recordará nada.

Procuré tranquilizarlo, mientras le vigilaba y esperaba, y él se mostraba cada vez más aturdido. Los doscientos miligramos de amobarbital sódico actuarían con rapidez, pero por breve tiempo. Tres minutos más y sería como una masa de arcilla, aunque conservaría una conciencia subliminal. Tuve que sostenerlo con ambas manos, agarrando con fuerza sus anchos hombros.

—Constantin, ¿sabe por qué se ha marchado la marquesa de Torrejón?

—Nooo —contestó con voz pastosa al cabo de un momento.

—¿Cuántas veces ha estado usted con el príncipe Lilienthal?

—Tres o cuatro —respondió alargando las sílabas, como si fuese un sureño de mi país.

—¿Conoce bien a Hans Lazaar, Constantin?

Se deslizó entre mis brazos y tuve que sostenerlo.

—Nooo.

—¿Por qué ha estado Heinrich Himmler en España, Constantin? Dígamelo.

—Noo loo sssé.

—Miente, Constantin. Debe decirme la verdad.

—No lo sé —repitió con más energía—. No me lo dijo.

Había necesitado casi un minuto para pronunciar las últimas palabras.

—¿Y por qué no se lo dijo?

—No confía en mí.

—¿Qué quiere decir?

—Ninguno de ellos confía en mí. Ninguno. Ni Himmler, ni Lilienthal, ni Lazaar. Creen que soy un estúpido. Ignoran que yo sé que quieren cargarse a mi padrino. Esos granujas...

Comprendí que tenía un tesoro en mis manos.

—¿Y por qué quieren cargarse a su padrino?

—Himmler le odia.

—¿Por qué?

—Está celoso. Himmler ocupó el cargo de mi padrino.

Necesité varios minutos y sacudir a menudo los hombros del alemán para arrancarle estas declaraciones. El frío aire de la montaña que penetraba por la ventana abierta me entumecía las manos.

—¿Qué hace usted para la Gestapo en Madrid, Constantin? ¿Cuál es, exactamente, su trabajo?

El amobarbital estaba perdiendo su efecto. El hombre no tardaría en perder el conocimiento. Repetí tres veces la pregunta. Finalmente, murmuró:

—Soy el chico de los recados, que reparte papeles por ahí. Soy un títere. Anularon a mi padrino, y ahora harán lo mismo conmigo.

Tenía en la punta de la lengua la pregunta esencial: ¿Quién es el agente secreto de Heinrich Himmler en España? Pero ya era demasiado tarde. En aquel momento, von Weiderstock perdió el sentido. Tuve la impresión de necesitar una eternidad para despertarle lo suficiente como para hacerle salir de la habitación. Por suerte, la suya estaba en la misma ala. Le vi avanzar tambaleándose por el pasillo, hasta que se desplomó al llegar al final del mismo. Alguien lo encontraría y lo metería en su habitación, y al menos nadie podría relacionarlo conmigo.

Después de asistir a misa por la mañana y mientras dábamos un paseo a caballo, Carola acercó su yegua a mi montura.

—Dime, Aline ¿no crees que Constantin es encantador?

—Todavía no he tenido ninguna ocasión para hablar con él.

Soltó una risita.

—Dime la verdad ¿Crees que yo le gusto?

—Claro. No te quita la vista de encima.

Carola siguió hablando de Constantin durante todo el camino hasta las cuadras.

Aquel día, más tarde, cada vez que me cruzaba con von Weiderstock él me miraba con perplejidad, pero se mostraba tan distante como antes. Los polvos habían hecho su efecto.

En la hora de la siesta, después de retirarse todos y cuando incluso cesó la carraspeante música de Beethoven en el anticuado gramófono, bajé al vestíbulo. El silencio era absoluto. En una bolsa de cuero colgada de mi cintura había una cámara y unos alambres para abrir cerraduras. Recorrí cautelosamente varios aposentos hasta llegar al estudio privado del príncipe Lilienthal.

Carola me había indicado la noche anterior dónde estaba situado. No se oía ni una mosca. Por suerte, las dependencias del servicio estaban lejos de allí, y al parecer también su personal hacía la siesta. Miré mi reloj de pulsera y calculé que me bastarían cinco minutos para efectuar mi tarea. Hice girar los pomos de bronce y entré.

Uno de los balcones estaba entreabierto y una ligera brisa agitaba las cortinas. La habitación contenía una mesa de gran tamaño, varios sillones, una vitrina que encerraba fusiles y escopetas de caza, varias estanterías con libros y una voluminosa caja fuerte. Me acerqué a la mesa del príncipe y abrí la cerradura del cajón. Lo primero que vi fue su pasaporte. Era de Liechtenstein, no de Alemania. Después de fotografiarlo, me arrodillé ante la caja fuerte y empecé a trabajar. De pronto, la doble puerta que daba al vestíbulo se abrió con estrépito, al tiempo que resonaban unos ladridos ensordecedores. ¡Cuatro gigantescos perros bávaros de caza irrumpieron en la habitación! Aquel jaleo despertaría a toda la casa y además, gruñendo y enseñando los dientes, los cuatro animales me bloqueaban la puerta. La única posibilidad de huida estaba en el balcón abierto. Salté desde él y aterricé con tanta violencia que tuve que morderme la lengua para contener un grito. Me encontraba entre los rosales del jardín de la princesa, magullada y sucia, pero al menos los perros no me habían seguido y habían dejado de aullar. Volvía a reinar el silencio.

«Oh, Aline, eres una necia...», fue mi siguiente pensamiento, porque había alguien delante de mí, con una escopeta en la mano y sonriéndome amistosamente.

—Vaya, parece que tenemos una atleta en la casa.

Una brevísima y cruel sonrisa transformó momentáneamente su rostro ante mí.

Respiré hondo y me levanté, sacudiéndome el polvo y la tierra de mi falda.

—¿Se ha especializado en saltar por las ventanas, Miss Griffith?

—Supongo que lo hago cuando unos perros me dan un susto de muerte.

—¿Y qué estaba haciendo en mi estudio?

El príncipe, mi sospechoso número uno, no perdía el tiempo para ir al grano. Mientras me examinaba de cerca, tuve la impresión de verle por primera vez, con sus dientes grandes y desiguales en un rostro enérgico y de pronunciadas facciones, con una piel áspera y marcada por cicatrices debajo de los penetrantes ojos azules. Alto y recio como un tronco de árbol, y con un pecho como un barril.

—Es que estaba dando una vuelta por la casa. Carola me dijo que podía recorrer esta mansión tan hermosa. Y su colección de armas me ha fascinado.

—Verdaderamente, ustedes, los norteamericanos, son algo extraños. ¿Sólo admira las armas de fuego, o también le gusta disparar? ¿Por qué no me hace una demostración?

—No soy una experta, pero puedo intentarlo.

El príncipe Lilienthal oteó en torno al jardín y después me ofreció su escopeta de caza.

—Dispare contra aquello.

Seguí la dirección que indicaba su dedo extendido. Sobre un muro de piedra que bordeaba las hileras de rosales, había una serie de tiestos pequeños, pintados de rojo.

—Oh, es que no podría. Yo...

—Adelante, Aline. Son fácilmente sustituibles.

Me pareció que en su orden no había ni rastro de su afabilidad del día anterior.

Contemplé los frágiles tiestos colocados sobre la tapia. Levantando el arma hasta mi hombro, apreté el gatillo. Una detonación. El retroceso de la culata me hizo perder el equilibrio.

El disparo fue alto y los tiestos quedaron intactos sobre el muro.

El príncipe meneó la cabeza.

—Pocos americanos saben lo que es disparar. Incluso las mujeres de mi familia saben manejar armas de fuego.

Cogió la escopeta y después apuntó hacia los tiestos con tanta soltura como si se encontrara en una galería de tiro. Hizo añicos los dos primeros, cargó de nuevo, falló un tiesto y rompió otro, volvió a cargar y, uno tras otro, acabó con los dos tiestos restantes.

Más allá, en la misma tapia, había otra hilera de tiestos como los anteriores. No pude resistir la tentación.

—¿Le importa que pruebe con aquellos?

—En absoluto —me contestó riendo.

Me cedió el arma y yo la agarré con las dos manos junto a mi cadera derecha, agachándome ligeramente. Uno tras otro, los tiestos saltaron en pedazos. Recargando sin cambiar de posición, proseguí hasta haber destruido doce sin un solo fallo.

Cuando resonó el último disparo, apenas pude observar el asombro del príncipe, pues el estruendo había obligado a varias personas a asomarse a sus ventanas y preguntar qué ocurría. El príncipe se volvió hacia mí.

—La próxima vez que desee ver mi colección de armas, dígamelo. Me encantará enseñársela.

Dos criados habían acudido corriendo para ver qué sucedía. La condesa von Fürstenberg atravesaba el camino de gravilla, una fresca visión envuelta en seda blanca y que se movía como una pantera.

—Mi querido Niki, ¿así sueles despertar a tus huéspedes cuando duermen la siesta? ¿Qué estás haciendo?

—Sólo le enseñaba a Aline el manejo de las armas de fuego.

Mirándonos alternativamente a los dos, la condesa no supo cómo interpretar las palabras del príncipe.

—Estoy segura de que has asustado a Aline con tu demostración. A Niki le encanta demostrar sus habilidades ante las chicas jóvenes y bonitas. En realidad, Aline, yo la estaba buscando a usted.

—¿A mí?

—Sí. He pensado que podríamos tomar el té en mi habitación y charlar un rato, si no tiene otra cosa que hacer. ¿Puedo llevármela, Niki?

—Desde luego.

Se mostraba rígidamente cortés, pero noté que desconfiaba de mí.

Mientras seguía a la condesa hacia la casa, todavía aturdida por la escena anterior, no me atreví a pensar en qué iba a meterme ahora.

Uno de los salones que atravesamos estaba ocupado. En un sofá, ante el fuego, Carola y Constantin conversaban a media voz. Ella tenía una expresión de abatimiento. Tras dirigirles un breve saludo, seguimos andando.

Sólo cuando estuvimos instaladas en la habitación de la condesa y ella hubo servido el té, empezó a hablar. Apoyaba la barbilla en las puntas de dos uñas lacadas.

—Creo que ayer tuvo usted una conversación con Mimosa Torrejón.

Sus palabras me dejaron helada, aunque seguí vertiendo

crema de leche en mi té. Observé que sus ojazos estaban exigiendo una respuesta. Al no recibir ninguna, la condesa prosiguió:

—Me dijo que le tenía una gran simpatía. Y puesto que ha desaparecido inesperadamente, yo he creído que tal vez usted pudiera explicarme algo al respecto.

—Carola dijo que se puso enferma y regresó a Madrid. Podría preguntárselo a los Lilienthal.

Ahora, sus ojos destellaban.

—¿Cree que se lo preguntaría a usted si no lo hubiera hecho ya? Se muestran tan misteriosos al respecto que mi curiosidad se ha desatado. Niki ha dicho que enfermó de repente.

—¿Y esto no satisface su curiosidad?

—Pues no.

—¿Y por qué no?

—Porque no lo creo —repuso, con un susurro de su seda blanca.

Ni yo tampoco. Miré a mi alrededor, preguntándome si la pistola de la condesa todavía reposaba en el borde de la bañera.

—¿Y por qué no lo cree?

—No lo sé. Simplemente, no lo creo. Vi a Mimosa poco después de que ella la visitara. A mí no me pareció tan enferma, ni mucho menos.

—Siento no poder servirle de gran ayuda.

—Pues tal vez pueda —me dijo enigmáticamente.

—¿A qué se refiere?

La condesa se levantó y con su paso grácil se dirigió hacia un escritorio. Del cajón superior extrajo un gran estuche forrado de terciopelo negro. Yo estaba segura de que la noche anterior aquel estuche no estaba en la habitación. Volvió a su silla y lo abrió. Mis ojos quedaron deslumbrados por un resplandor de piedras preciosas.

—Son piezas maravillosas. Sé que usted sabrá apreciarlas.

Una tras otra, expuso las joyas a la luz; las había con esmeraldas y otras con zafiros. Yo nunca había visto unas gemas tan impresionantes. Por su parte, ella las contemplaba lánguidamente.

—Aunque adoro las cosas bellas, me separo de ellas con facilidad. Como la marquesa, soy médium. Las cosas pasan a través de mí.

Se me ocurrió que se disponía a ofrecerme una especie de soborno, pero en aquel momento nos interrumpió una llamada imperiosa a la puerta.

Antes de contestar, guardó las centelleantes joyas en su estuche y lo ocultó detrás del cojín de su sillón.

—Adelante, Hans. Tengo una visitante a la que te encantará ver.

Rígido, estirado, repulsivo, Lazaar entró en la habitación. Me dirigió una breve inclinación y, por un momento, los dos se me quedaron mirando. Era una experiencia escalofriante, no por lo que expresaran sus ojos, sino por lo que no decían. Eran las suyas unas miradas inescrutables.

—No desearía interrumpir.

La condesa explicó rápidamente cómo me había encontrado y en qué extrañas circunstancias, y concluyó con un relato verídico de nuestra conversación. Me pregunté por qué necesitaba explicarla, y además pensé que ansiaba salir de allí.

Después, ella acercó una silla para Lazaar, y el monóculo de éste se enfocó hacia mí mientras su dueño decía:

—Esconde las joyas donde te parezca mejor, pero ten cuidado, Gloria. Estoy seguro de que puedo hablar con franqueza delante de Miss Griffith. Esta noche, alguien ha estado en mi habitación. En realidad, alguien la ha registrado.

—¿De qué estás hablando, Hans? ¿Por qué puede desear alguien fisgonear tu cuarto? ¿Y cómo lo sabes?

Una sonrisita siniestra —que le afeó todavía más, si ello era posible— torció su carnoso semblante. Al mismo tiempo, alzó un grueso dedo.

—Una señal reveladora, mi querida Gloria.

Otra llamada a la puerta.

—¡Vaya! A mí me gustan estas pequeñas reuniones. ¿A usted no, Aline?

Abrió la puerta y entró Niki Lilienthal.

¡Era una conspiración! ¿Cómo había podido yo ser tan ciega? ¿Cómo se desharían de mí? ¿Con tanta rapidez como lo habían hecho con la marquesa de Torrejón?

—No sabía que era usted tan popular, Aline. Parece como si todos le tuvieran un gran afecto. Es ya como una antigua amiga de la familia.

Por un momento me pregunté si Gloria habría envenenado el té y me sentí anonadada. Con una sonrisa forzada, dije:

—He pasado un fin de semana maravilloso, aunque demasiado corto, pero debo ir a mi habitación a preparar mi equipaje. Dentro de una hora, Luis Quintanilla nos lleva a Casilda, Nena y a mí a Madrid. Mañana por la mañana tengo que estar muy temprano en la oficina.

Apenas llegué a mi cuarto, procedí a investigar la bolsa de lona colocada en la parte exterior de la ventana del baño. No había señales de que nadie la hubiera tocado. No obstante, los hilos colocados en los cajones y armarios de mi dormitorio se habían movido. ¿Qué mejor explicación para aquel té en la habitación de Gloria? El tiempo suficiente para que alguien registrase la mía.

Antes de marcharme, entró Carola. Después de echarle una ojeada, pregunté:

—¿Qué te ocurre?

Muy compungida, me devolvió la mirada.

—Mañana se marcha.

—¿Quién?

—¿Quién va a ser? Constantin.

—¿Y a dónde va?

—A Berlín.

—¿Por qué?

—Si te lo digo, ¿me prometes que no se lo contarás a nadie?

—Te lo prometo.

—Dice que en Madrid se está tramando algo terrible. No ha querido contarme de qué se trata, pero quería alejarse tanto como pudiera de aquí.

—Espero, por tu bien, que no vuelvan a enviarlo al frente.

—Está asustado —dijo Carola—. Su padrino ya no goza de la confianza de Hitler. Y es posible que envíen a Constantin al frente de Rusia.

Inquirí fríamente:

—Entonces, ¿por qué quiere regresar a Berlín?

—Dice que en el frente sabe cuidar de sí mismo... pero que aquí está rodeado de enemigos.

Guardé silencio.

—¡Oh, Aline, lo siento mucho! He sido muy mala compañía este fin de semana, pensando sólo en mí y en mis tontas fantasías. Prométeme que volverás pronto.

Impulsivamente, la abracé con fuerza.

—No seas tonta. Me lo he pasado de maravilla, y volveré apenas consideres apropiado pedírmelo.

Había de volver allí... pues no había ejecutado mi tarea principal. El detector de radio seguía intacto.

16

Aunque ya era tarde cuando llegué a casa el domingo por la noche, preocupada por el carácter urgente de la información de la marquesa de Torrejón, llamé a Mozart. Había salido. La mañana siguiente, a primera hora, cuando le conté detalladamente todo lo ocurrido, mi jefe no mostró ninguna reacción. Ni siquiera parpadeó. Pero ahora yo sabía ya que ésta solía ser su actitud cuando se producían crisis importantes.

Su primer comentario, cuando terminé mi explicación, fue:

—No hable con nadie de la referencia de la marquesa a un traidor. ¿Está claro?

—Sí.

—El pasaporte de Liechtenstein a nombre de Lilienthal —prosiguió— es al mismo tiempo una protección y una cobertura perfectas. Él es el número uno de nuestra lista y podría ser el hombre de Himmler aquí, pero debo decirle, Miss Griffith, que necesitamos una prueba contundente. —Me señaló el detector que yo acababa de dejar sobre su mesa—. Deberá conseguir que la inviten otra vez, para buscar esa emisora secreta.

Me pidió que esperase mientras hablaba con el embajador y después sugirió que yo llamara a la marquesa para confirmar el encuentro del día siguiente.

Como si hubiera estado esperando mi llamada, contestó al teléfono la propia Mimosa, que suspiró aliviada cuando yo le dije:

—Mañana, martes.

Su única respuesta fue:

—Gracias, hijita. Que Dios te lo pague.

Él escuchó mientras yo reproducía la grabación de la llamada, pero ya conocía las dos partes de la misma.

—Muy bien, Tigre —Mozart parecía aliviado—. Cuando se

hayan revelado las fotos, le haré saber si hay algo que pueda afectar a su misión.

Aquella noche, más tarde y cuando me disponía a acostarme, me telefoneó Edmundo.

—¿Estás bien sentada?

Su voz me alarmó en seguida. ¿Qué ocurría? ¿Otro agente vendido en Lisboa, de dónde él acababa de llegar?

—Estoy prácticamente echada. Ya me he acostado. ¿De qué se trata?

—Mimosa ha muerto. Un ataque al corazón, según me han dicho.

Durante unos momentos no pude articular palabra. Llegó hasta mí la voz de Edmundo.

—¿Sigues ahí? —Y después, en un murmullo—: Esta maldita línea ha vuelto a cortarse.

—No, sigo aquí. Es que tu noticia me ha impresionado. Esta mañana he estado hablando con ella, y pasó el fin de semana en la finca rural de los Lilienthal, donde también estaba yo. No puedo creerlo.

—Lo que yo no puedo creer es que haya muerto de un ataque al corazón. Era una de las personas más saludables y dinámicas que yo haya conocido... Jamás oí que se quejara, ni siquiera de una jaqueca.

Desfilaba por mi mente la imagen de Mimosa haciendo una mueca de dolor y tocándose el estómago. La impresión que yo había tenido en aquel momento fue la de que su nerviosismo le estaba causando un leve acceso de diarrea. Mimosa había dicho: «Van a por mí». Estaba aterrorizada. Mi intuición me decía que alguien la había envenenado. Su advertencia resonaba en mis oídos: «Si averiguan lo que te he dicho, también te matarán a ti».

—Aline, ¿me oyes o no me oyes? —La voz de Edmundo tenía una nota de exasperación.

—Sí, perdona. Estoy recordando cosas que ella me dijo. Ansiaba hablar contigo.

—No tendría sentido abandonar la cama a esta hora. Ella ya ha muerto y nosotros no podemos hacer nada al respecto. Pero quiero oír todos los detalles referentes al fin de semana y todo lo que Mimosa te dijo acerca de mí.

—No me importa levantarme otra vez. Lo que interesa es que hablemos lo antes posible.

—¿Mañana por la mañana?

—Cuando digas. —Mi cabeza latía—. ¿Cuándo es el entierro?

—El entierro y el pésame tendrán lugar mañana. Tú deberías ir conmigo.

—Claro que iré. La apreciaba mucho.

—Y yo la adoraba. Era mi amiga más leal.

—¿Asistirá mucha gente?

—Nadie osaría faltar. Será su última y gran exhibición en público.

—¿Y cuándo ha muerto?

—Hace unas horas, creo. La telefoneé apenas llegó mi tren, y quedé estupefacto cuando me dijeron que había fallecido. Naturalmente, fui en seguida a su casa. Había en ella una multitud de parientes lejanos. Todavía no la habían metido en el ataúd. Pobre Mimosa. Todos los parientes se están preguntando quién se quedará con su dinero. Tengo entendido que sus familiares más próximos viven en Francia, y por tanto habrá un pugilato entre una serie de personas a las que ella les tenía perfectamente sin cuidado.

—¿A qué hora vendrás a buscarme?

—Alrededor de las once y media de la mañana. Puesto que aquí no se embalsama a nadie, la ley obliga que todo el mundo sea enterrado a las veinticuatro horas de la defunción. La enterrarán alrededor de la una. Seguramente, el funeral no se celebrará hasta dentro de una semana.

Cuando desperté a Mozart para darle la noticia, se limitó a gruñir: «Vaya pérdida». Comprendí lo que quería decir. Acababa de perder, por unas pocas horas, la aguja magnética que había de señalar al traidor entre sus agentes. No era, para él, una baja de poca monta.

Al llegar Edmundo, la mañana siguiente, mostraba una expresión disgustada que no le había visto nunca.

—¿Y si me ofrecieras una taza de café y después me contaras todo lo del fin de semana, antes de que nos enfrentemos a la multitud que se habrá reunido allí?

Le repetí las palabras de Mimosa, con la excepción de su referencia a un traidor. Me escuchó sin hacer ningún comentario. Ambos nos sentíamos deprimidos. Finalmente, Edmundo rompió el silencio.

—¿Supones que uno de aquellos alemanes que se encontraban en El Morisco eliminó a mi buena amiga? Ya sabes que Lilienthal es un pajarraco extraño. Su amistad con nazis importantes no es secreto para nadie. Pero, aun así, ¿sería capaz de semejante atrocidad? No obstante, después de lo que acabas de contarme, sigo creyendo que no fue un ataque al corazón lo que acabó con ella. —Se levantó—. Vámonos, tenemos que averiguarlo.

Mientras efectuábamos el trayecto en taxi, me explicó el protocolo:

—En los entierros españoles, sólo los hombres van al cementerio. Las mujeres se quedan en casa del difunto para reconfortar a las mujeres de la familia, mientras se llevan el cadáver para sepultarlo. Creo que el cortejo hasta el cementerio será hoy impresionante. Probablemente, una enorme carroza negra tirada por cuatro lustrosos caballos negros adornados con grandes plumeros, también negros. Mimosa no me perdonaría que no asistiera —suspiró—. Al menos, no hace calor. Los hombres tenemos que seguir la carroza fúnebre a lo largo de diez manzanas, por lo menos, antes de que se considere adecuado subir a los automóviles para continuar hasta el cementerio.

Cuando nos apeamos frente al antiguo edificio de la calle de Ferraz, tuvimos que esperar a que pasara una pintoresca procesión formada por varios clérigos de sotana negra y albas blancas adornadas con amplias franjas de encaje, y portadores de altos crucifijos, seguidos por una veintena de jovencitos con capas negras, cada uno de los cuales llevaba un cirio, excepto uno que hacía sonar rítmicamente una campanilla. Los transeúntes se detenían en su camino, persignándose, hasta que pasaran aquellas figuras ensotanadas.

—Es la visita del clero parroquial para los últimos ritos —explicó Edmundo—. En este caso, puesto que ella falleció repentinamente, se han limitado a hacer una visita y bendecir a la difunta para no perderse sus emolumentos.

En el oscuro vestíbulo, el mayordomo de Mimosa, al que reconocí como el mismo de aquella recepción, se encontraba muy tieso, con chaqué y corbata negra, junto a una mesa donde la gente hacía cola para firmar en un pliego. Edmundo murmuró.

—Esta costumbre permite a la familia saber quién acudió para dar el pésame y, lo que todavía es más importante, quiénes no fueron. Si alguien se cargó a nuestra amiga, apuesto a que ha dejado su nombre escrito aquí. ¿Qué mejor manera de parecer inocente que la de mezclarse con los que expresan su condolencia? Él... o ella... puede estar arriba en este momento. Mantenga los ojos bien abiertos.

En lo alto de la gran escalera, frente al salón principal, unos sacerdotes recibían a los visitantes. Más allá, se agolpaba una masa heterogénea formada por personas elegantes de la alta sociedad, y labriegos con sus mujeres, evidentemente confusos.

—Probablemente, empleados de algunas fincas y cortijos de la marquesa —explicó Edmundo.

Iban de un lado a otro monjas con tocas aladas que parecían gigantescas mariposas que revolotearan por encima del gentío. De un lado al otro del pasillo deambulaban las sirvientas de la marquesa, con sus negros uniformes arrugados tras una noche sin acostarse, sollozando y aportando la única nota trágica, puesto que, en su mayoría, los visitantes charlaban y se reían tranquilamente, como si asistieran a un cóctel.

—Mira quién hay aquí —dijo Edmundo, acompañando sus palabras con un leve codazo.

En un grupo de embajadores del Eje y otros hombres y mujeres a los que yo no había visto nunca se encontraban Gloria von Fürstenberg, Hans Lazaar y el príncipe Lilienthal.

—El Trío de Traidores.

—Por favor, Edmundo. Puede oírte alguien.

—Querida —murmuró—, lo hago adrede. Sin duda, Mimosa lo aprobaría. Se me ha agudizado el ingenio para esta ocasión. Después de todo, cabe la posibilidad de que uno de esos tres figurines acabara con nuestra difunta amiga. —Me impulsó hacia adelante—. Vamos a hecharle un vistazo a la pobre mujer.

Edmundo me hizo pasar al siguiente salón, donde chisporroteaba un cirio, en un enorme candelabro, en cada esquina del ataúd colocado en el centro de la casi vacía habitación. Sólo había allí dos monjas arrodilladas y sumidas en sus plegarias, desgranando cuenta a cuenta sus rosarios mientras murmuraban una letanía al unísono.

Nos acercamos en silencio y nos arrodillamos al otro lado del negro ataúd lleno de adornos de madera tallada.

—Jesús —murmuró Edmundo irreverentemente—. Se parece a Minnie Mouse vestida de monja.

Yo no podía dar crédito a mis ojos. Mimosa llevaba el

mismo hábito negro de las monjas que oraban junto a ella, y sus frágiles y huesudos dedos se cruzaban sobre el pecho, sosteniendo una gran cruz de madera y un rosario.

Edmundo no se daba punto de reposo.

—Hubieran tenido que enterrarla con sus cartas, también.

Mimosa parecía más pequeña de lo que yo la recordaba; ningún toque de colorete animaba sus mejillas hundidas y grises, y una amplia tira de tela blanca y almidonada enmarcaba su cabeza. El hábito monjil parecía exagerar la delgadez de su cuerpo. Dirigí a Edmundo una mirada interrogante y él la entendió en seguida, ya que susurró en inglés con la cabeza inclinada, como si estuviera rezando.

—En España, ésta es la indumentaria usual para los difuntos.

Y súbitamente, se inclinó sobre el ataúd como para besar aquellos labios arrugados. Sin embargo, lo que hizo fue trazar el signo de la cruz sobre el rostro de ella con una mano, mientras la otra se lanzaba hacia el cuello de Mimosa como una cobra. Un segundo le bastó para abrir la tira almidonada alrededor del reseco cuello... y entonces, por un instante, vimos las huellas de dedos. Los gestos de Edmundo habían sido tan hábiles que comprendí que las monjas, cuya letanía no había cesado en ningún momento y cuyas cabezas estaban inclinadas, no habían advertido nada. ¡Otra vez aquellos dedos de cleptómano en acción! En esta ocasión, en vez de sustraer una de las figurillas de porcelana de Mimosa, acababan de revelar una espantosa verdad. Mimosa había sido estrangulada.

—Vaya, vaya, vaya —murmuró Edmundo, incorporándose—. Ahora ya lo sabemos.

Las piernas me temblaban cuando me levanté a mi vez.

Cuando nos incorporamos a la multitud de amistades que había en el gran salón, los componentes del terceto se habían sentado y nos miraban con un interés considerable. Fürstenberg, Lazaar y Lilienthal me saludaron simultáneamente con una inclinación de cabeza. Aunque todavía aturdida, me vi obligada a adelantarme para corresponder a su saludo y presentar a Edmundo.

—Siéntese, por favor —sugirió la condesa detrás de su tupido velo.

Ocupé la silla junto a la suya y Edmundo otra a mi lado.

—Ha sido un golpe terrible —nos dijo Gloria Fürstenberg, al inclinarse para darme un beso en la mejilla—. Es evidente que

Mimosa estaba más enferma de lo que creíamos todos este fin de semana.

—Cuando se quejó de dolores en el pecho, no se me ocurrió pensar en que padecía el primero de una serie de ataques al corazón —comentó Lilienthal—. Yo quería que se quedara, pero ella insistió en que la condujeran a Madrid. Debía de saber que estaba gravemente enferma. Por suerte, Hans puso su chófer a nuestra disposición.

Edmundo me tocó el pie con el suyo. Desde luego, ambos estábamos pensando lo mismo. Lazaar fue, por tanto, quien se ocupó de su viaje de regreso a Madrid.

Ahora, Lazaar meneaba la cabeza.

—Cuando Pedro volvió, dijo que la marquesa parecía encontrarse mejor. —El disco de su monóculo captó un reflejo luminoso—. Pero, como puede ver, Miss Griffith, nadie sabe cuándo va a tocarle el turno.

¿Trataba de asustarme o de prevenirme?

—Mimosa estuvo en la habitación de Aline poco antes de sentirse enferma, el sábado —explicó Gloria al pequeño grupo—. ¿De qué estuvo hablando, Aline?

En una fracción de segundo, su mirada se hizo helada, o al menos así me lo pareció a mí. Tal vez fuera la tensión que sus palabras habían creado o, lo que quizás fuese más probable, que también ella estuviera asustada, pensé. Sabía tan bien como yo que Mimosa había sido asesinada. ¿Y si lo había hecho ella misma?

—No charlamos apenas —contesté—. Buscaba una aspirina o algún medicamento que le calmara el estómago. Yo no tenía ninguno.

Una anciana muy flaca con uniforme negro de camarera, pasó ante nosotros en aquel momento, distrayendo al Trío de Traidores y también a Edmundo. Yo me levanté.

—Debo volver a mi trabajo.

Los dos hombres se levantaron al marcharme con Edmundo y, cuando nos encontramos a cierta distancia, pregunté a éste:

—¿Quién era aquella doncella a la que has mirado?

—La doncella personal de Mimosa. Lleva en la casa tanto tiempo como su dueña. Probablemente nació aquí. Ha de saber la verdad sobre la muerte de su señora, puesto que ella se habrá ocupado de lavarla y vestirla.

—¿Y por qué no dice que Mimosa fue estrangulada?

—Éste es el misterio. Debe de tener un motivo. Tal vez esté demasiado aterrorizada. El hecho de que el Trío observara tan detenidamente a esa vieja criada indica que ellos tampoco creen en el ataque al corazón.

Empezamos a andar calle abajo.

—Mimosa estaba a punto de solucionarme mi misión. Debió de recibir alguna información acerca de quién dirige el complot contra Franco. ¡Mala suerte la mía! Y temo que, sin querer, eso la haya enredado en este siniestro asunto. —Edmundo detuvo un taxi—. Tendré que quedarme para acompañar el entierro. Dile inmediatamente a Mozart que la han asesinado y pídele que nos procure alguna protección. Vamos a necesitarla. Sin embargo, no creo que le importe un comino lo que pueda sucedernos.

Durante todo el trayecto hasta la oficina traté de imaginar por qué Edmundo parecía odiar tanto a nuestro jefe. Yo sabía ahora que la misión de Edmundo implicaba descubrir quién era la mente rectora en la conspiración contra Franco. ¿Podía tratarse de la misma persona a la que yo andaba buscando? Miré hacia atrás y vi un Mercedes negro, y detrás de él un Renault también negro. El Renault me había estado siguiendo durante semanas, pero el Mercedes era una novedad.

Y entonces se me ocurrió la idea. ¿Por qué Edmundo había examinado directamente el cuello de Mimosa, para descubrir si la habían matado? La estrangulación no era sino un método entre otros muchos. ¿Por qué no pensó en una puñalada en el corazón, en una bala o un veneno, asfixia bajo una almohada o cualquier otro medio, ninguno de los cuales hubiera dejado precisamente rastros en el cuello?

17

—¡Protección! Dígale a Top Hat que espere sentado. Todavía no ha resuelto su misión. Y usted tampoco, Tigre. Los dos tienen cadenas de subagentes a los que pueden ordenar que se ocupen de protegerlos. Andamos faltos de personal y no puedo satisfacer las peticiones de Washington, Londres y Argel. Estamos en guerra. Piense en los muchachos que están en el frente. Asumen sus riesgos, y esto es lo que ustedes deben hacer también. ¿Acaso no se alistó para eso?

Era la primera vez que yo veía a Mozart perder la calma. Algo había ocurrido. Sin embargo, le pregunté por la película que sabía que había sido revelada ya, y también por las fotos del libro de invitados.

—Sólo un montón de nombres resonantes, en su mayoría ininteligibles. Nada de Himmler. Ni un solo funcionario alemán importante.

Casi escupió estas palabras.

—¿Y el informe de Lazaar sobre el tungsteno?

Mozart sonrió amargamente.

—Nada que no pudiera usted conseguir entrando en la embajada alemana y cogiéndolo en el mostrador de recepción.

—¿Y la carta de Gloria von Fürstenberg? —insistí, herida en mi amor propio.

Mi jefe abrió el cajón superior de la mesa y extrajo un papel. Con voz atrozmente monótona me leyó:

—«Querido Heinrich, te escribo unas palabras de salutación. Me encuentro en El Morisco para pasar el fin de semana con Hans Lazaar y otros invitados. El tiempo es perfecto. Cielos azules, días fríos, campos ondulados y montañas grises como el acero.

»¿Qué tiempo tenemos en Berlín, mi querido Heinrich?

Pienso con preocupación en ti, tal como van las cosas. Echo de menos nuestras noches en Berlín. ¿Conoces a la marquesa de Torrejón? Está aquí y charla sin cesar, hasta que te entran ganas de ahogarla. Las hermanas Ávila, dos perfectas memas, han llegado esta tarde con una chica americana que no me inspira ninguna confianza. Y adivina con quién coquetea la pequeña Carola Lilienthal... Con tu favorito... Constantin von Weiderstock. Díselo a su padrino. En realidad, me estoy aburriendo como una ostra. Sólo Lazaar llega a divertirme con su grotesca perversidad. Lilienthal se muestra tan falsamente galante como de costumbre... ¿Cómo puede soportarlo su atractiva mujer?» La carta se interrumpe aquí —dijo—. Hemos analizado el papel en busca de alguna tinta invisible, pero ninguna de nuestras fórmulas muestra nada. Desde luego, las palabras podrían contener un código, pero los de esta clase, como usted sabe, son indescifrables. Sin embargo, hay algunos puntos a considerar. —Tenía sus ojillos clavados en los míos—. Aunque en Alemania hay muchos Heinrichs, cabe la posibilidad de que esta carta estuviera dirigida a Himmler. Lo cual intensifica el interés en esta bella condesa como primera sospechosa.

El jueves siguiente, 6 de abril, Angustias me despertó como de costumbre, trayéndome el desayuno a la cama. Corrió las blancas cortinas de tela de algodón y abrió los gruesos porticones de madera, dejando entrar un torrente de luz solar que arrancó destellos en las relucientes y rojas cerezas de Málaga en mi bandeja. Desde mi cama, contemplé el rectángulo de cielo, de un puro color azul, visible a través de la ventana. ¡Otro día perfecto! Entonces oí el timbre de la puerta. Angustias fue a atender la llamada y regresó unos momentos después.

—Dos mujeres esperan a la señorita en el salón.

Yo sólo esperaba a una. Por dos veces, durante el mes pasado, había alojado a una agente procedente de Francia y portadora de información militar que fue remitida a Londres, donde se estaban elaborando los planes para las operaciones Overlord y Yunque. Había veinte divisiones aliadas de combate en Italia, pero era evidente que esto no bastaba para permitir a nuestras fuerzas conquistar territorios. Los planes de la Operación Yunque se forjaban también en el sur de Francia. Aquellas mujeres nos traían mapas con la situación de las fortificaciones costeras, las trampas y los puntos de bloqueo de las carreteras, así como el número de soldados alemanes y otras informaciones necesarias para los generales que estaban preparando la invasión.

—Son mujeres con muy mal aspecto —comentó Angustias, arrugando la nariz—. Y huelen peor.

Me puse rápidamente una bata y me dirigí a la habitación frontal. Dos mujeres desaliñadas se levantaron en seguida, apenas entré. Una de ellas llevaba la mano envuelta en un sucio vendaje y en su mejilla había una cicatriz como si hubiera recibido en ella un navajazo. Angustias estaba en lo cierto al hablar del olor.

Compuse una sonrisa.

—Bienvenidas. Me alegra que hayan llegado sanas y salvas. ¿Qué nos traen?

La de la cicatriz se metió la mano bajo la camisa y sacó de allí un paquete lleno de manchas.

—Yo soy Marta. Madeleine, mi compañera, no habla español, pero es la que obtuvo la información. Yo la he guiado a través de los Pirineos hasta Madrid. Puesto que carecemos de documentos de identidad, tendremos que esperar aquí a que nos conduzcan de nuevo a la frontera. No nos atrevemos a utilizar trenes o autocares. El camión de transporte de pescado que nos ha traído hará el viaje de regreso el lunes próximo. ¿Nos dejará quedarnos hasta entonces, señorita?

—Claro. Una de ustedes tendrá que instalarse en mi habitación, pero esto no es ningún inconveniente, puesto que pasaré el fin de semana fuera.

Era el Jueves Santo, comienzo de las festividades más importantes del año. Tiendas, teatros y cines estaban cerrados en su totalidad, e incluso los restaurantes. Señalando su mano, pregunté:

—¿Quiere que vea esto un médico?

—Oh no, señorita, muchas gracias. No queremos ser vistas. No saldremos de la casa y necesitamos un descanso. La travesía de las montañas ha sido muy dura y peligrosa. Infestan todas las rutas no sólo los espías alemanes, sino también los de Franco. Tenemos que movernos como los zorros. Éste será mi último viaje. Ya he matado a dos guardias civiles fascistas y, si me capturan, me fusilarán sin juicio alguno.

Mientras me vestía, me sentía impresionada por el valor y la resolución de las mujeres vascas. Empezaban a ser mejores mensajeros que los hombres, y no conocían el miedo.

Unas horas más tarde, un chófer de la oficina me recogió para llevarme al palacio de los Ávila en Toledo, adonde me habían invitado para presenciar las procesiones de la Semana Santa. Conseguimos dar esquinazo al viejo Renault que nos seguía, en las angostas calles cercanas a la Puerta del Sol. Mientras atravesábamos la ciudad, pude ver a numerosas mujeres que entraban en las iglesias o salían de ellas, vestidas de negro y tocadas con altas peinetas y mantillas de encaje. Paco, el chófer, me dijo:

—El día de Jueves Santo es costumbre que las mujeres visiten siete iglesias y lleven mantilla.

Durante los tres cuartos de hora de trayecto hasta Toledo, me describió las procesiones de Sevilla, Granada y diversos pueblos pequeños. Se sentía orgulloso de las tradiciones de su país y, como a la mayoría de los españoles, le encantaba charlar.

Al aproximarnos a Toledo, el sol brillaba en los gruesos muros de piedra, confiriendo relieve a los solemnes arcos y las murallas almenadas. La ciudad medieval fortificada estaba encaramada en lo alto de una montaña rocosa rodeada por el río Tajo, que atravesaba varios puentes antiguos y ornamentados. La estrecha carretera empedrada pasaba bajo un gigantesco arco pétreo con una torre redonda a cada lado, y después ascendía, sinuosa, por una abrupta cuesta. Asnos, carros, gallinas, chiquillos y mendigos tuvieron que apartarse para permitir el paso a nuestro coche, hasta que llegamos a la plaza de Zocodover, donde un guardia nos dijo que debíamos continuar a pie, puesto que las calles estaban cerradas en previsión de la procesión nocturna.

—Muchos de estos edificios fueron construidos antes del siglo XII —explicó Paco, que cargaba con mis dos maletas mientras caminábamos por las angostas calles, bordeadas por viejos palacios de granito, todos ellos con un escudo de armas tallado en sus fachadas.

Muchos edificios tenían torres y todos lucían intrincadas rejas de hierro ante las ventanas. Las puertas del palacio de los Ávila estaban abiertas de par en par y dejaban ver un patio rodeado por gráciles columnas de granito, en el centro del cual dos sirvientes quitaban el polvo a unas plantas de hojas muy alargadas. Desde lo alto de la amplia escalinata de piedra, Casilda y sus hermanas me saludaron, muy excitadas:

—¿Sabes que conocerás al general Franco? Papá le ha invitado para que presencie desde aquí la procesión de esta noche.

—Pues yo creía que los aristócratas eran monárquicos y no les gustaba Franco —exclamé, sorprendida.

—Más o menos, es así. Pero cuando el jefe del Estado hace una visita oficial a Toledo, viene a esta casa, porque también lo hacían los reyes cada vez que venían a la ciudad.

Comentamos la muerte de Mimosa y advertí que ninguna de ellas dudaba de que su muerte se hubiera debido a causas naturales.

—¡Era tan simpática! —dijo una de ellas—. Y todos echaremos de menos sus fiestas. Al fin y al cabo, a ella hemos de agradecerle el haberte conocido, Aline.

Depués de tomar el café, Casilda me llevó a su habitación.

—Deberías llevar una mantilla para la procesión de esta tarde. Nosotras llevamos, y si viene la esposa de Franco, lo más seguro es que se la ponga también. Tengo una peineta muy bonita y una mantilla preparadas para ti, y María te las pondrá. Nadie como ella para poner una mantilla.

La peluquera esperaba con grandes mantillas de encaje negras, de unos dos metros de altura y tres de longitud. Me senté ante el tocador para que me peinara los cabellos hacia atrás, formando un gran moño a la española. Después deslizó la gruesa peineta por debajo del moño, fijándola de modo que no pudiera deshacerse. La mantilla iba colocada sobre la peineta y después sujetada a cada hombro con alfileres, de modo que yo pudiera volver la cabeza de un lado a otro sin que la mantilla se desprendiera de la peineta. Finalmente, el borde ondulado de la prenda quedó sujeto a mis cabellos sobre la frente, de manera que enmarcase mi frente y mi cara. Cuando me levanté, la mantilla de encaje me cubría desde el borde de la falda hasta un palmo por encima de mi cabeza. Las chicas Ávila se echaron a reír.

—¡Pareces más española que yo! —exclamó Casilda, entusiasmada.

Después, ellas ocuparon mi puesto por turnos, para que la peluquera les ajustara las mantillas. Cuando ya estaba terminando su tarea, un griterío procedente de la calle anunció la llegada del Generalísimo. Corrimos hacia el balcón. Debajo, había tres Mercedes-Benz. Al apearse Franco, recordé la advertencia de Mimosa y pensé en el fácil blanco que ofrecía desde cualquier balcón.

Unos segundos más tarde nos dirigimos a lo alto de la amplia escalinata, donde el conde de Ávila, rodeado por sus invitados y por la servidumbre de la casa, aguardaba.

Yo nunca había visto antes a Franco y le estudié mientras esperaba haciendo cola para darle la mano. Llevaba una guerrera militar blanca, con numerosas condecoraciones, y una boina roja. Era más bajo de lo que yo había supuesto, y también más obeso, con una nariz prominente, una piel tersa y saludable, de un moreno rojizo, y una expresión afable. Visto desde cerca, no era ni el monstruo descrito por Pilar, ni tampoco un ser carismático. Su mujer era más alta que él, esbelta y distinguida. Tras una serie de apretones de manos, casi sin pronunciar palabra, ambos entraron en uno de los salones, con el conde y los demás invitados. La conmoción creada por la presencia del Caudillo era la única indicación del poder detentado por éste, ya que le acompañaban pocos personajes oficiales. Estaba a punto de seguirles cuando Casilda me detuvo.

—Ven al balcón. No debes perderte ni un detalle de la procesión.

Yo quería enterarme de algunos detalles referentes al séquito de Franco, puesto que sería lo mínimo que Mozart esperase, pero tampoco podía negarme ante la insistencia de mi amiga.

Gradualmente, se oscurecieron las calles, y después el sordo y lento redoble de un tambor a lo lejos pareció imponer silencio. Apareció una hilera de figuras encapuchadas, como miembros del Ku Klux Klan con túnicas negras, cada una de las cuales llevaba un cirio encendio. Detrás de ellas se acercaba un paso iluminado por centenares de cirios y rematado por una estatua, que se balanceaba mientras avanzaba en nuestra dirección. Algunos de los encapuchados caminaban descalzos sobre el empedrado y sus largas túnicas negras podían ocultar cualquier clase de arma. Un disfraz perfecto, pensé. De pronto, desde un balcón, frente a nosotros, se alzó una voz que cantaba, una voz hermosa y doliente de mujer. La enorme plataforma que llevaban sobre sus hombros una veintena de hombres, hizo una pausa. Cuando terminó la canción, los portadores alzaron de nuevo el paso con la imagen, inclinándola primero en dirección a la cantaora y después hacia nosotros, remedando una reverencia de la estatua. Sólo entonces advertí que el Generalísimo se encontraba de pie detrás de mí. Me volví y traté de apartarme, pero me detuvo.

—Durante toda mi vida he visto estas procesiones, señorita. Probablemente, no es éste su caso.

—Perdone, Excelencia —repliqué—. No sabía que estaba usted aquí, pues me hubiera apartado.

—Y yo no sabía que debajo de esta mantilla se ocultaba una joven americana.

El Generalísimo sonrió. El tono chillón de su voz me sorprendió. Su actitud era amistosa y carente de pretensiones. Me disponía a explicarle el mensaje de Mimosa cuando hizo su aparición uno de sus ayudantes.

—Excelencia —murmuró—, sería conveniente cambiar de balcón.

El Generalísimo se volvió hacia mí.

—Lo siento. Me hubiera gustado explicarle la ceremonia a una norteamericana.

Era perfectamente consciente de las amenazas que pesaban contra su vida.

Al entrar en mi apartamento de Madrid, a primera hora de la mañana del lunes, tan temprano que mis sirvientas todavía no se habían despertado, fui directamente a mi habitación. Cuando vi que había alguien durmiendo en ella, me volví para marcharme. Una de las mujeres vascas, supuse que aún no se habían marchado. Y en aquel momento, el ruido de un postigo que el viento hizo crujir me impulsó a volverme en redondo. Sorprendida al constatar que los postigos estaban abiertos, me acerqué para cerrarlos. Miré hacia la cama mientras avanzaba de puntillas e, instintivamente, me tapé la boca con la mano para sofocar un grito. ¡La almohada y la sábana estaban manchadas de sangre! La persona que yacía en la cama era una mujer de cabellos largos y negros, con un horrible agujero en la sien. Regueros de sangre ya seca surcaban su mejilla. Cerca de su mano había una pistola.

Pude oír mi propia respiración trabajosa. Por unos momentos, la impresión recibida me impidió reaccionar, pero después descolgué el teléfono y marqué el número de Mozart. Cuando le dije la frase en código para casos de emergencia, no perdió el tiempo en conversaciones.

—No haga nada hasta que llegue yo.

Cuando salí del cuarto, Cecilia empezaba a encender la estufa de carbón en la cocina.

—Señorita, está usted muy... muy pálida. ¿Ocurre algo?

—No. Por favor, no molesten a la mujer que descansa en mi cuarto.

La vi sobresaltarse ante mi firmeza y la ausencia de los usuales saludos por la mañana, especialmente tras haber estado yo varios días fuera de casa.

—Llamaré a Angustias para que ayude a la señorita —se ofreció Cecilia.

—No, no, nada de eso.

Sólo con pensar en los gritos y llantos de Angustias, tan propios de ella a la menor provocación, se me debilitaron las piernas. ¡No armaría poco jaleo si supiera que una mujer se había pegado un tiro en su casa!

Saqué la llave del interior de la puerta de mi dormitorio, cerré desde el exterior y me instalé en la sala para esperar a mi jefe.

Su rápida ascensión por la escalera había conferido un tono rojizo a su rostro inexpresivo.

—Una de las vascas ha muerto. Creo que se ha pegado un tiro. Acabo de llegar de un fin de semana con los Ávila y la he encontrado en mi cama con un balazo en la cabeza.

Los ojos de mi jefe miraban de un lado a otro. Frunció el ceño, pero su voz mantenía la calma.

—¿Quién está enterado de eso?

—Que yo sepa, nadie más.

—¿Y sus criadas?

—De momento, sólo he hablado con la cocinera. Supongo que la otra vasca sigue durmiendo, y Angustias también.

—¿Cuál es la que ha muerto? —preguntó Mozart tras lanzar un profundo suspiro.

—No lo sé. El agujero en la cabeza, la sangre, aquellos cabellos largos y negros... no podría decirlo. Venga, véala usted mismo.

Mozart me siguió. Era indudable que el estruendo de sus pisadas iba a despertar a toda persona que aún siguiera durmiendo. Angustias, todavía sin peinar, apareció al final del pasillo, pero se esfumó apenas vio al jefe.

La visión era más macabra que antes. Ahora entraba la luz del sol a través de la ventana entreabierta y podía verse la sangre que salpicaba la cabecera de la cama.

—¿Usted la identificaría? —inquirió el jefe—. Yo nunca he visto a ninguna de esas dos mujeres.

Apenas cabíamos en el pequeño dormitorio. Inclinándose sobre el cadáver y levantando unas greñas de pelo negro sobre su cara, reconocí a la española, Marta.

Mozart se mostró visiblemente irritado.

—¿Y por qué ha de ser precisamente la que puede causar más problemas? Si nos pescan ocultando a una comunista española, toda nuestra sección puede ser expulsada del país. Hemos de sacarla de aquí sin que nadie, incluidas las sirvientas, se den cuenta.

Examinó más detenidamente la muerta.

—Me habían dicho que sufría un desequilibrio emocional. Probablemente, se trata de un suicidio.

El arma se encontraba junto a la mano derecha de la difunta. Y entonces vi que el vendaje le rodeaba los dedos de tal manera que le hubiera sido imposible incluso empuñar el arma.

—Esa mano... —murmuré.

—¿Qué le ocurre? —preguntó Mozart.

—Mire.

Indiqué la pistola Colt del calibre 45 y el voluminoso vendaje de la mano.

El jefe descolgó el teléfono.

—Jeff, busca a Ronny y venid inmediatamente al apartamento de Tigre con un coche grande. Daos prisa. Procurad no llamar la atención, y que no venga el chófer. —Cuando colgó, pidió una manta para envolver el cadáver—. Una sábana es demasiado visible. Busque también una bufanda para taparle la cabeza.

Y mientras sus ojos escudriñaban la habitación, añadió:

—Tal vez me he apresurado demasiado en mis suposiciones. Esta mujer no apretó ese gatillo. Sin embargo, debemos sacarla de aquí. Más tarde, podremos investigar.

Tomó la manta, retiró la colcha y la sábana y envolvió a la mujer con ella, no sin antes coger la pistola y metérsela en el bolsillo. Cuando Jeff y Ronny aparecieron, la almohada y la sábana ensangrentada también habían quedado envueltas en otra manta. Rápidamente, los dos hombres sacaron el cadáver de la habitación y lo bajaron hasta el coche, mientras tanto, en la cocina, Engracia se disponía a partir, camino de la escuela. Las dos sirvientas y Madeleine tomaban bollos y café. Todas sabían que ocurría algo grave, y Madeleine fue la primera en hablar.

—¿Acaso Marta se ha puesto enferma, señorita? ¿Ese hombre alto es el doctor?

—Sí. Y desea saber si ayer ella se encontró mal. ¿No se ha quejado durante la noche? —pregunté.

Madeleine se encogió de hombros.

—No, al menos no en especial. No habla si no es para quejarse, pero ayer no se encontraba mal, ni tampoco esta noche, que yo sepa.

También Angustias y Cecilia aseguraron que no advirtieron nada inusual y yo les pedí que se quedaran en la cocina hasta que se hubiese marchado el doctor.

Cuando regresé al salón, el jefe estaba paseando en él de un lado al otro.

—Tenemos otros agentes que pueden volver a pasar a la francesa a través de la montaña y mi chófer puede llevarla hasta la frontera. Esto no es ningún problema. Es una suerte que esa mujer española no tenga familia. Mándeme a esa francesa para que yo me ocupe de todo. Entretanto, interrogue a sus criadas para averiguar si esta noche han oído algo extraño.

—Ya lo he hecho. Dormían como troncos. Al parecer, nadie ha oído nada. Creen que Marta se ha puesto enferma.

—Dígales que la han trasladado a un hospital.

—Esto es fácil, pero Angustias encontrará a faltar la almohada, la manta y las sábanas.

—Es igual, con tal de que se lo guarde para ella —me indicó el sofá—. Siéntese, Tigre.

Obedecí, pero él siguió paseando por la habitación. Dos pasos a la izquierda, dos a la derecha.

—El asesino no iba a por Marta. La buscaba a usted. Pocas personas sabían que usted se encontraba fuera de casa. La mataron en la cama de usted, de noche, a oscuras y casi a quemarropa.

»El asesino entró por el balcón. No sabía que en la cama había otra persona, pero cuando se entere es muy posible que vuelva. Lo menos que puede usted hacer es cambiarse de habitación.

Se disponía ya a marcharse cuando dio media vuelta.

—Esta mañana me voy a Argel, donde pasaré unos días. Vaya a la oficina esta mañana, como de costumbre, y no hable con nadie de lo que aquí ha sucedido. A mi regreso me ocuparé de esa protección que me pidió. Entretanto, tenga mucho cuidado.

18

Dos semanas más tarde, el día primero de mayo, Edmundo me llamó para decirme que vendría a buscarme a las diez de la noche e iríamos al Pasapoga. Existía para ello una razón crucial, aunque se negó a explicarme cuál era. Cuando llamó a la puerta, yo misma fui a abrirle.

—Divina —elogió, contemplando mi vestido. Después alzó la vista—. Pero estás muy pálida...

—Pues no sé a que se deberá —contesté con malhumor—, ya que llevo una vida de lo más aburrida.

No podía explicarle que durante los últimos quince días había estado durmiendo pésimamente... en un catre.

Me ayudó a ponerme el abrigo y nos marchamos. En el taxi, Edmundo me confió:

—René ha llamado esta mañana. Ha dicho que nos reuniéramos los dos con él en el Pasapoga. Tiene dos bombas que soltarnos en las manos, pero no se ha atrevido a hablar por teléfono.

Me hubiera interesado pedirle su opinión sobre el asesinato de Marta, pero no lo hice. Él me entregó un sobre que reconocí como uno de los destinados a Mozart.

—No ha habido suerte en la búsqueda del asesino de mi marquesa. Incluso ha desaparecido su vieja sirvienta. En vista de ello, he pergeñado una historia de espías que puedes leer antes de entregársela a Mozart. No conviene dejar que la reputación de uno baje en su cotización

Me guardé la carta en el bolsillo, en espera de poder leerla y sin mencionar mi aprensión a los falsos informes que él dirigía al jefe.

En Pasapoga, no nos fue posible encontrar a René. Cuando el propietario del local se lamentó de que no se había dejado ver, ni siquiera había telefoneado, Edmundo se mostró visiblemente agitado. Me cogió por el brazo y me llevó de nuevo a la calle.

—A la calle Ribera de Curtidores. Pronto —ordenó al taxista.

Cuando estaba excitado, se notaba más que nunca su acento mejicano.

—¿Adónde vamos ahora?

—Al apartamento de Blum. Algo no marcha como es debido.

Quince minutos después nos apeamos en una calle con casas viejas y poco cuidadas. Frente al gran portal de una fachada corroída por el tiempo, Edmundo dio unas palmadas para llamar al sereno. Nadie apareció. Dio unas cuantas palmadas más y después llamó al timbre del portero. No hubo respuesta.

—Yo haré los honores de la casa —dijo.

Del bolsillo interior de su chaqueta gris extrajo una lima delgada como una oblea. Se arrodilló, insertó la lima en la cerradura e hizo girar cuidadosamente el utensilio hasta que encontró el resorte y lo accionó. Abrió la puerta y, con un gesto de su delgado brazo, me invitó a pasar. Recorrimos un corto túnel hasta llegar a un patio abierto, y subimos por una escalera metálica que, como si fuese una escalera de incendios, rodeaba el patio. Era evidente que Edmundo había estado antes allí.

En el tercer rellano, volvió a manipular hábilmente la cerradura del apartamento de Blum. Hizo girar lentamente el pomo de la puerta y la abrió. Se oyó un prolongado bufido en la oscuridad y yo saqué mi pistola tan deprisa que rasgué mi bolso de noche.

—¡Tranquila! —me ordenó Edmundo—. Sólo se trata de su gato. ¿Qué te ocurre esta noche, Aline?

Encendió su diminuta linterna de bolsillo y, al contemplar el haz luminoso, vi que Edmundo había sacado su instrumento predilecto: un estilete tan delgado como un punzón de romper hielo.

Recordé de pronto el hombre apuñalado en Estoril. Primero lo atribuí a la tensión del momento, pero después recordé la fría expresión de Edmundo cuando me contó, aquella primera noche en el pequeño restaurante alemán, que él había matado a aquel hombre. Dejé escapar una exclamación entrecortada.

—¿Te has vuelto loca? —el susurro de Edmundo fue vehemente.

Nos adentramos en el apartamento, no sin que yo echara un vistazo a mi espalda. En el cielo brillaban racimos de estrellas.

No se oía en el patio ningún rumor procedente de las viviendas; era como si nos encontráramos en un edificio deshabitado. Cerrando la puerta detrás de nosotros, Edmundo encendió las luces y se guardó su linterna. Su puñal centelleó al entrar en la sala de estar. El gato de Blum no se dejaba ver. Guardé de nuevo la pistola en mi maltrecho bolso. El piso estaba vacío.

Era un apartamento que no correspondía al destartalado edificio en que vivía Blum. Era un lugar atractivo, lleno de objetos antiguos y con un ángulo presidido por un gran piano de cola.

—Tú registra esta sala y el comedor. Yo me ocuparé del dormitorio.

Exploré el lugar. Algo medio oculto entre dos cojines de seda estampada con flores, en el sofá, brilló y me llamó la atención.

Cuando tuve el broche en la palma de la mano, reconocí aquel loro de rubíes y brillantes que había visto lucir a Gloria von Fürstenberg en El Morisco. Fui enseguida en busca de Edmundo.

—Guárdalo en tu bolso, para Mozart. No hay ni rastro de Blum. Vamos, tenemos que encontrarlo.

Era un sector de Madrid que yo todavía no había visto, pero que Edmundo conocía tan bien como los salones más selectos. Las calles eran estrechas y en aquellos momentos, pasada ya la medianoche, había en ellas una considerable algarabía. Fuimos de un bar a otro; «antros», los llamaba Edmundo. Eran locales llenos de humo y de gitanos, con rasgueo de guitarras y el chasquido de las castañuelas. Allí donde fuéramos, Edmundo siempre encontraba a alguien a quién preguntar por René Blum. Nunca había visto en él una expresión de tanta seriedad.

Finalmente, nos hallamos en la calle Núñez de Arce, y en la plaza de Santa Ana entramos en un bar cuya fachada estaba recubierta de azulejos blancos y azules con motivos florales, en los que, en letras finas y redondeadas, se leía «Villa Rosa». Eran las dos de la madrugada. La parte delantera era como la de cualquiera de los otros bares que habíamos visitado, pero detrás había varios aposentos pequeños, en dos de los cuales se celebraban fiestas privadas, con flamenco, para los clientes. Las voces plañideras de los cantaores y el batir de los pies en el suelo eran ensordecedores.

Nos abrimos paso hasta una mesa en un rincón, en la que reconocí a Lola Flores, la bailaora de flamenco a la que había visto actuar en Nochevieja. Y, con un sobresalto, reconocí, sentado junto a ella, a Juanito Belmonte... El día antes yo había recibido un nuevo ramo de claveles y por dos veces había rehusado cenar con él la semana anterior... y también esta misma noche. Cuando vio a Edmundo su rostro se ensombreció.

—Qué sorpresa, Juanito —dije.

Los ojos de Lola centellearon.

—¡Edmundo! ¿Dónde has estado metido?

Había otras tres personas sentadas a su mesa; una mujer y dos hombres. Uno de éstos se levantó y fue a buscar un par de sillas. Estrechándonos todos, Edmundo y yo pudimos sentarnos. En seguida, éste y Lola empezaron a charlar confidencialmente, pero Juanito, sentado ante mí, no pronunció palabra, cosa que me puso nerviosa. Después, Edmundo apoyó una mano en mi brazo.

—No mires ahora, pero entre nosotros tenemos a un extraño compañero de cama.

No me fue posible mirar, pues Juanito estaba de pie junto a mí y me invitaba a bailar. Un organillo había empezado a tocar un pasodoble y algunas parejas se dirigían hacia el angosto espacio existente entre la barra y las mesas. El movimiento de los pies resonaba en el pequeño local. Me levanté y seguí a Juanito, y en mi trayecto vi al inesperado visitante que Edmundo había detectado.

La puerta de una de las habitaciones del fondo estaba entreabierta, y más allá de la sinuosa figura de una gitana que estaba bailando, pude distinguir al hombre cuya casa yo había visitado un mes antes. Sus duras facciones componían una amplia sonrisa, y era evidente que sólo prestaba atención a los movimientos de la joven. No cabía duda de que a Niki Lilienthal le gustaba el flamenco.

Belmonte mantenía mi mano derecha alzada y su diestra ceñía firmemente mi cintura. Empezamos a deslizarnos siguiendo el airoso ritmo del pasodoble, y el susurró en mi oído:

—¿Qué es ese hombre para usted?

—¿Edmundo? Es un buen amigo.

—No diga tonterías.

—Le estoy diciendo la verdad, Juanito.

Yo seguía tratanto de distinguir qué otras personas había en aquella habitación con Lilienthal, pero la puerta sólo dejaba una estrecha abertura.

—Al parecer, tengo un rival —murmuró Belmonte.

Me eché a reír.

—¿Todos los españoles son celosos?

—Cuando yo telefoneo me dice que está muy atareada, y sin embargo tiene tiempo para él.

—Vamos, no exagere. Desde que le conocí, nos hemos visto casi cada semana. Yo no puedo salir a diario. Soy una chica que trabaja y tengo muchos quehaceres.

—No sé como puede estar siempre tan ocupada si actualmente su Oil Mission no entrega ni una gota de gasolina.

Tenía razón. El embajador norteamericano había suspendido los suministros a fin de presionar al gobierno español para que no vendiera más tungsteno a los alemanes.

En aquel momento, Edmundo se levantó de un salto y agarró el brazo de un hombre que pasaba junto a él. En cuestión de segundos, tuve a Edmundo a mi lado, con mi abrigo y mi bolso en la mano.

—Vámonos, Aline. Ese tipo sabe algo de Blum.

Y dirigiéndose a Belmonte, Edmundo murmuró con todo su encanto felino:

—Siento poner fin tan bruscamente a esta encantadora velada.

Creí que Belmonte iba a pegarle, pero se limitó a mirarme a mí, con indignación.

—Adios, Juanito. ¡Llámeme mañana, antes de su corrida! —le grité.

Salimos precipitadamente en pos de aquel hombre, que corría ya por la calle.

—Ese tipo sabe que estoy buscando a Blum y trata de darme esquinazo. Apuesto a que sabe algo. Deprisa —me apremió Edmundo.

Agachándome, me quité mis zapatos rojos de tacón alto y seguí corriendo por la pendiente de la calle, procurando no rezagarme. El hombre al que perseguíamos tomó un taxi y nosotros saltamos a otro.

—¡Sígalo! —gritó Edmundo, entregando un fajo de billetes al conductor.

El anticuado vehículo echó a correr.

Los dos coches sortearon la tortuosa calle, uno detrás del otro. Edmundo me hizo afianzar en el asiento posterior, mientras el taxista tomaba una curva a la derecha y en seguida otra a la izquierda. Nos manteníamos detrás del otro taxi, sin perderlo de vista ni por un momento. De pronto, el coche que nos precedía se detuvo en seco y también nuestro taxista clavó los frenos. Edmundo me agarró.

—¡Agáchate! —gritó, y con la mano me dobló la cabeza hacia abajo.

El estrépito de la rotura de cristales fue tremendo. Habían disparado con buena puntería, pues la bala atravesó el centro del parabrisas. El coche viró a un lado, inclinándose, y el vehículo que le precedía salió disparado.

Edmundo se enderezó y yo también me incorporé. El taxista se frotaba los brazos y gemía; balanceaba lentamente la cabeza adelante y atrás, aturdido. En la calle se abrieron ventanas y se encendieron luces.

—Ese disparo hubiera podido matar a cualquiera de nosotros, pero la intención consistía probablemente en obligarnos a abandonar la persecución —explicó Edmundo, mientras ayudaba al taxista a apearse.

Había empezado a formarse un grupo numeroso, y nos fue imposible marcharnos antes de haber asegurado al taxista que estaba ileso y de que Edmundo le hubiese pagado el cristal roto. Pasamos diez minutos sentados con él, mientras el hombre daba cuenta de una botella de tintorro y recuperaba la compostura. En la calle, el gentío había aumentado considerablemente, pero Edmundo se las arregló para hacerme salir del bar y atravesar la masa de curiosos.

Finalmente, encontramos otro taxi y Edmundo le dio las señas de Blum.

Nos miramos el uno al otro, mientras desfilaban junto a nosotros las luces callejeras. Finalmente, dijo:

—Ese pistolero, era uno de los guitarristas de la fiesta del príncipe. Es mucho lo que sabe, pues de lo contrario no se hubiera arriesgado a hacer un disparo como ése.

—¿Y qué te hace pensar que René estará ahora en su casa? —pregunté.

—Es el lugar apropiado a esta hora de la madrugada, a menos que...

Habíamos llegado a casa de Blum. Tampoco esta vez contestó Blum al timbre, pero la cerradura cedió a la ganzúa tan deprisa como antes. Esta vez no oímos al gato. De hecho, todo era diferente. El apartamento era un caos. Había una mesa rota en medio de la sala y dos sillas caídas, el sofá estaba lleno de fragmentos de una lámpara de porcelana rota y sobre él había caído un cuadro que antes colgaba de la pared contigua. Edmundo corrió a encender las luces del dormitorio.

—Nada de particular aquí —anunció.

En la sala de estar, las copas y las botellas del bar estaban esparcidas por el suelo. Algunas botellas se habían roto y su contenido todavía formaba riachuelos que estaban empapando la alfombra. Edmundo se agachó y se sirvió una copa de jerez de una garrafa de cristal que por milagro aún estaba intacta.

Me acerqué al piano, un Steinway impresionante, y me senté ante él, sin saber por qué. Con un dedo oprimí una tecla, un do. En vez de un sonido melodioso, hubo una percusión apagada. Toqué un acorde con ambas manos... y de nuevo se oyó aquel extraño sonido sordo. Me levanté y miré por debajo de la tapa levantada. Lancé un grito sofocado y Edmundo acudió corriendo.

El cuerpo pequeño y delgado de René yacía contorsionado sobre las cuerdas del piano. Edmundo y yo lo contemplamos. Su camisa blanca estaba desgarrada y ensangrentada, revelando una carne rosada. Unos regueros de sangre cruzaban la frente y la cara. Después vi las señales alrededor del cuello..., donde unas manos brutalmente vigorosas habían dejado sus rojas huellas. Las del cuello de Mimosa eran de un color morado, pero por otra parte eran las mismas señales. También René había sido estrangulado.

—Está muerto, y Blum conocía a quien lo ha matado, sea quien sea —declaró Edmundo por fin—. Nadie forzó la entrada, y él no lleva mucho tiempo muerto. No hay tiempo que perder. Todavía podemos echarle mano al asesino.

Mi mente estaba examinando los acontecimientos de las últimas semanas. Mimosa, Marta, y ahora René Blum. ¿Estarían todas estas personas relacionadas... a través de su asesino?

Mientras bajaba rápidamente por la escalera detrás de Edmundo repasé mi lista de sospechosos. Lilienthal, Gloria von Fürstenberg, Hans Lazaar..., todos ellos relacionados por la amistad. Y Serrano Suñer, al que yo todavía no conocía... tal vez tuviera algún tipo de conexión con ellos. Cuando llegamos a la silenciosa calle, pregunté a Edmundo:

—¿Crees que alguien relacionado con Lilienthal o la Fürstenberg disparó contra nosotros?

—Lees mis pensamientos mejor que Mimosa —me contestó—. Es una lástima que no pueda tener una sesión con ella.

Vamos a regresar ahora a aquellos antros del flamenco. Tengo la impresión de que el asesino siguió a Blum desde alguno de ellos. Alguien habrá podido ver a René esta noche.

Pero, aunque fuimos de un lugar a otro, nadie recordaba haber visto a René Blum, y finalmente, Edmundo me dejó en casa alrededor de las tres.

Vi como se desvanecía la noche y se convertía en día paseando por mi habitación tratando de recordar los detalles de las últimas horas. No podía hacerle ninguna pregunta a mi jefe, pues todavía estaba en Argel. ¿Cabía la posibilidad de que Lilienthal y Lazaar trabajaran en tándem bajo las órdenes de Himmler? Desde luego, Gloria no era lo bastante fuerte como para arrasar el apartamento de René y meter su cadáver en el piano. A pesar de mi entrenamiento, sabía que tampoco yo sería capaz de hacerlo. Pero ella pudo haber contratado a unos asesinos a sueldo. «Sólo quinientas pesetas por trabajo», había dicho Edmundo.

Si yo pudiera hablar con Pierre, tal vez éste me ofreciera algún consejo. Me parecía irónico estar trabajando para la misma causa y no poder colaborar el uno con el otro.

Entonces recordé el broche de Gloria, en forma de loro, que guardaba en mi bolso. Lo había dejado sobre mi cama. Hurgué en él ¡El broche había desaparecido! Oh, no..., debía de haberse caído en algún momento de aquella noche frenética. Me sentí todavía más desmoralizada, puesto que hubiera constituido una pista.

Al colgar mi abrigo, toqué casualmente un bolsillo y sólo entonces recordé que, antes de separarnos, Edmundo me había entregado su último informe.

Dispuesta a cambiar el catre por algo más cómodo, volví a mi dormitorio y me instalé en mi cama, y mientras el amanecer daba un tono violáceo a la habitación, y mis párpados se cerraban de pura fatiga, leí:

«Apreciado amigo Mozart:

»Me veo con la princesa Ratibor siempre que me es posible y puedo afirmar verídicamente que me he ganado su afecto. Para serle sincero, apenas andaba mediado nuestro último y romántico encuentro en Lisboa pude extraerle ya la confesión de que, efectivamente, le está pagando la Gestapo en Madrid —para mayor exactitud, Karl Wizner, que es su jefe— a cambio de que consiga todas las informaciones posibles. Pues bien, sólo cabía hacer una cosa. A fin de complacerme a mí y satisfacer sus deseos personales, tendrá que entregar a la SS un delicioso surtido de falsas informaciones. Ya ve, mi querido amigo, que, como si dijéramos, la Ratibor come el pan de mi mano. ¿Qué otra cosa podría hacer, sino obedecer? Estoy seguro de poder contar en adelante con la ayuda de la princesa, aunque, desde luego, el precio consiste en mis atenciones y ella es mujer de lo más exigente. Afortunadamente, se trata de algo que a mí me complace enormemente. Como siempre, le tendré al corriente acerca de los próximos acontecimientos. Y, por su parte, envíeme toda la desinformación que juzgue conveniente.

Top Hat»

Edmundo era un embustero increíble. No sólo me había dicho que la carta era una historia de espías fabricada por él, sino además se ofrecía para pasar falsa información al Eje a través de una agente alemana que ni siquiera existía. Y estaba tan orgulloso de su duplicidad como para invitarme a mí a enterarme de ella.

Cerrando los ojos, dormité y finalmente me quedé dormida, a pesar de recodar que era probablemente yo, y no Marta, la que había sido señalada para morir en esa cama.

El día siguiente era el 2 de mayo, una festividad que conmemoraba el día en que los españoles se rebelaron contra las tropas francesas que ocupaban su territorio y contra el hermano de Napoleón, que les había sido impuesto como rey. Me desperté tarde, y apenas llamé, Angustias entró en mi habitación.

—Don Juan Belmonte ha llamado dos veces, señorita, y ahora vuelve a estar en el teléfono.

La voz de Juanito mostraba agitación.

—Ayer salió usted corriendo de Villa Rosa antes de que pudiera preguntarle con quién irá hoy a verme torear. Espero que no sea con su amigo Edmundo.

—Nada de eso. Iré con Carola y con las dos chicas Ávila.

—Está bien. Procure no llegar tarde. Espero que sea una buena corrida, sobre todo tratándose de la primera que ve usted. Y es que nunca puede decirse cómo va a resultar una corrida. —La voz de Juanito revelaba un nerviosismo inusual—. A veces, el éxito depende más de los toros que del diestro. Si los toros no son bravos, si no atacan, al torero no le es posible hacer una buena faena. Es algo que debe usted comprender.

Me tenía absolutamente sin cuidado. Estaba todavía tan preocupada por los sucesos de la noche anterior que ver torear a Juanito no me interesaba. No obstante, procuré introducir en mi voz un tono de excitación.

—Me encantará verle en el ruedo y saber qué es lo que ocurre allí. No se preocupe.

—Verá también a Manolete. Es amigo mío, y siempre representa un aliciente encontrarse con él en la misma plaza. Espero que mis toros sean tan buenos como los suyos. Debe usted llegar a la plaza por lo menos quince minutos antes de la hora. Una corrida es lo único que en España empieza puntualmente.

Según Casilda, nuestras localidades eran sensacionales.

—Barreras de sombra —me dijo—, difíciles de conseguir y muy caras.

—Mira —dijo Carola, señalando a Gloria von Fürstenberg, sentada algo más abajo—. Fíjate en su sombrero. Seguro que lo ha comprado en París.

La condesa exhibía una elegancia exquisita, con un vestido azul marino con topos rojos y sus negrísimos cabellos sujetos en un moño muy prieto bajo el sombrero de amplia ala y color rojo vivo. Me pregunté si habría echado de menos su broche en forma de loro. Las mujeres que ocupaban las mejores localidades de barrera iban todas muy bien vestidas; muchas llevaban sombrero y algunas, mantillas de encaje negro con altas peinetas. Lola Flores estaba resplandeciente con su mantilla blanca y una peineta especialmente alta, y un pomo de claveles rojos detrás de la oreja izquierda.

—Gloria siempre se esfuerza en vestir de modo que llame la atención —comentó Nena—, y esto no es elegante.

—¿Quiénes son los hombres que están con ella? —pregunté.

Carola tenía respuesta para todo.

—Uno es el embajador alemán... ¿No lo conoces todavía, Aline? El otro es Walter Schellenberg, un nazi importante. Lástima, porque es muy guapo.

Por tanto, el nuevo jefe del departamento extranjero de la Gestapo se encontraba tan sólo a unos cuantos asientos de distancia. Le eché otra ojeada. Sí, sabía tanto acerca de él que era fácil odiarlo, y esto me agradaba. Temía empezar a mostrarme demasiado blanda con el enemigo, y no podía evitar sentir aprecio por Carola, pese a lo que su padre resultara ser.

—¿Y quién es aquella mujer de aspecto increíble, con aquel sombrero con plumas y el cabello rizado y anaranjado? —inquirí.

Se echaron a reír.

—Es Ana de Pombo —dijo Casilda—. Es una mujer extraña. Trabajaba en una de las grandes firmas de costura de París y acaba de regresar después de varios años en Francia. El sótano de su casa en Madrid está decorado en negro y ella baila flamenco mientras sus invitados toman el té a media tarde. ¿Te lo imaginas? ¡Flamenco a media tarde! Tiene un amante argentino veinte años más joven que ella. Ahí está ahora con ella —y Nena me indicó al hombre sentado al lado de Ana de Pombo.

Poco después, Casilda saludó con la mano a la hermosa y rubia hija de la duquesa de Alba y a su tía, la duquesa de Santoña.

Un murmullo general nos hizo mirar atrás en el preciso momento en que Franco entraba en la tribuna real, muy por encima de nuestras cabezas. Apenas se había sentado él, su mujer y su séquito, cuando el clamor de las trompetas anunció que iba a comenzar la corrida. Recordé la interpretación de Edmundo respecto a la lectura de naipes hecha por Mimosa. Un asesinato en una corrida de toros. ¡Franco!

Todo el mundo se sentó, la banda atacó un pasodoble, se abrieron las puertas de la parte opuesta del ruedo y empezó el desfile de toreros, picadores, banderilleros y peones, todos ellos con atavíos de reluciente seda adornados con pedrería y lentejuelas.

Casilda me agarró el brazo.

—¡Mira a Juanito! Es posible que cuelgue su capote de paseo en nuestra barrera.

Tuve que apartar mi mirada de Gloria von Fürstenberg, que al parecer entretenía a Schellenberg con su charla.

Juanito caminaba en primera fila, junto con Manolete y otro matador. Llevaba sobre su hombro su bordado capote de paseo que centelleaba bajo el sol, la exótica y negra montera cubría su frente hasta las negras cejas, y en su rostro había una expresión de férrea seriedad. Avanzaron al unísono a través de la dorada arena, moviendo sus chillonas medias rosadas al compás de la música, y encaminándose directamente hacia el palco presidencial, inmediatamente por encima de nosotras y junto al de Franco. Juan se inclinó profundamente, saludando al presidente de la plaza, montera en mano, y los otros hicieron lo mismo. Después se volvió hacia uno de los peones, le entregó su resplandeciente capote de paseo y señaló con la cabeza hacia nosotras. Un minuto después, el capote de paseo estaba desplegado frente a nuestros asientos. Mis amigas se mostraban extasiadas.

Los diestros efectuaron unos cuantos pases de prueba haciendo girar sus capas amarillas y rojas, las trompetas anunciaron que iba a salir el primer toro, y entonces vi un perfil familiar que estaba dirigiendo la palabra a Schellenberg. Estupefacta, seguí mirando hacia allí.

—¿Qué te ocurre, Aline? Vas a perderte la actuación de Manolete.

Carola me contemplaba, incrédula. Yo estaba temblando. El hombre que hablaba con Schellenberg era el individuo que había salido corriendo de Villa Rosa la noche anterior. El mismo que había disparado contra nuestro taxi.

No quise que Carola advirtiera mi estupor y de nuevo dirigí la mirada hacia el ruedo.

El gran Manolete era delgado, con un rostro grisáceo y ojeroso, y no me impresionó con su primer toro. En realidad, decidí que las corridas eran un espectáculo cruel y desagradable. Nunca más iría. Casilda me explicó que el toro había salido manso y Manolete había tenido que matarlo en seguida, sin concederse tiempo para una faena que demostrara su habilidad y coraje. Nos levantamos, como hizo la mayor parte del público, mientras el toro muerto era sacado a rastras del ruedo por dos mulillas tiradas por unos hombres de blusa roja que hacían restallar largos látigos.

—Son los monosabios —me explicó Casilda—. Lo bastante sabios como para no enfrentarse al toro.

Contemplé la plaza. El hombre había desaparecido, y Schellenberg y Gloria parecían contarse algo divertido. ¿Quién hubiera podido pensar que entretanto se estaba librando una guerra?

De nuevo resonaron los clarines y un toro gigantesco, blanco y negro, entró impetuosamente en el ruedo. Pude oírle resollar como una locomotora cuando trotó ante nuestros asientos. Sólo esa bestia feroz y salvaje, que corría en busca de una víctima, ocupaba ahora la arena, pero de pronto, con un toque dramático, apareció Juanito por detrás de una pequeña barrera, alzando su llameante capa roja, agitándola para atraer a la bestia y gritando.

—¡Eh, toro, toro!

El público como una sola persona, contuvo la respiración expectante. El toro pasó al ataque. Cuadruplicaba sobradamente el tamaño de mi amigo y deduplicaba su peso.

También yo contuve el aliente, horrorizada y sin saber qué podía ocurrir. Tuve la impresión de que el animal atravesaría con sus cuernos a Juanito. Le acometía directamente, y él estaba solo en el enorme ruedo. Y entonces el toro embistió la capa, alzándola en el aire, como si fuera de gasa. Un segundo más tarde, la fiera se revolvió y de nuevo atacó a su víctima, todavía más enfurecido y dispuesto a hacerla pedazos. Olvidé a Schellenberg, la guerra y mi misión. Había allí una excitación que yo no hubiera imaginado nunca: intensa, abrumadora, hipnotizante..., una lucha a muerte representada ante mis ojos. ¡Y la víctima indudable era un amigo! ¿Cuánto tiempo transcurriría? Otra vez el toro cargó contra el hombre, seguro esta vez de despedazarlo. Juanito se ciñó más la capa al cuerpo, y en el preciso instante en que la bestia llegaba junto a aquella gruesa prenda, el torero giró sobre sí mismo, con la capa aleteando alrededor de su cuerpo, dejando que el animal embistiera el vacío. El público lanzó un grito al unísono: «¡Olé!» Me relajé, pero sólo por un segundo. Juan burló al toro varias veces, aunque los cuernos le rozaron el cuerpo mientras la fiera corneaba la capa y arremetía vanamente contra ella. Juanito se movía grácilmente, con facilidad, como en cámara lenta, desplazándose cada vez en el momento preciso para esquivar los afilados pitones de la marfileña cornamente del toro.

Y entonces ocurrió lo inevitable. Al pasar junto al torero, el toro lo enganchó con un cuerno muy de refilón, pero ello bastó para que Juanito fuese lanzado al aire. Los peones, tres de ellos a la vez, irrumpieron en el ruedo, agitando de un lado a otro sus capas. Juan yacía inerte en el suelo y tuve la seguridad de que había muerto. Mis manos se aferraron a la barandilla de hierro. Los hombres se quejaron y las mujeres chillaban. Tanta era la fuerza del toro que con su pitón izquierdo había levantado a Juan como un muñeco de trapo. Una de las manoletinas de Juanito destacaba en la arena, lejos de su dueño.

Y entonces, con gran sorpresa por mi parte, Juanito se

levantó de un salto. Un reguero de sangre descendía por sus calzones de seda verde bordados, y su centelleante chaquetilla mostraba un amplio corte. Pero corría de nuevo hacia el toro con la capa roja en la mano, como si nada hubiera ocurrido, con más determinación incluso que antes. Con un gesto a la vez insolente y furioso, retó al toro mientras ordenaba a los peones que desaparecieran. Esta vez, cuando el toro atacó, Juan estaba preparado. Sabía ahora que el animal embestía por la izquierda, y por tanto Juanito se le acercó, y mucho, por la derecha. La multitud lanzó un grito prolongado, agonizante, que duró hasta que el animal hubo embestido la capa, y seguidamente todo el mundo se puso en pie, chillando en un delirio de alegría. Yo permanecí sentada, exhausta. Lo que acababa de presenciar era increíble. Incluso había olvidado que el pistolero de la pasada noche se encontraba en algún lugar de la plaza.

Los picadores entraron en el ruedo, jinetes en sus caballos acolchados. El mozo de espadas de Juan, el mismo que había llamado a mi puerta aquel primer día, corrió a su lado para examinar el corte por debajo de la chaquetilla. Juan lo apartó y entró de nuevo en el ruedo. Tras haber recibido el toro los puyazos, no sin antes derribar a dos caballos con sus jinetes, y después de haberle clavado los banderilleros en el cuello tres pares de banderillas adornadas con tiras de papel multicolores, Juan cogió la capa roja de franela y se aproximó al animal para acometer la parte más importante de la faena.

De nuevo atrajo al toro cerca de su cuerpo, describiendo un círculo tan reducido que el animal casi se dobló en dos, enrollado como una toalla alrededor de la cintura del torero y con los cuernos a un par de centímetros de éste. Cada movimiento era un dechado de elegancia, ligereza y precisión. Una y otra vez, Juan alejaba al animal con un vuelo de su capa, para dirigirse después hacia el público, dando la espalda al toro en una arrogante exhibición de desplante. Y cada vez la multitud rugía entusiasmada. Finalmente, mató al animal con una sola estocada de su larga y bruñida espada.

Después de dar Juan la vuelta al ruedo, seguido por sus peones, que recogían las flores, sombreros y cigarros que el entusiasta público le lanzaba, se detuvo ante nosotras para arrojarme la oreja que le había sido concedida como recompensa. Su gesto fue tan inesperado que apenas pude coger al vuelo aquel objeto horrible.

—Qué suerte, Aline..., conseguir que un torero famoso te ofrezca una oreja en tu primera corrida...

Contemplé, divertida, aquel trofeo repugnante que tenía en la mano. Sí, tenía suerte. Siempre la había tenido.

Y entonces recordé al posible asesino. No había ni rastro de él. Schellenberg estaba hablando con la esposa del embajador. Miré más arriba y, con sorpresa, vi que Edmundo estaba allí, acompañado por dos hombres a los que yo nunca había visto. Pensé que debía de ser terrible para él asistir a una corrida de toros cuando su amigo acababa de morir. Me vio y me indicó con un gesto el palco de Franco. Estaba lleno de guardias civiles y policías, pero no había vestigio del Generalísimo. Volví a mirar a Edmundo, cuyos ojos se movían de un lado a otro. No pude comprender lo que ocurría, pero entonces vi que dos guardias civiles corrían a través de las filas de asientos debajo del palco de Franco. Más abajo, había también policías que recorrían precipitadamente otras filas, y alrededor de nosotras pude oír que la gente murmuraba. Pregunté a Casilda qué estaban diciendo.

—Dios mío —me dijo—. Alguién ha tratado de matar a Franco.

—¿Ha muerto? —inquirí.

—Al parecer, el que disparó falló el tiro. Dicen que Franco ha salido por su propio pie.

—Franco está a salvo —era el murmullo que circulaba entre la muchedumbre—. Franco está ileso.

Sonaron de nuevo las trompetas y la gente se volvió hacia el ruedo. Un minuto después, el incidente parecía olvidado y la atención del público se concentraba en las actividades que tenían lugar en la arena. Confusa por tantas emociones, apenas vi la siguiente faena.

Al final, la opinión general era la de que Belmonte había sido el héroe de la tarde. Y yo me sentía impresionada. Había de ser todo un hombre para enfrentarse a la muerte casi a diario, sin mostrar miedo o nerviosismo en ningún momento. Para poder reírse conmigo al día siguiente, sin aludir por un solo momento al peligro.

Telefoneé a Edmundo apenas llegué a casa. Él no se encontraba en la suya y por tanto le dejé un mensaje para que me llamara. Cuando lo hizo, nuestra conversación fue breve.

—Sí, Franco salió ileso. Están buscando al hombre.

—¿Cómo sucedió?

—Un disparo durante la corrida, cuando la gente aclamaba al gran Belmonte... Naturalmente, nadie pudo oír nada. Y ahora ¿qué me dices de mi divina Mimosa y de sus lecturas?

La llamada a Edmundo había llegado en el momento justo. Yo había prometido a Juanito cenar con él si la corrida resultaba satisfactoria, y ya me estaba esperando abajo. Tal vez yo me hubiera convertido en una de sus *fans*. Juan notó la diferencia cuando me abrió la puerta del coche, y al inclinarse para cerrarla, me fijé por primera vez en sus dedos delgados pero fuertes y morenos. Mientras bajábamos por Monte Esquinza no cruzamos ni una palabra, pero después me volví hacia él.

—¿Qué puedo decirle? He estado tratando de pensar en un cumplido totalmente original, algo que todavía no haya oído, pero no se me ocurre nada Juanito, ¡es usted extraordinario!

Sonrió levemente.

—Gracias, Aline. En boca de una americana, es original. Pocos de sus compatriotas entienden el arte del toreo.

—Su faena fue increíble. Pero el toro apenas tiene oportunidades.

Se envaró.

—Ahora sí que habla como una americana. ¿No cree que la arena es un final más glorioso que un matadero en Chicago? Aquí, el toro tiene tantas posibilidades como su matador... Cada temporada mueren varios toreros o quedan malheridos. A esos toros se les cría para la lucha y la anhelan. Atacan cualquier cosa que se mueva..., no sólo a una capa roja y a un torero, sino incluso a un coche en movimiento.

El nuevo respeto que sentía por él me hacía más fácilmente influenciable. El día antes no hubiera creído ni media palabra de lo que me decía.

—Sepa, Aline, que para comprender a España tiene que desterrar sus ideas extranjeras. No puede juzgar a otros países como haría con el suyo. Cada país tiene sus costumbres, que se han desarrollado a causa de su clima, su geografía o sus necesidades. El toreo fue inventado por nuestros antepasados para defenderse contra el ataque de los toros salvajes, que siempre han existido aquí. Hoy la corrida celebra a la vez el valor del hombre y el de la bestia. Si se ejecuta con gracia, el toreo es una experiencia incomparable.

—Lo es —accedí de buena gana.

Apenas llegamos a Guria, una tasca famosa por su cocina vasca, Juanito se vio asediado por sus admiradores, pero finalmente nos acomodamos en un rincón confortable ante dos cazuelitas en las que siseaba el aceite hirviendo donde se cocían las angulas.

—Juanito, dice Edmundo que se ha publicado una novela sobre su vida.

Una mirada me indicó que no era prudente mencionar el nombre de Edmundo.

—Creo que su amigo es un... un... pisaverde.

Sonreí.

—Dice esto porque no le conoce. Admito que Edmundo es un tipo un poco especial, pero es un buen amigo.

Juanito frunció el ceño y arrugó su prominente nariz.

—Tengo que confesarle una cosa, Aline. Soy un hombre muy celoso.

Me eché a reír.

—¡Pues yo todavía no me había enterado! Hábleme de esa novela.

—Mi historia no tiene nada de feliz. Mi madre nació en una familia pobre de Sevilla, y también mi padre. Se enamoraron, y después él se convirtió en el mejor torero del mundo. Pretendían casarse cuando él regresara de sus corridas en Sudamérica. Poco después de marcharse él de España, mi madre descubrió que estaba encinta. Su padre la expulsó de su casa y ella se ganó la vida como costurera... hasta que él regresó. Pero mi padre se había casado con una chica peruana muy rica y, cuando volvió, se negó a saber nada de mi madre ni de mí. Yo ya tenía diez años cuando me reconoció legalmente. No tenía otra alternativa, puesto que me parecía tanto a él que la gente me paraba en la calle para decirme: «¡Tú has de ser el hijo del gran Belmonte!»

»Me hice torero, no porque me gustara, con sinceridad, no me gusta, Aline, sino porque era la única manera de enriquecerme lo bastante como para pagarle a mi madre todos los sacrificios que ella había hecho por mí. Ya sé que nunca seré un diestro tan grande como mi padre, pero al menos hoy puedo pagarle a mi madre cualquier lujo que ella desee. Por consiguiente, que escriban sobre mí lo que se les antoje. Yo he conseguido lo que más deseaba. —Sonrió con modestia—. ¿Usted me comprende?

—Sí, yo le comprendo.

Juanito mejoraba en mi opinión con cada minuto que transcurría.

19

Cuando Mozart volvió de Argel, le informé acerca del asesinato de René Blum y del fallido atentado contra Franco. La censura no había permitido que apareciera ninguna mención al respecto en la prensa o la radio de España.

Mozart tamborileó con los dedos sobre su despejada mesa durante mis prolongadas explicaciones.

—Tal vez la marquesa fuera una fuente de información más fiable de lo que suponíamos —admitió de mala gana.

Abrió la boca como para seguir hablando, pero se contuvo. Era evidente que algo no le permitía decidirse, pero finalmente abrió uno de los cajones inferiores de su mesa, con una llave que sacó de su bolsillo derecho. Me enseñó una cajita negra.

—Tengo el deber de entregarle esto.

Se pasó la bruñida cajita de una mano a otra, y finalmente me la entregó.

Yo no necesitaba abrirla para saber qué contenía. La «píldora L». Bastaba con darle un breve mordisco —se nos había dicho que utilizáramos preferiblemente las muelas— y la muerte se producía instantáneamente.

—Lo que yo aconsejo es mantenerse en guardia —dijo Mozart—. La protegeremos tanto como sea posible, pero tenga en cuenta que la mayoría de nuestros agentes ya tienen una cajita como ésta.

Al regresar a la sala de códigos, tuve que enfrentarme con la realidad de mi miedo. En las muertes de Marta, Mimosa y Blum había más de lo que Mozart quería decir. El motivo principal de la píldora L era el de permitirle a un agente que se abstuviera de divulgar informaciones vitales y de delatar a sus colegas, bajo los interrogatorios y la tortura.

Sumida en mis preocupaciones y mirando a través de la

ventana advertí que estaba contemplando el jardín de Carlos Beistegui. Recordé su invitación y decidí que nadar un poco tal vez pudiera mejorar mi estado de ánimo. Cecilia me preparó una comida para llevarme —un poco de pescado frito, tortilla de cebolla y unos cuantos albaricoques— y una hora más tarde llamé a la puerta del jardín en la calle de Fortuny. El guardián de la finca me acompañó, a través de castaños y de rosadas adelfas, hasta una pequeña piscina rectangular, junto a la cual un hombre de unos cuarenta y cinco años, delgado y distinguido, estaba almorzando al aire libre. Cuando me vio, se levantó y se inclinó cortésmente. El guardián me indicó una habitación en la que cambiarme. En el espacio disponible, procuré no tocar las ropas del bañista, me puse mi traje de baño y salí, para ocupar un lugar en el extremo opuesto de la piscina. De nuevo, aquel caballero se puso de pie hasta que yo me senté, pero no pronunció ni una palabra. Siguió leyendo los papeles que contenía su atiborrada cartera de mano y yo me tendí para tomar el sol.

Mi silencioso compañero se tiró en la piscina y la cruzó nadando unas cuantas veces. Cuando salió, esperé unos minutos e hice lo mismo. Durante las dos horas que pasamos los dos allí, ambos procuramos no interferir el uno en el otro. Agradecí el poder tomar el sol y leer sin tener que dar conversación. Maravillosamente discretos estos españoles.

Mis cabellos todavía estaban mojados cuando regresé a casa y encontré a Edmundo repantigado en un sillón, saboreando un whisky con soda. Había desaparecido de mi vida desde la corrida de Juanito y ni siquiera su sirvienta contestó cuando le telefoneé.

—Se trata tan sólo de una de mis temporadas de malhumor —explicó al observar mi expresión de sorpresa.

Le compadecí. Naturalmente, se sentía deprimido a causa de la muerte de su amigo. Y yo también. Había transcurrido una semana y ni un solo día había dejado yo de preguntarme quién podía haber cometido el crimen.

—No te sentirás tan resignada cuando te explique mis motivos. —Se incorporó en su sillón y se quitó las gafas—. René no ha sido enterrado.

—¿Qué quieres decir?

—Cuando telefoneé a su criada el día después del asesinato, para saber la hora del entierro, la mujer se mostró horrorizada. No sabía dónde estaba él y me dijo que la casa estaba patas arriba y que alguien había robado el piano. Es una criada fiel, y de saber que él estaba muerto me lo hubiera dicho. Por tanto, ya ve. Alguien se llevó el cadáver y el piano como si dijéramos en mis propias narices. Soy una calamidad como espía. Llevo toda una semana buscando pistas.

Me senté. ¿Qué más podía ocurrir ya?

—Pero ¿cómo puede desaparecer una cosa tan enorme como un piano de cola sin que lo viera alguien de la casa?

—No creas que no he interrogado a la criada, al portero de la casa y a los vecinos del piso superior. Bajo el suyo, sólo había un apartamento vacío. O bien les han untado con dinero o temen por sus vidas. Sospecho que el portero sabe más de lo que aparenta, y que alguien le está presionando.

—Parece como si Lilienthal estuviera metido en el asunto —sugerí—. Estaba en Villa Rosa con el mismo grupo de aquel pistolero, y también Gloria podría estar implicada. Recuerda aquel broche que había en el apartamento de René.

—Yo he llegado a la misma conclusión. Por esto me encuentro aquí. Tú puedes ayudar, porque los conoces mejor que yo y tienes acceso a ellos a través de sus jóvenes amigas. Sin embargo, yo creo que sólo hay una persona que trabaja en solitario. ¿Por qué?, me preguntas. En primer lugar, Himmler es demasiado paranoico para depositar su confianza en más de un cocinero... Ya conoces el antiguo proverbio: demasiados cocineros estropean el guiso. En segundo lugar, no te creo tan ingenua como para suponer que cualquiera de los componentes del Trío de Traidores confía en los demás ni por un solo minuto.

»Ahora bien, no he averiguado, acerca de la muerte de Blum, absolutamente nada más de lo que ya sabíamos. Parece lógico suponer que aquel forajido al que perseguimos y que a su vez nos persiguió (nunca le perdonaré aquel feo e innecesario disparo) anda mezclado en todo esto. Mi suposición es que un pistolero, un esbirro, efectúa el trabajo sucio. Pero ¿para cuál de ellos? Ésta es la pregunta a la que tenemos que contestar.

—Mozart me dijo que quiere pruebas contundentes. Y esto me recuerda una cosa... Adivina qué perdí aquella noche, además del sueño. El broche en forma de loro, con brillantes y rubíes, de la Fürstenberg.

Edmundo sonrió y me dijo a modo de tierno consuelo:

—Bueno, ¿qué cabía esperar yendo de un lado para otro como un par de locos? Nadie es perfecto.

—Vale, pero yo sigo siendo una chica que trabaja y tengo que mantener las apariencias. He de ir a la oficina.

Bajamos a la calle y paramos un taxi. Ya eran las cinco de la tarde. Cuando entré, Jeff me dijo:

—Mozart te está buscando. Ha preguntado una docena de veces cuándo volverías.

Me dirigí al despacho de Mozart y llamé a la puerta.

—Adelante —ordenó. Su saludo consistió en ir directamente al grano—. ¿Alguna noticia sobre Blum?

Le conté lo que Edmundo había descubierto. Meneó la cabeza unos segundos, con expresión de pesimismo y finalmente me dijo:

—Siéntese, Tigre.

Obedecí y me quedé mirándole. Apoyaba los brazos en su enorme mesa de trabajo, que, excepto un teléfono y un secante, presentaba como de costumbre una superficie lisa y despejada, carente de todo objeto. Me pregunté si guardaba los papeles y lápices antes de cada reunión. Siempre parecía perfectamente dueño de sí mismo, pero lo extraño era que sus ojos, unas cuentas duras y marrones que resultaban absurdas en un corpachón tan gigantesco, a menudo evitaban tímidamente los míos. Tal vez las mujeres le hicieran comportarse con esa timidez, pero ¿cómo iba yo a saberlo? Sólo había visto a mi jefe fuera de esas oficinas aquella vez en mi apartamento, y por lo tanto yo seguía considerándolo todavía como una anomalía: un ser voluminoso, exigente y... algo más. ¿Qué era? Imposible decirlo. Bajo la luz mortecina parecía menos exuberante, menos contundente. Ardían tres bombillas de poca potencia en aquel cuarto parecido a un mausoleo y los postigos cerrados impedían la entrada de la ya menguante luz diurna y de los ruidos procedentes de la calle de Eduardo Dato y de la Castellana.

—Tenemos algo para usted —me comunicó a media voz—. Al parecer, hoy no puede viajar nadie que tenga más experiencia. —Creí verle suspirar. ¿Sería a causa de su desilusión?—. Se marchará esta noche. En el tren de las diez, a Málaga.

Tragué saliva.

El jefe hizo una pausa, tal vez esperando una respuesta, pero Edmundo me había advertido hacía ya mucho tiempo: «Con él, mantenga la boca cerrada. Lo hace todo a su aire». Un escalofrío de expectación recorrió mi espalda, pero, silenciosamente y sin la menor expresión, seguí esperando.

—Su amigo Edmundo la llama «nuestra fachada elegante». Bien, espero que esto redunde en mi ventaja. Aparentemente, usted aprovecha un fin de semana para ver algo más de este país extraordinario. Es usted una frívola joven norteamericana que hace turismo. Por otra parte, puede resultarle saludable que la saquemos unos días de Madrid.

Ninguna inflexión en su voz delataba sus intenciones. Hablaba como un empresario de pompas fúnebres o como un cirujano.

Abrió un cajón y sacó algo muy bien protegido por un sobre transparente. Lo alzó; brillaba, a pesar de la penumbra.

—Sin duda, ha oído hablar del microfilm. —La palabra era exótica, pues pertenecía a la más reciente tecnología—. En este cliché están los nombres y direcciones de españoles dispuestos a ocultar, y ayudar, a nuestros agentes en la ruta clandestina desde Málaga hasta los Pirineos. Es la culminación de... yo diría como un año y medio de «investigación»... y una investigación muy tediosa, como usted ya debe saber. Es la compilación de los esfuerzos de cuatro colegas. Debo hacer llegar esto a Blacky sin tardanza. Es su contacto en Málaga y acaba de llegar de Argel a bordo de una lancha torpedera y después en una barca de remos hasta la costa. Blacky y los que han llegado con él necesitan de inmediato viviendas seguras.

Sacó el rollo de película de su envoltorio y lo sostuvo entre dos dedos.

—Todo esto es un trozo diminuto de película... ¿ingenioso, verdad? No le diga ni una palabra a Blacky cuando le vea. —Meneó la cabeza, siempre sin sonreír—. ¡Qué no daría la policía secreta de Franco para echar un vistazo a esto! Ni siquiera puedo imaginarlo. Levántese.

Parpadeé involuntariamente y me levanté.

Y entonces el jefe se alzó ante mí y de pronto nos encontramos cara a cara. Di un paso atrás. Podía notar su olor a tabaco. Alerta y nerviosa, permanecí, quieta, rígida.

—Lo llevará así —me explicó—, sólo que por debajo del vestido.

Empezó a enrollar la cinta del microfilm alrededor de mi cintura. Extrañamente, las manos de aquel hombre enorme y desgarbado con su traje marrón de confección, se mostraban torpes al moverse en torno a mi cuerpo.

—Tendrá que utilizar esparadrapo. No le resultará cómodo, eso se lo puedo asegurar.

Después volvió a enrollar la película hasta formar un cilindro compacto y la metió en el sobre de celofán, que depositó en una esquina del desnudo escritorio. A continuación, me indicó una mesa situada junto a la cerrada ventana. Había encima de ella una lámpara de una sola bombilla y una maleta nueva.

—Le hemos preparado esta maleta —explicó, abriéndola.

En el fondo de la maleta había un maletín de mediano tamaño.

—Dentro, hay un transmisor. —Utilizando ambas manos, manipuló la maleta hasta desmontar una parte de ella: era un falso fondo. Abrí los ojos de par en par. Relucía allí una automática Colt ultraligera, como un pez plano y centelleante—. Un regalo para Blacky —me dijo con indiferencia—. Métala en el maletín cuando llegue a su hotel. En el último momento posible, antes de establecer contacto, tendrá que sacarse la película de la cintura y meterla también en el maletín. Ya comprende que esto es una precaución adicional. Si por alguna razón, por cualquier razón particular, le ocurriera algo a la maleta, no encontrarían la información incriminadora..., a no ser, desde luego, que llegaran hasta usted.

Me miró enarcando las cejas.

—¿Trata de asustarme? —le pregunté, y en seguida me arrepentí de ello.

De pie los dos, guardamos un silencio absoluto en aquel despacho enorme y mal iluminado.

Ni una sombra, ni el menor cambio de expresión, cruzaron su cara. Ni siquiera me miró cuando siguió hablando fríamente:

—Veamos ahora sus medidas de seguridad. Mañana, a las dos y media de la tarde, Blacky estará sentado en el banco posterior de la catedral, en el centro de Málaga. Llevará al cuello una bufanda blanca. Arrodíllese en el mismo banco durante unos minutos. Entréguele el maletín y el microfilm, si nadie les observa. De lo contrario, deje ambas cosas cuando se levante para marcharse.

»Si por algún motivo falla este encuentro, el número dos tendrá lugar a las seis y media de la tarde, el mismo día y en el mismo lugar. El encuentro número tres sería a las dos y media del día siguiente. En España, las iglesias siempre están abiertas. Si surge algún problema o se produce alguna emergencia, llámeme. Si hay peligro de que puedan escuchar su conversación, utilice su código personal. ¿Cuál es?

—Shakespeare veinticuatro —contesté.

—Dígame qué versos.

Le miré fijamente.

—«Pues a través del pintor debes ver su talento / Para saber dónde está tu auténtica imagen pintada.»

Juro que casi sonrió, o llegó tan cerca de la sonrisa como le permitían sus facciones.

—Me gusta esto —dijo, aunque casi sin entusiasmo—. Me gusta de veras. —Reflexionó unos instantes y después, alzando un dedo, añadió—: Recuerde esto, Tigre: «Pero los ojos necesitan este secreto para ampliar su arte; / Sólo dibujan lo que ven, y desconocen el corazón.»

Y dicho esto, dio media vuelta y regresó a su mesa de trabajo.

¡Sorprendente! ¡Le gustaba mi soneto predilecto! No me moví. La mesa escritorio nos separaba, pero estábamos más cerca que antes.

Abrió un cajón.

—Aquí tiene su billete para Málaga. Puede que haya problemas en el tren. Una nueva disposición exige que los viajeros lleven salvoconductos. Los alemanes recibieron estos permisos de viaje hace una semana, pero nosotros todavía esperamos los nuestros. Es probable que usted se las arregle sin él..., gracias a su edad y todo lo demás. Aunque yo tuviera un hombre disponible, no podría enviarlo allí. Y si la detienen, ingénieselas para destruir el microfilm. Esto por encima de todo.

Reinó el silencio y hubo unos momentos embarazosos. Se oyeron los pasos de alguien que atravesaba el corredor.

De pronto me miró cara a cara, y un cambio —no pude descifrarlo, pues fue muy sutil— iluminó la suya.

—Tal vez le interese saber que no tengo la intención de asustarla. No me agrada enviarla, a usted o a quien sea, a un peligro. Se trata tan sólo de una parte desagradable del oficio. Lo hago lo mejor que puedo. —Después, lentamente y con sencillez, dijo—: Yo no pedí ser un ejecutor. —Hizo una pausa—. Sepa que tengo mis sentimientos, aunque tal vez esto le cause una sorpresa.

Inmediatamente bajó sus ojos diminutos y volvió a ser el mismo de siempre, mudo y hermético.

20

Mientras me preparaba el equipaje sonó el teléfono.

—Hola, extranjera. La he telefoneado muchas veces, pero es imposible encontrarla.

—Ay, Juanito, ¡me alegro de que me llame! Quería verle.

—Muy bien. ¿Cenamos juntos esta noche?

—Me encantaría..., pero no puedo. Me marcho por unos días. A propósito gracias por los nuevos claveles.

Los ramos de flores de Juanito, que me llegaban uno tras otro, habían transformado mi apartamento en un invernadero permanente.

Su voz se enfrió.

—¿Adónde va?

—A Málaga.

—¿Y con quién va?

—Voy sola.

—¿Por qué se muestra tan misteriosa en todo lo que hace, Aline?

Aunque procurase ser amable, era evidente que la paciencia de Juanito se agotaba.

—No hay ningún misterio. Mi jefe me ha dicho que me tome unos días de descanso, y Málaga es un lugar que yo ansiaba visitar años antes de saber que vendría a España. He estado trabajando de firme y necesito descansar.

—Tengo una gran idea. ¿Qué le parece si voy yo también y le enseño la ciudad? Tengo allí un amigo que es el mejor cantaor de España. Organizará, en su honor, un tablado flamenco.

—Gracias, Juan, pero no —me apresuré a contestar—. Si fuera usted allí conmigo, todos creerían que yo era su novia. Usted ya lo sabe. Además, ¿no ha de torear el lunes en Barcelona? Pues si viene a Málaga, ¿Cómo llegaría allí a tiempo?

—¿Y qué cree que hacemos los toreros en plena temporada? —exclamó—. Viajamos toda la noche en coche y nuestras cuadrillas nos siguen en otro. A menudo, llegamos con el tiempo justo para comenzar la corrida. Yo lo hago casi cada día en julio y agosto.

—Si llegara a Barcelona muy cansado y sufriera una cogida, yo me sentiría responsable.

—Y si usted se preocupara tanto por mí, creo que valdría la pena —replicó.

Mi fingido desvelo no le había engañado.

—Juan, cenaremos la semana próxima.

Suspiró.

—A los toros los comprendo, pero a las mujeres nunca. Pienso ya en la semana próxima y espero que tenga un viaje relajante, si esto es lo que desea. —Hizo una pausa—. Aline...

—¿Sí?

—¡Cuidado!

—Lo prometo.

Al colgar, lamenté que nunca fuese Pierre quien llamara. Y puesto que no telefoneaba, supuse que se encontraría en Francia volando puentes y carreteras, la tarea más peligrosa en la OSS.

Una violenta tormenta azotó Madrid aquella noche, unida a un brusco descenso de la temperatura. El destartalado taxi recorrió la Castellana; una ventanilla rota y remendada con cinta adhesiva negra se estremecía con cada ráfaga de viento como si fuera a saltar hecha pedazos. Unas cuantas siluetas se escurrían por las calles, tapadas las bocas por bufandas cuyos extremos revoloteaban tras ellas como colas de cometas. «Hay que taparse la boca cuando sopla el viento de noche..., pues lleva microbios», me había dicho Angustias a menudo.

Apareció la cúpula dorada de la estación de Atocha. Antes incluso de que el taxi se detuviera del todo, chiquillos harapientos golpeaban ya la portezuela, tendidas sus manitas para pedir unos céntimos.

El resplandor amarillento de los vacilantes faroles de gas iluminaba el bullicio reinante en el interior, con gente, paquetes, cajas y baúles moviéndose en todas direcciones. Al abrirme camino hacia el andén número cuatro, dos mujeres gordas vestidas de negro y con pañoletas negras en la cabeza pasaron ante mí transportando sus cosas en polvorientas bolsas de lona. Jóvenes soldados con maltrechos uniformes caqui iban de un lado a otro, y un viejo desaliñado me invitó, desde un mostrador improvisado a comprarle churros que vendía envueltos en aceitosas bolsas de papel. Al final de una cola para adquirir los billetes, una mujer embarazada mecía entre sus brazos a un gimoteante bebé, mientras otro crío dormía acurrucado a sus pies.

Cuando llegué al coche cama número dos, el revisor comprobó mi nombre en una lista que llevaba en una carpeta. Antes de subir, eché un vistazo a los pasajeros. Fue una suerte. En aquel momento subía a otro coche, dos más allá del mío, un hombre rechoncho con un sombrero de ala ribeteada y un abrigo largo con cuello de terciopelo... y que llevaba monóculo. Lazaar. Le seguía su criado, cargado con varias almohadillas y lo que parecía ser ropa de cama. ¿Qué estaba haciendo allí Lazaar? Rápidamente, trepé al vagón.

El compartimiento era lujoso y anticuado. Gruesas cortinas aterciopeladas de color granate, visillos blancos de encaje en la ventana, un sofá tapizado de rojo, una mesa de caoba barnizada en el ángulo y un reluciente pomo de latón en la puerta. A través de una puerta, pude ver el lavabo de mármol y un espejo victoriano de cristal tallado. Era una lástima que no pudiera hacer en paz ese viaje.

Sonó un pito para indicar la salida. Desde la ventanilla vi a un oficial del ejército que saltaba al tren en el último momento. Después, otro hombre me llamó la atención. Había algo familiar en su tipo más bien bajo y rechoncho, las bolsas de su traje y un aire que no correspondía al usual en un pasajero de primera clase. Abrí mi puerta cosa de un centímetro cuando entró en el estrecho pasillo. Se había detenido para hablar con el revisor, al que entregó un puñado de billetes. ¿Eran imaginaciones mías, o había visto varias veces a ese individuo en la esquina de mi calle?

Me senté. No me atrevía a moverme. Lazaar se encontraba en el tren y aquel hombre de aspecto patibulario podía ser su esbirro; o bien un pasajero más, que acababa de pagar su billete. Quise esperar que Lazaar ignorase que yo me encontraba en el tren.

Di unas palmadas a la maleta que contenía el transmisor y la pistola y pasé la mano sobre la tira del microfilm. Después de todo, era tan sólo una cuestión de horas. El día siguiente, a las dos treinta y cinco, todo habría concluido.

Un golpe en mi puerta me hizo saltar. Estaba todavía más nerviosa de lo que había pensado.

—¿Quién es?

—Policía, señorita.

Cautelosamente, entreabrí la puerta, manteniendo puesta la cadena.

En el pasillo había un hombre con una placa reluciente en su uniforme. Su faz era inexpresiva.

—Su pasaporte, por favor, señorita.

Quité la cadena de la puerta y se lo entregué.

—Ahora su permiso de viaje, si me hace el favor.

—¿Permiso de viaje? ¿A qué se refiere?

—Señorita —me dijo el policía—, debería usted saber que hay una nueva reglamentación para los extranjeros. No se puede salir de Madrid sin ese permiso. Seguramente, usted lo sabía ya.

Fingí compunción.

—No. No lo sabía, y lo siento muchísimo.

—En este caso, mañana por la mañana tendré que acompañar a la señorita a la comisaría, en Málaga.

Y meneando la cabeza, se dirigió al compartimiento siguiente sin hacer caso de mis ruegos para que reconsiderase el asunto.

Me sentí enojada conmigo misma por no haber sabido solventar el problema. Cubriéndome los hombros con mi chaqueta, me acurruqué en un rincón junto a la ventanilla. Afuera, todo era oscuridad, sin que se viera ni siquiera el perfil de un árbol o el calor de una luz. El viento gemía implacable, y también mis sentimientos. Ir a la comisaría podía representar una grave complicación, especialmente si la policía abría mi equipaje.

No tenía la intención de desnudarme y acostarme en mi litera, pero el traqueteo del tren acabó por sumirme a medias en el sueño. Aunque traté de mantenerme despierta, con la luz encendida y de cara a la puerta, dormí profundamente hasta que, bajo la luz del día, el tren franqueó las montañas de los alrededores de Málaga. Ésta era la región atestada de los bandidos, descrita un siglo antes por Prosper Mérimée y Théophile Gautier. Y seguía siendo igualmente cautivadora, con verdes campos de caña de azúcar, gráciles palmeras y extensiones de flores silvestres parecidas a vívidas alfombras multicolores. ¿Cómo podía haber guerra en algún lugar? Desde luego, no aquí, en este paraíso que no podía albergar ningún peligro.

Cuando salí al pasillo, el policía ya me estaba esperando, preparado. También lo estaba yo, con un fajo de billetes en la mano. Con mi sonrisa más inocente, le dije:

—¡Le agradecería tanto que me permitiera ir directamente a mi hotel! Sólo dispongo de dos días para ver esa ciudad tan hermosa.

El agente me miró con severidad.

—Marcelo Domínguez no acepta sobornos, señorita. Iremos directamente a comisaría.

El tren había entrado ya en la estación y el hombre cogió mi incriminador equipaje y me indicó que le siguiera. Pasamos ante grupos de gitanas con largas faldas y chiquillos en brazos, que vendían en pequeños puestos grandes cerezas rojas en cestos de mimbre, junto con aromáticos claveles, gardenias y rosas. Yo me mantenía ojo avizor pensando en Lazaar y el pasajero rechoncho, pero no vi a ninguno de los dos.

Llegamos a una plaza en la que unos críos jugaban en el suelo polvoriento, bajo palmeras de dátiles. En el centro había una fuente en la que varias mujeres estaban llenando cántaros de arcilla roja. Algunas los llevaban apoyados en una cadera, y otras en equilibrio sobre un redondel en sus cabezas. Advertí el perfume salobre del Mediterráneo, pero estaba demasiado preocupada para saborearlo.

La comisaría de Málaga ocupaba un majestuoso edificio blanco provisto de un patio interior con plantas frondosas y rojos geranios. Sin embargo, la habitación en la que entramos era siniestra y apenas estaba amueblada. Junto a ella había tres celdas con rejas, desocupadas.

Un policía sin afeitar que dormitaba junto a la puerta, se levantó de un salto. Sobre él, en la pared, había una descolorida bandera con el emblema de la Falange, cinco flechas cruzadas sobre una gran silueta de águila, y más allá de la puerta, en otra pared por otra parte desnuda, había una fotografía de Franco.

—Ramiro —dijo mi acompañante, dando al otro una palmada amistosa en la espalda—, ve a decirle a don José que tengo que verle.

Ramiro se desperezó hasta alcanzar toda su estatura de un metro sesenta, y nos obsequió con una sonrisa desdentada llena de infantil inocencia.

—Imposible. Don José se encuentra en Ronda, en la corrida de toros.

Marcelo se echó la gorra atrás y se sentó, depositando mi maleta en el suelo, a su lado.

—¿Quién torea hoy?

—Hay un mano a mano entre Domingo Ortega y Gitanillo de Triana. Ya sabes que don José no se lo perdería por nada del mundo.

—Sí, sí, lo sé, y si es buena corrida lo celebrará. Tú y yo sabemos cuánto vino tinto puede llegar a trasegar don José. —Meneó la cabeza—. Bueno, nada podemos hacer. No volverá hasta mañana, en el mejor de los casos.

Se levantó y se dirigió a la parte posterior de la habitación donde una cabeza de negra pelambrera reposaba sobre unos brazos cruzados y apoyados en una mesa.

Dio unas palmadas en los hombros del durmiente.

—Despierta, Damián. —El hombre dormido no se movió. Marcelo le sacudió con más fuerza y alzó la voz—. Vamos, Damián. Tienes una presa.

El hombre levantó la cabeza y nos miró con unos ojos inyectados en sangre. Durante unos segundos, permaneció inmóvil y de pronto se levantó de golpe, derribando su sillón. El estruendo resonó en todo el cuarto.

Marcelo le explicó:

—Esta señorita es americana, ¿me oyes? —Esperó para comprobar si sus palabras eran debidamente interpretadas—. Ha venido desde Madrid en el expreso nocturno y no tiene permiso de viaje.

Damián seguía mirándome.

—¿Y yo qué puedo hacer?

—¡Buena respuesta para un policía! ¡Qué puedes hacer! —Marcelo empezaba a perder la paciencia—. Es tu prisionera. No puede salir de aquí ni hablar con nadie hasta que tenga permiso de don José.

Le interrumpí.

—Por favor, déjenme que telefonee al cónsul de Estados Unidos en Málaga. Este asunto quedaría aclarado inmediatamente.

La respuesta de Marcelo fue rápida.

—Ni pensarlo, señorita. —Con aire triunfal, miró a los dos hombres que esperaban su decisión, y después a mí—. Es usted prisionera de España. Esto no es América. Aquí, es la ley española la que determinará qué debe hacerse con usted.

Mi primer impulso fue el de dejarme llevar por la indignación, pero recordé el microfilm, alrededor de mi cintura y el arma y el transmisor en la maleta.

—Entonces ¿me encuentro detenida y sin posibilidad de defenderme?

—Señorita, no es necesario que se defienda. —Bajó la voz—. Nosotros nos ocuparemos debidamente de usted. Nuestras celdas están limpias y tienen todas las instalaciones modernas. —Comprendí que podía considerarme afortunada, pues con ello quería decir que había wáter—. Sólo don José puede decidir lo que debe hacerse.

Nada podía hacer yo excepto seguir al policía hasta la celda enrejada. Marcelo colocó la maleta en el banco, junto a mí.

—Confío en que la señorita no estará incómoda.

Me dirigió una leve inclinación y salió.

Cada minuto que pasaba era una tortura. Las doce y media. La una. No podía creer en mi mala suerte. Cuando Ramiro volvió a su silla junto a la puerta y su cabeza descendió una vez más junto al pecho, y cuando Damián se quedó también dormido ante su mesa, deslicé la mano bajo mi blusa y empecé a arrancar el esparadrapo que sujetaba el microfilm. Lenta y cautelosamente, extraje la película, la enrollé apretadamente hasta formar un pequeño cilindro y la guardé en un bolsillo de mi falda.

Siguió avanzando la tarde. Pasaron las dos y media. Un gitano desaliñado apareció en la puerta. Sin pronunciar palabra, dirigió una mirada interrogante a Ramiro, cuya cabeza se había alzado al abrirse la puerta. Ramiro lo ahuyentó con un gesto y el hombre se retiró con una expresión perruna. El melenudo Damián ni siquiera se movió. Me eché en el duro banco de madera.

A las seis y media, la hora de mi segundo contacto, la desesperación se apoderó de mí. Tenía que escapar de allí, como fuese. Llamé al soñoliento policía y le rogué que me permitiera pasear por la habitación.

—Esta celda tan pequeña me está poniendo nerviosa. Necesito más espacio.

Y abriendo la boca como para empezar a gritar, sacudí los barrotes hasta hacerlos resonar.

—¡No, no! —Su voz era implorante—. Tenga paciencia, señorita. —Ramiro avanzó rezongando por el piso enlosado, mientras manoseaba un enorme llavero redondo–. Va contra el reglamento, señorita, pero no puedo soportar que una mujer grite.

Apenas abrió la puerta de la celda, corrió a cerrar con llave la de la entrada. Entretanto, el otro agente me indicó, con un amplio gesto del brazo, que podía pasear alrededor de aquel cuarto no muy espacioso. Al principio, lo hice con pasos largos y describiendo rápidos círculos, mientras trataba de observar todas las posibilidades. Pero no había ninguna salida practicable. En las ventanas había rejas, y una puerta que estaba entreabierta y de la que salía un olor repulsivo daba paso a las «instalaciones modernas» con tanto orgullo citadas antes. Cuando eché un vistazo al interior, sólo había una pequeña rendija en el techo, por la que entraba un poco de luz y aire. Mis dos carceleros no querían correr riesgos. Ahora se mostraban alerta y vigilaban todos mis movimientos.

—Vea, señorita, lea usted los importantes asuntos que pasan por esta comisaría. Como verá, aquí trabajamos en serio.

Seguía blandiendo la hoja de papel y, apenas la puso en mis manos, reconocí el membrete de la embajada alemana. Era una relación de los artículos que habían de ser embarcados en el *Cabo de Buena Esperanza*, que zarpaba de Málaga para Buenos Aires el 10 de junio. El destinatario era don Hans Schumacher, Embajada de Alemania, Buenos Aires, y el remitente un tal Karl Wizner, Embajada de Alemania, Madrid. Mi mirada pasó rápida revista a los artículos de la lista. ¿Era esta expedición el motivo de la presencia de Lazaar en Málaga?

«12 pinturas procedentes de Amsterdam, llegadas a Bilbao, en el *Monte Ayala*, el 23 de marzo de 1944
6 pinturas de Cézanne
2 pinturas de Van Dyck
3 pinturas de Rubens
1 pintura anónima del siglo XVIII
1 piano Steinway, caja núm. 5.788»

Cuando leí el último envío, recordé haber visto la marca «Steinway» sobre el teclado aquella noche aciaga. ¿Podría tratarse del mismo piano? ¿Podía encontrarse el cadáver de René Blum en aquel cajón de embalaje? Memoricé la lista, y después mis pensamientos se centraron de nuevo en Lazaar. Era hombre capaz de cualquier cosa. Embarcar un cadáver en el embalaje de un piano de cola en nada había de comprometerle, pero ¿no llamaría la atención el olor?

Mis responsabilidades parecían ir en aumento. Tenía que averiguar qué había en aquel cajón. Pero ¿cómo iba a hacerlo si todavía no había podido encontrar la manera de salir de aquella comisaría? Y, por otra parte, el problema más importante seguía siendo el de que fuesen descubiertos el transmisor, la pistola y el rollo de microfilm y ello motivara la detención de docenas de españoles leales a nuestra causa. Decidí echar la película al retrete si todavía seguía detenida en el momento de mi tercer y último contacto con Blacky, el día siguiente a las dos y media, aunque ello significara un fracaso total de mi misión.

Tenía la moral por los suelos, y las horas siguientes me parecieron la noche más larga de mi vida. En un momento dado, otros dos policías entraron de guardia, pero sobornarles resultó tan imposible como con los demás. Mi única esperanza era que don José llegara a tiempo y que nadie me registrara.

La mañana siguiente, volvieron a entrar de servicio Damián y Ramiro, que me saludaron alegremente y me ofrecieron un horrible café negro y espeso. Minuto a minuto, transcurrió la mañana, sin que se supiera nada de don José. Perdería mi última oportunidad de contacto.

Alrededor de las doce y media, se abrió la puerta, entró un hombre rubicundo y los dos policías adoptaron la posición de firmes.

—¡Don José! —exclamaron al unísono.

—¿Cómo van las cosas, muchachos? —El hombre se situó en medio de la habitación y antes de que sus hombres pudieran hablar de nuevo, exclamó—: ¡Qué corrida! Ortega fue una maravilla.

El comisario adoptó la postura del matador, con una muleta imaginaria en la mano, imitando los pases del día anterior. La voluminosa barriga de don José difícilmente podía parecerse a la silueta de un torero, pero no dejó de mostrar cierta gracia y estilo al ejecutar los pases clásicos. Hizo revolotear una capa también imaginaria alrededor de su cuerpo, giró con ella, y entonces me vio a mí. Su manoletina quedó truncada.

—¿Qué es esto?

Avanzó hacia mí para verme mejor y yo me esforcé en sonreír.

—Es una americana —contestó Damián tan orgullosamente

como si hubiera capturado un tiburón blanco en el azul Mediterráneo.

—¿Qué manera son éstas de tratar a una hermosa señorita, Damián? —Don José introdujo su mano a través de los barrotes para estrechar la mía—. Bienvenida a Málaga, señorita. No se preocupe. Cualquiera que sea su problema, yo lo resolveré. Damián, abre esa puerta.

Sacó una silla que había detrás de una mesa, limpió el asiento con la mano y me la ofreció. Era ya la una.

—Por favor siéntese. Vamos a ver, ¿qué puedo hacer por usted?

Cuando terminé mi relato, el comisario sacó una llave del bolsillo y procedió a abrir el cajón de su mesa escritorio, dispersando sobre ella lápices, papeles y sellos.

—Resolveremos esto en seguida —me aseguró don José—. Basta con que yo selle su pasaporte y lo firme.

¡Más de veinticuatro horas en chirona para eso! Extrajo una pluma estilográfica de su bolsillo y firmó con una vistosa rúbrica en zigzag. Después, cogió el sello de goma, lo apretó contra la almohadilla entintada y, con un golpe resonante, lo estampó en mi pasaporte. La página quedó tan impoluta como antes, pues la almohadilla estaba seca. Meneando la cabeza, don José ordenó a Ramiro que fuese a comprar tinta..., un encargo que pareció exigir años. Finalmente, el sello oficial adornó debidamente la página. Después, muy satisfecho, el comisario me entregó el documento. Para entonces, mi reloj marcaba ya la una y veinte y yo estaba frenética.

—La señorita puede marcharse cuando guste. —Pero alzó la mano y reflexionó unos instantes—. No, será necesario que alguien la identifique. Una simple formalidad, desde luego. Llamaré al cónsul norteamericano. Aunque hoy es domingo, tengo el número de teléfono de su casa. Somos buenos amigos.

Quince minutos más tarde entró, cojeando, el cónsul de Estados Unidos, un hombre joven, alto y guapo.

Don José le dio unas afectuosas palmadas en la espalda, puro estilo español.

—No le importará realizar esta tarea, muchacho —declaró el comisario—. Ha de identificar el pasaporte de una compatriota muy guapa. —Después don José se volvió hacia mí—. Le presento a Barnaby Conrad, un torero de lo mejorcito. Esa pierna coja fue un regalo de un toro de Romero en México.

Nos dimoa la mano y el cónsul declaró que mi pasaporte estaba en orden. Don José transportó mi incriminadora maleta hasta el coche descapotable verde de Conrad, y la depositó en el asiento interior.

Eran las dos y veinte cuando salimos de la comisaría.

—¿Qué le parece si almorzamos juntos y después vamos a ver la corrida? —preguntó Conrad mientras conducía—. Nunca ha comido marisco mejor que el que sirven en Málaga.

Titubeé. Sabía que no tenía tiempo para registrarme en el Hotel Miramar, desembarazarme de Conrad y llegar a la catedral a las dos y media para entregar el género a Blacky. Conrad advirtió mi vacilación.

—¿Perdone? ¿Ha hecho planes para encontrarse con alguien aquí? ¿Un amigo tal vez?

—Nada de esto. Sólo que tengo que cumplir un encargo importante. Prometí a la hermana Catherine, en Nueva York, que entregaría una caja de velas fabricadas por ella misma a un cura de la Catedral de Santa María, apenas llegara a Málaga. Y ya que ésta es mi primera oportunidad, preferiría entregar las velas inmediatamente y dejar de pensar en ello.

Conrad sonrió.

—Esto es fácil. Pasamos junto a la catedral.

Mientras él aparcaba frente a la iglesia, yo me volví en mi asiento y saqué de mi maleta el maletín que Mozart había preparado especialmente. Me apeé en seguida del coche, para evitar que el cónsul decidiera acompañarme.

—Vuelvo en seguida —le dije, desde los amplios escalones de piedra.

Abriendo una puertecilla de madera contigua a la entrada, me adentré en la húmeda oscuridad. Mis ojos necesitaron un minuto para acostumbrarme a la penumbre reinante. Un tríptico dorado adornaba el altar iluminado por cirios, ante el cual había varios feligreses arrodillados. Pálidos haces de luz se filtraban a través de los altos ventanales góticos de vidrios multicolores, e iluminaban a las personas sumidas en sus plegarias en la parte anterior del templo. Pero no había nadie en el último banco, de hecho nadie en la parte posterior de la iglesia.

Me dio un vuelco el corazón. Miré mi reloj y esperé que Blacky no se retrasara y el cónsul no entrara para investigar. En silencio, me senté en el extremo del banco. Mientras pasaban los minutos, me pregunté que pensarían las monjas de Mount St.

Vincent si me vieran en una iglesia, con una pistola y una valija llena de material incriminador, esperando a un agente comunista. Porque suponía que Blacky sería comunista, como la mayoría de los españoles que trabajaban con el maquis.

Un hombre se acercó al banco y se arrodilló a poca distancia de mí. Una sucia bufanda blanca le envolvía el cuello. Todo se realizó en breves momentos. Sin volver la cabeza, deslicé la pistola envuelta en mi pañuelo de seda a lo largo del banco de madera. Una mano la cogió, y un segundo más tarde me fue devuelto el pañuelo. Después, empujé el maletín que contenía el transmisor, y a continuación extendí la mano con la palma hacia arriba y el rollo de microfilm en ella. Ni siquiera me rozó cuando lo cogió.

Barnaby Conrad estaba leyendo el periódico dominical cuando regresé a su lado. Mientras esperaba, había descapotado su coche. Partimos. La brisa primaveral hacía que mis cabellos ondearan en todas las direcciones, y me até alrededor de la cabeza el pañuelo de seda que todavía llevaba en la mano. Por primera vez en cuarenta y ocho horas pude relajarme. ¡Ahora sí podía disfrutar de la ciudad! Conrad siguió la Alameda a través del centro de Málaga y me llevó a un restaurante junto a la playa. Nos dimos un festín a base de chanquetes, seguidos por cangrejos de río y boquerones. A las cuatro y media íbamos camino de la plaza de toros.

Después, el amable cónsul me acompañó a dar un paseo por las hermosas calles pavimentadas con mármol, alrededor de la calle Larios, y me enseñó los frondosos parques y jardines, así como la vista desde el Club Náutico. Todo había funcionado a la perfección.

El Hotel Miramar no sólo tenía vistas al mar, sino que sólo una estrecha línea de ferrocarril separaba sus jardines de las rumorosas olas. Mi habitación era magnífica, con una enorme cama de caoba con dosel y unos balcones orientados hacia África, que tan sólo se encontraba a unos veinte kilómetros de distancia. Mientras meditaba en la gran bañera de porcelana, pensando cómo relataría ante Mozart mis experiencias el día siguiente, alguien entró en mi habitación. Desde el baño, ordené a la camarera:

—¿Quiere hacer el favor de cerrar la puerta? Me estoy bañando.

La puerta se cerró suavemente y yo continué relajándome.

Un baño caliente me parecía mejor que nunca después de pasar un día y una noche en un duro banco de madera.

Tras lavarme el pelo, me puse el amplio albornoz de toalla del hotel y abrí la puerta que comunicaba con mi dormitorio.

El espectáculo que presencié me cortó la respiración. La habitación era un caos. Alguien había sacado mis vestidos del armario de caoba y los había arrojado al suelo. Todos los cajones y armarios empotrados estaban abiertos. Un lápiz de labios todavía rodaba sobre la alfombra. Habían quitado las almohadas de la cama. Un pensamiento me reconfortó; yo ya había entregado el maletín y la pistola. Lo revisé todo, pero no parecía que faltara nada, ni el dinero, ni siquiera mi pistola. Por tanto, después de todo había sido una suerte que aquel policía me hubiera llevado a la comisaría. Si hubiese ido directamente del tren al hotel, acaso me hubieran robado todo el equipo y la lista de nombres en el microfilm. Recordé entonces el proverbio español que Juanito repetía tan a menudo: no hay mal que por bien no venga.

¿Podía Lazaar ser el responsable? ¿Me habría visto a pesar de todo? Nadie más sabía que yo estaba en Malága..., sólo Mozart y Belmonte. Llamé a la camarera.

—¡Señorita! ¡Señorita! —gritó la mujer, horrorizada, cuando vio la habitación—. Debe venir inmediatamente el director —dijo, echando a correr.

Cuando apareció el gerente del hotel, alzó los brazos, desconsolado.

—¡No sabe cuánto lo siento, señorita! Alguien debe de haber estado buscando las joyas de la señorita. Siempre es peligroso viajar con joyas.

—Yo no llevo joyas —repuse—. Y no me han robado nada, pero me gustaría saber cómo puede entrar la gente en mi habitación sin mi permiso.

El director se había quedado sin habla. Sus cejas se alzaron en una expresión de desespero. Alzó las manos como para indicar su impotencia y, tras dirigirme una breve reverencia, abandonó silenciosamente la habitación.

—Un robo, un robo... —repetía la camarera.

Y así quedó clasificado el hecho. ¿Qué explicación podía ser mejor? Yo ya no insistí en que no me habían robado nada, y, evidentemente, no podía decirle a nadie que quien había entrado en mi habitación andaba buscando algo mucho más valioso que unas cuantas joyas.

21

Al regresar a pie a casa una tarde, días después, me disponía a doblar el chaflán de Monte Esquinza cuando pasó junto a mí una figura con hábito y capucha..., uno de los muchos frailes a los que veía por doquier en las calles. Sin embargo, ese fraile no sólo se fijó en mí, sino que me agarró por el brazo y me miró fijamente, con el mayor descaro.

Por un momento quedé estupefacta, pero después tuve que reprimir una carcajada. Mirándome por debajo de su capucha de burda estameña, Edmundo se acarició el bigote, extasiado.

—¿Divino, no? Felisa, en Balenciaga, me lo hizo confeccionar.

Casi se me desorbitaron los ojos.

—Edmundo, ¡no irás a decirme que has estado en mi casa vestido así!

—Angustias y Cecilia han estado a punto de postrarse ante mis pies. Claro que esto no tiene nada de particular. Les aseguré que no me encontraba allí para dispensarte a ti los últimos sacramentos.

—Al menos, todavía no.

—No hables así. Sabe Dios que últimamente ya hemos tenido bastantes de esos casos.

—Vuelve a mi casa. Me muero de ganas de hablarte.

—No, tengo mucha prisa.

—¿Tienes que incorporarte a alguna orden?

El rostro bronceado de mi amigo reflejaba entusiasmo.

—Sólo a la Orden de Santa Mimosa, querida —Edmundo se santiguó—. Te lo advierto, Aline, pretendo descifrar varios misterios, y muy pronto. Sigo el sendero de la guerra. En serio. Mi sangre azteca debe vengar a Mimosa... ¡y a René Blum! ¿Qué manera de investigar estos misterios puede ser más ingeniosa? Con esta indumentaria, puedo entrar en casi cualquier lugar, en este país. He estado hablando extensamente con la vieja sirvienta que lavó y vistió a Mimosa ya difunta. Admitió haber visto señales en el cuello, pero insistió que no quería hablar de este tema. Provocaría una investigación y crearía un escándalo para la familia. Sabe algo que teme contarme. Dime, ¿y tú dónde has estado?

Rápidamente, le conté que había estado en Málaga y había descubierto que la embajada alemana sacaba obras de arte y un piano Steinway del país, por vía marítima.

—¿Supones que podía ser el piano de René, con él dentro?

—Mozart dice que he de estar loca para imaginar siquiera una cosa como ésta.

Edmundo levantó la cabeza con un gesto tan brusco que casi se le cayó la capucha de fraile.

—Pues yo sigo perfectamente tu pensamiento. ¿Por qué no me dijiste esto antes?

—Te llamé un centenar de veces. No contestabas. ¿Dónde has estado?

Edmundo señaló su hábito.

—¿Y dónde iba a estar? Trabajando, jovencita. Dime, ¿sabes cuándo va a partir ese barco?

—Todavía hay tiempo para hacer algo. No parte hasta el diez de junio.

—Bien, pero tú, desde luego, no puedes volver allí.

—Entonces tendrás que ir tú, Edmundo.

—¿A Málaga? ¿Te has vuelto loca? ¿Qué dirían en el monasterio?

—No es momento de bromear. ¿Quién puede ir, pues?

—Pídele a tu torero que te eche una mano. Él no entrará en sospechas. Belmonte sabe que eres norteamericana y que deseas ayudar a tu país en esta guerra. Todas las pistas parecen conducir a los «tablaos» flamencos donde René pasaba sus horas libres. Juanito conoce a los gitanos mejor que nadie. Debes hacer todo lo que puedas. Si seguimos los pasos de René y encontramos su cadáver, tal vez podamos descubrir a la persona que ha hecho ese trabajo tan sucio. ¡Y piensa en Mimosa! Lo mismo podría ocurrirte a ti, o a mí. —Se reajustó la capucha, que se le había torcido durante su animada parrafada—. Dime, Aline, además de descubrir pianos viajeros, ¿qué más hiciste en Málaga?

—Poca cosa. Vi a Lazaar en el tren, pasé la noche entre rejas y... ah, sí, mi habitación fue saqueada mientras yo me encontraba en la bañera.

—Tu humor es, simplemente, demasiado delicioso.

—Por desgracia, hablo en serio.

Los ojos de Edmundo me miraron fijamente por debajo de la capucha.

—Aline, ¿cómo te las arreglas? Eres maravillosa. Bien, no me tortures, como sueles tú decir. ¿Quién lo hizo?

—¿Quién crees?

—¡Lazaar!

—Es lo mismo que pienso yo.

Edmundo se santiguó rápidamente.

—Pero Mozart no comparte la misma opinión —añadí.

—Querida, ¿quién es Mozart comparado con el pícaro de Mimosa? Mi labor detectivesca con la princesa continúa. Ella es muy exigente, pero yo tengo la paciencia de un rey. Tal vez deba seguir teniéndola... y seguramente, el día menos pensado, aterrizará en Madrid alguna reina destronada. Sin embargo, de pronto me he sentido muy deprimido.

—¿Por qué?

—Porque tus viajes resultan más fructuosos que los míos. Supongo que no me quedará más remedio que avivar mi informe.

—No creo que te cueste mucho. Eres una especie de Mata Hari en sus relatos literarios.

—Y tú, mi amor, eres mi protegida favorita.

—Debo decirte, Edmundo, que tu devoción a Mimosa es difícil de creer. En cierta ocasión, cuanto te pregunté si confiabas en ella, me dijiste: «Implícitamente, no.»

—Mi querida discípula, eso era cuando ella vívia. —Se alisó la capucha—. No confíes en ningún ser viviente, hermana, al menos en nuestra profesión. Pero ahora, puesto que mi querida Mimosa ya no se encuentra entre nosotros, te aseguro que confío en ella. Y juro que quien la mató muy pronto se encontrará con el cuello retorcido.

—Por favor, Edmundo, recuerda tu santa devoción.

—Pero si la recuerdo, ya lo creo que la recuerdo. Los votos de Edmundo de Lassalle nunca son de pobreza o de castidad... ¡Jamás! Solamente pronuncio y acato los votos del espionaje.

—Y por encima de todo, relacionado con la nobleza.

—No seas profana, monada. Estás hablando con un fraile.

—Querrás decir un lobo con hábito de fraile.

—Eres pecaminosamente deliciosa. Apenas haya rezado mis oraciones, volveré para enseñarte algunos proverbios útiles. Como el que dice que el Señor nunca duerme, sino danza hasta la madrugada, igual que nosotros.

Y mi fraile se inclinó para besarme la mano y desapareció entre las luces y sombras de la tarde.

Diez minutos más tarde, sonó el teléfono. Era Belmonte.

—¿Qué tal su viaje, guapa? ¿Vio en Málaga todo lo que deseaba ver?

—En cierto modo, sí.

—Va a cenar conmigo. Recuerde su promesa.

La había olvidado por completo, pero esta cita no podía resultar más oportuna si quería que Juanito me ayudase a descubrir lo que había en el cajón de embalaje del piano.

Juanito dijo que pediría a sus amigos, los Álvarez-Pickman, que nos acompañaran en la cena, pero yo repuse que prefería estar sola con él para hablar de asuntos importantes y confidenciales. Se mostró encantado. A las diez me recogió tal como habíamos convenido.

—Cenaremos en un comedor privado de Hardy, de modo que estaremos solos.

Una estrecha escalera nos condujo a un cuarto pequeñísimo. Ardían velas sobre el blanco mantel adamascado y los gruesos cortinajes rojos que cubrían la entrada fueron corridos suavemente, de modo que quedamos completamente aislados. Me mostré sorprendida y Juan se echó a reír.

—Estos salones estaban destinados a asuntos amorosos secretos y a conversaciones confidenciales. Antes de la guerra civil, las señoras respetables no iban a los restaurantes públicos. —Indicó con la mano nuestro alrededor—. Estas paredes han oído muchos secretos, incluso conspiraciones contra el gobierno.

—Entonces me encuentro en el lugar apropiado.

—Soy todo oídos, Aline.

El rostro pequeño y aceitunado de Juanito resplandecía.

—¿Por dónde empezaré? Este último fin de semana, en Málaga, estuve entre rejas. —Esperé que le invadiera el sobresalto.

—Ya lo sé —dijo con una sonrisa de complacencia.

Fui yo la que no pudo ocultar la sorpresa.

—No debe extrañarle, Aline. Tengo amigos en toda España.

—Pero ¿cómo...? ¿Cómo lo sabe? ¿Quién se lo dijo?

Su respuesta era vital.

—Digamos que fue alguien que sabe que yo la admiro. Aline, ¿qué está haciendo? No irá a decirme que conspira en un golpe de estado...

Tenía que confiar en él.

—No. Pero estoy conspirando contra los alemanes y necesito su ayuda.

En la mirada de Juanito se leía un asombro infantil.

—Ah... eso explica muchas cosas —exclamó mientras asentía con la cabeza—. ¿Y cómo puedo ayudar yo?

Fui directa al grano.

—Mientras me encontraba en aquella celda tan sucia, vi un documento oficial de la embajada alemana en el que se solicitaba autorización para embarcar un piano rumbo a Buenos Aires.

—¿Y qué tiene de raro enviar un piano a Argentina?

—No se impaciente y se lo contaré todo. Aquella noche que me vio salir corriendo de Villa Rosa con Edmundo, estábamos persiguiendo a un criminal. Le seguimos en un taxi y disparó contra nosotros.

—Pero ¿qué tiene que ver esto con un piano?

—Todo —continué—. Edmundo cree que aquel individuo conocía a René Blum y sabía que René tenía una información importante para nosotros, y que nosotros estábamos buscando a René.

—Sigo sin ver ninguna relación. —Juanito parecía sinceramente confundido. Me cogió una mano y rogó—: Por favor, procure ir al grano.

Retiré mi mano y le expliqué:

—Cuando llegamos al apartamento de Blum..., le vi.

—Pues muy bien. ¿Y qué dijo René acerca del individuo que disparó contra ustedes? ¿Lo conocía?

—Juanito, René estaba... metido dentro de su piano de cola. Muerto. Alguien lo había estrangulado.

Juanito no dijo nada, pero había escepticismo en su mirada. Proseguí:

—El día siguiente, el cadáver de René había desaparecido... y el piano también.

Juan me miraba estupefacto, y sin duda creía que yo me había vuelto loca.

—¿Me cree, verdad?

—No entiendo nada. Ante todo, ¿por qué querría alguien matar a René Blum? Es un hombre amable con todo el mundo...

Juan se mostraba profundamente disgustado.

—Ayudaba a judíos, sobre todo niños, a salir de Francia y a entrar en España. Puede estar seguro de que los alemanes no le tenían ningún aprecio.

—¿Y René tenía información para su amigo Lassalle? —La frente de Juan estaba surcada por profundas arrugas—. ¿Y usted le ayuda a él?

Sonreí mientras asentía con la cabeza. Pude ver que estaba captando el hilo.

—Entonces Edmundo es... una especie de...

—Socio en el negocio.

Mi sonrisa era ahora muy dulce. Después de todo, estaba quemando mi cobertura... y también la de Edmundo. Pero no había más alternativa si quería que Juan me ayudara.

—Entonces ¿él no es mi rival?

—Claro que no. Y usted debe ayudarme. Es el único en quien puedo confiar. Comprenda que mi país está en guerra y yo debo hacer cuanto pueda para apoyarlo... como hizo usted en su guerra.

Puso una mano sobre mi brazo.

—Claro. No se preocupe. Haré todo lo que pueda.

—¿Puede encontrar un gitano que sea capaz de guardar silencio, y que conozca a René y los «tablaos» flamencos que éste solía frecuentar? Por favor, ¿no se le ocurre alguien por el estilo que pudiera trabajar para nosotros?

Por unos momentos denegó con la cabeza.

—No, no creo que...

De repente, se le iluminó el semblante.

—Tal vez sí conozca a la persona indicada. Un amigo mío que odia a los alemanes, por lo que resultaría perfectamente fiable para esa clase de trabajo. Su hija fue violada por un alemán hace unas semanas y él está empeñado en vengarse. En el mundo de los gitanos, una cosa como ésta significa que un padre no puede casar a su hija. —Hablaba ahora con renovado entusiasmo—. Claro... José Heredia es el hombre que necesita.

—¿Puedo confiar plenamente en él?

—Nadie mejor que él para esta tarea tan delicada. Y yo lo conozco de toda la vida. Vivía cerca de nosotros en Triana, y él me enseñó a enfrentarme a los toros. Es la única persona a la que confiaría, en nombre suyo, un trabajo tan importante. Recuerde que sus problemas son mis problemas, Aline.

Aquel mes Belmonte toreó casi cada día a lo largo y lo ancho de España: en Valencia, en Palma de Mallorca, en Alicante y en la provincia norteña de Guipúzcoa. Hasta finales de mayo no dispuso de tiempo para presentarme a José Heredia.

Aparcando su Bugatti descapotable en la carretera, media hora al sudoeste de Madrid, Juanito me enseñó unos campos ondulantes alfombrados por rojas amapolas. A lo lejos había un campamento gitano con carretas provistas de toldos de lona y barracas improvisadas, velado en parte por el humo de varias fogatas diseminadas.

—Estos gitanos viven en sus carromatos como nómadas y viajan de una feria rural a otra, comprando y vendiendo caballos. Las mujeres son tan orgullosas y fieras como los hombres y trabajan más que ellos... y créame, son tan hábiles como ellos con una navaja en la mano. Puede estar segura de que toda mujer lleva navaja, probablemente sujeta por la liga de su media. Los gitanos son tan expertos en materia de robo, aunque no lo practican, que granjeros y campesinos ponen a buen recaudo sus gallinas y sus asnos apenas ven a uno de ellos. Y, por otra parte, pueden ser los más devotos y leales amigos.

En el campamento pululaban hombres con pantalones oscuros de pana y chillonas camisas de algodón, mujeres con faldas multicolores adornadas con volantes y una ruidosa chiquillería mezclada con caballos, asnos y cerdos.

Apenas entramos, Belmonte se vio rodeado por un gentío, pero en seguida se abrió paso hasta él un hombre, y en el acto supe que se trataba de José Heredia. Aunque arrugado, su rostro era atractivo, con una amplia sonrisa y cabellos negros entreverados de gris. Juanito abrazó al gitano y le dio palmadas en la espalda como si hiciera años que no se veían. Después me presentó.

Seguimos a José a una de las barracas, y después de sentarnos en taburetes de tres patas, José esperó a que Belmonte explicara el motivo de nuestra visita.

—Necesito tu ayuda, José. Me gustaría que hicieras algo para esta amiga mía, aquí presente..., pero considéralo como si me hicieras un favor personal. Es algo importante, secreto y posiblemente peligroso. Tendrás que utilizar todos tus recursos, José —dijo Juan y sonrió con afecto a su amigo.

Sin dejar de mirarnos alternativamente a los dos, José esperaba.

—Mi amiga está buscando a alguien que, según cree ella, fue asesinado por un alemán.

Aceché la reacción de José, pero éste ni siquiera pestañeó. Entonces expliqué tan sólo lo que él necesitaba saber acerca de la desaparición de René Blum y del piano en Málaga.

—¿Qué te parece? —preguntó Juan.

El gitano tenía una voz áspera, como si la noche anterior hubiera cantado demasiado, aunque tal vez se debiera a ser un fumador empedernido.

—Eso es como una oportunidad para volver al ruedo, don Juan. Cuando quiera. Ya sabe lo que pienso yo acerca de los alemanes. ¿Cuándo empiezo?

—Ahora mismo —contesté yo. Y seguidamente le pregunté—: ¿Qué ha querido decir con eso de una oportunidad para volver al ruedo?

Belmonte quiso responder por él, pero José dijo:

—Como don Juan puede confirmarle, yo no era mal novillero y esperaba convertirme en primera figura. Pero me dejó maltrecho un toro en Cáceres y... decidí no volver a torear. A veces lamento mi decisión. Ahora se me presenta otra oportunidad. ¿Contesta esto a su pregunta, señorita?

Aunque con cierta inseguridad, asentí. Después de dejar al gitano en su tienda, interrogué a Juanito acerca de José Heredia.

—José es demasiado modesto. Se le comparaba con diestros tan famosos como El Albaicín y Gitanillo de Triana, y todos creían que se le abría un futuro de lo más brillante. Pero después de la cogida en Cáceres, a José le invadió el miedo. Les ocurre a muchos. La verdadera prueba para un torero es su primera cogida grave.

—¿Usted las ha tenido, Juanito?

Suspiró.

—Ya lo creo, y varias veces.

—¿Y cómo es que no tiene miedo?

Nos estábamos dirigiendo hacia el coche.

—Se me hiela la sangre cada vez que salgo al ruedo, Aline.

La incesante vibración de las amapolas carmesíes parecía un gesto de asentimiento.

Mientras caminábamos por el campo, contemplé la espalda de aquel orgulloso torero que avanzaba ante mí... y de pronto pensé en Pierre. ¡Cuán diferentes eran esos dos hombres!

22

El 4 de junio llegó la noticia de que nuestras tropas habían entrado en Roma, y el 6 de junio amaneció por fin el tan esperado Día D.

Esperábamos que la invasión del sur de Francia tuviera lugar más o menos una semana después, pero nuestras tropas quedaron atascadas en la lucha que se libraba en Normandía. No era posible predecir cuánto tendríamos que esperar para la Operación Yunque. La invasión de Normandía había dejado estupefacto al Eje, y a prácticamente todo el mundo, con la sorpresa que representó el punto elegido y con su escala colosal, que sentaba un hito en la historia militar. Nadie dudaba de que nuestros muchachos ganarían, pero los alemanes resistían y las bajas por ambos lados eran enormes. Todos esperábamos que nuestro trabajo en Madrid evitara que ocurriera lo mismo cuando se desencadenara la Operación Yunque. Con respecto al punto de desembarco para Yunque se mantenía en secreto absoluto y en la oficina pasábamos mucho tiempo apostando sobre cuál sería. Algunos se jugaban su dinero en la frontera entre Francia e Italia, y otros en la zona de Marsella.

Una semana más tarde llegó otra buena noticia en un cable, de Júpiter para Mozart. Jeff, que empezó a descifrarlo, me pasó el papel.

—Esto te afecta a ti, Aline. Es del gran jefe de Washington. Debe de ser importante.

Tras descodificar el texto, leí:

ENVIO PIERRE A MADRID PARA MISION ESPECIAL STOP UTILICE A TIGRE COMO SU CONTACTO STOP

Era la mejor noticia desde la del desembarco Overlord. Sólo con saber que Pierre estaría cerca, yo ya me sentía aliviada. Cuando entregué el cable a Mozart, éste se mostró muy poco comunicativo.

—Tendremos que encontrar algún medio para que se reúna públicamente con Pierre. Algo por el estilo de lo que hicimos con Top Hat. Se lo explicaré en el debido momento.

Cuando volvía a entrar en mi oficina, sonó el teléfono.

—Aline, ¿podríamos vernos inmediatamente en el Prado? Es un asunto muy urgente.

Puesto que las sorpresas formaban ya parte de mi rutina, respondí con toda facilidad:

—Pues claro que sí, príncipe Lilienthal.

—Muy bien. Estaré en la entrada frente a la puerta posterior del Ritz.

Antes de salir, entré en el despacho de Mozart para informarle acerca de mi extraña cita.

—Cuidado con ese individuo, y hágame saber todo lo que le explique.

Yo había visitado varias veces el Prado durante los últimos meses, y nunca había dejado de maravillarme, puesto que era uno de los grandes tesoros mundiales del arte occidental. No me pareció que me siguiera nadie cuando subí por la escalinata y entré en el museo. Procuraba ya no asumir ningún riesgo y, camino del Prado, había utilizado todos los trucos aprendidos en la Granja para desembarazarme de un individuo al que había detectado apenas crucé la verja de la residencia del embajador. Lilienthal me estaba esperando y echamos a andar a lo largo de la amplia sala central, y después entramos en una sala a la izquierda, dedicada a El Greco. Era evidente, sin embargo, que Lilienthal no pretendía contemplar aquellas grandes obras maestras enmarcadas en madera dorada.

A los pocos minutos, empezó a hablar.

—Carola ignora por completo que la haya citado aquí... y tampoco lo sabe nadie más. Me agradaría que esto se mantuviera en secreto. Con toda franqueza, Aline, ¿puedo confiar en usted?

—Claro que sí.

Seguíamos paseando por la sala vacía. Yo llevaba bajo el brazo mi bolso con la Beretta. Incluso un museo podía ser considerado como lugar ideal para el asesinato, por mi desconocido seguidor.

—Sepa que, en términos generales, siempre me he considerado como un buen alemán. Digo esto porque en diferentes épocas de la historia mis tierras y las de mis antepasados han sido ocupadas por el enemigo. Cuando Hitler se hizo con el poder en 1933, pareció como si fuera a hacer grandes cosas en el país, pero después su actitud cambió. En mi fuero interno, yo me alarmé, pero en público adopté una actitud de espera, tal como hicieron muchos de mis amigos. Pronto pudo verse lo que nos aguardaba, aunque incluso entonces me sentí inclinado a concederle a Hitler el beneficio de la duda. Al fin y al cabo, Alemania era un caos y yo no podía menos que admirar su obstinada tenacidad en reunir de nuevo sus pedazos, o, en realidad, reunirlos por primera vez. Espero no aburrirla, Aline.

—¿Aburrirme? En absoluto. Por favor, continúe; soy una buena oyente.

—Sí, esto me dijo Mimosa. La última vez que la vi con vida. Aquel sábado en El Morisco. Pues bien, como estaba diciendo, Hitler era el hombre capaz de situar a Alemania en el siglo veinte y de convertirla en una primera potencia mundial. No cabe duda al respecto, ocurra lo que ocurra. Es difícil no dejarse arrastrar por esas ideas. Y, como es natural, cada uno piensa: «Tal vez a mí me deje en paz». Es lo que pensé yo... antes de que alguna de mis propiedades y pertenencias fuesen controladas por los nazis. Después, vi que el poder había enloquecido a Hitler. Por suerte, mi mujer es española y por esto hemos vivido tanto tiempo aquí. De hecho, casi todos mis hijos han nacido en España. Sin embargo, mis propiedades y mis negocios se encuentran en la Europa central, y hoy todo está en manos de los nazis. Yo no tengo ni un céntimo a mi nombre. No obstante, esto carece de importancia, puesto que mi mujer y mis hijos están a salvo.

¿Debería creerle? No me podía imaginar a aquel príncipe majestuoso convertido tan fácilmente en actor. Pero, por otra parte, tampoco podía imaginarme a aquel hombre distinguido y tan elegantemente vestido sin un céntimo en el bolsillo. ¿Por qué me estaría contando todo eso?

—Ahora, voy a sorprenderla todavía más. Si sólo se tratara del dinero, probablemente no actuaría como pienso hacerlo. Puedo vivir sin mi dinero... No me gusta, pero puedo hacerlo. Mi mujer tiene de sobra para que vivamos como lo hacemos aquí, en España, y aunque tal vez mi orgullo se resienta, mi conciencia sobreviviría. En otras palabras, Aline, no es el dinero el motivo de mi actitud en este momento. Es, precisamente, mi conciencia.

—¿Qué quiere decir?

—Últimamente, la Gestapo de Madrid me está aplicando una intensa presión. Quieren que les permita hacer funcionar una emisora instalada en El Morisco, desde la cual podrían recibir informaciones de los agentes alemanes en el sur de Francia. —Esas palabras me recordaron que, puesto que no me habían vuelto a invitar a pasar unos días en El Morisco, no había podido proseguir mi investigación respecto a la emisora. ¿Me estaría diciendo la verdad?—. Con ella, podrían interceptar las comunicaciones aliadas transmitidas a Madrid —continuó—. Y con ella podrían comunicarse directamente con Berlín. Por esto el joven von Weiderstock se encontraba en El Morisco aquel fin de semana..., para sondearme al respecto. Desde luego, ya sé que él sólo es un simple mensajero y que, en Berlín, su padrino se encuentra con el agua hasta el cuello. Cuando le contesté negativamente, se retiró visiblemente trastornado.

Yo escuchaba, sin atreverme a decir una sola palabra.

Me obligó a detenerme, cuando nos encontrábamos en medio de la sala.

—Creo que ha llegado mi momento.

—¿A qué se refiere?

—Hasta el momento, el horror de un sistema comunista que se apoderase de la Europa central, con sus purgas y matanzas, me ha mantenido alejado de los aliados. Pero ahora Hitler se ha convertido en un loco furioso y nos destruirá a todos. —Se interrumpió, como si reflexionara acerca de lo que iba a decir a continuación—. Ayer, llegó hasta mí una información de gran valor estratégico..., tan importante para la victoria de los aliados que mi conciencia me obliga a transmitirla, cualesquiera que sean las consecuencias. Y por esto le he pedido que se encontrase conmigo aquí.

—¿Y por qué me dice esto a mí, príncipe Lilienthal, en vez de confiarlo a alguien más importante?

Eligió con cuidado sus palabras.

—Figuro en la lista negra norteamericana. No conozco a ningún americano. Si alguien me viera conversar con algún alto funcionario de Estados Unidos, podría acabar como mi querida y malograda Mimosa. Y al mismo tiempo, los alemanes tomarían represalias contra mis familiares que viven en el Reich. Usted es la única norteamericana con la que puedo hablar sin suscitar las sospechas de los alemanes. –Por un segundo, sonrió–. ¿Conoce al embajador de Estados Unidos en Madrid?

–No... Mejor dicho, sí. Me lo presentaron, pero no tengo ningún contacto con él.

–No importa. A usted le será fácil hablar con él, y me gustaría que le transmitiera un mensaje de lo más delicado. No hable de ello con nadie más. ¿Me entiende?

Asentí con la cabeza. Tenía los ojos fijos en mí.

–¿No lo comprende? Usted está totalmente por encima de cualquier sospecha. Nadie podría sospechar que fuese la intermediaria en la transmisión de una información tan importante.

¿Estaba tratando de darme a entender que él sabía mi relación con los servicios de inteligencia? Todavía estaba bajo la impresión de que sospechaba de mí desde que me vio saltar desde la ventana de su estudio.

Contesté con la mayor serenidad posible:

–Haré cuanto pueda. ¿Cuál es el mensaje?

–Un pariente mío, miembro de la familia real italiana y que trabaja con el general Karl Wolff, jefe de la Gestapo en Italia, oyó casualmente una conversación telefónica entre Wolff y Himmler.

El príncipe me miró con fijeza. Después miró a su alrededor, para asegurarse de que no había nadie cerca. Los rostros largos y flacos y los ojos oscuros y soñadores pintados por El Greco nos contemplaban, como si también ellos estuvieran esperando que el príncipe expusiera aquella información tan vital.

Se volvió para observarme, cuando por fin reanudó su explicación. Habló lentamente, enunciando cada palabra en su correcto inglés con acento germánico.

–Himmler informó claramente a Wolff de que tiene un agente de la Gestapo trabajando en el seno, repito, en el seno, del servicio de inteligencia norteamericano en España.

Sus palabras fueron para mí como una descarga eléctrica y traté de ocultar mi agitación. Él no debía ver más reacción que una breve mirada sorprendida. El helado temor que estaba penetrando en mi cerebro debía quedar completamente oculto. Sin embargo, su noticia era como para congelar a cualquiera...

–¿Quiere que le repita el mensaje? –preguntó Lilienthal.

–No, gracias. Está bien claro. Le agradezco la confianza que ha depositado en mí, y procuraré hacer llegar lo antes posible esta información al embajador.

Yo estaba pensando... que esto significaba que el agente especial de Himmler podía ser alguien de nuestro propio grupo. Tal vez incluso Edmundo o..., Dios mío..., quizá el propio Mozart.

Casi tambaleándome, salí del museo, confusa, asustada y tratando de calcular las implicaciones. Si el mensaje era cierto, cualquier colega podía ser el agente culpable. No sólo eran peligrosos los cuatro sospechosos de mi lista, sino que cualquiera de los de mi grupo podía ser un traidor. Éramos tan pocos... Jeff Walters, Larry Mellon, los otros colegas de la oficina... ¡Ay, si fuese Mozart! ¡O Edmundo!

De prontó, me sentí sola, acorralada. Sin el permiso de Mozart, yo no podía hacer nada. Y él sería, para Himmler, la persona ideal a la que plantar en nuestro grupo. Después de todo, él era el que conocía todas las operaciones, todos los informes de los agentes y de los subagentes. Pero yo sabía ya que Edmundo carecía de escrúpulos. Mi único consuelo era pensar en que pronto estaría en contacto con Pierre. ¿Sería lo bastante pronto?

Cuando volvía a la oficina, Mozart había salido y no regresaría hasta el día siguiente. Era una suerte, puesto que ello me concedía tiempo para decidir lo que debía hacer.

La tarde fue para mí una pesadilla y Jeff lo advirtió.

—¿Qué ocurre, Aline? Parece como si se te hubiera muerto tu último amigo.

—Tal vez sea así.

Le observé, por primera vez con suspicacia. ¿Adónde iba cuando salía de la oficina? Se mostraba extrañamente misterioso acerca de sus movimientos, y en cambio él siempre me estaba interrogando acerca de los míos. Pero en realidad era imposible... Yo sospechaba ya de todos. Había una sola persona a la que yo pudiera pasarle la información de Lilienthal. Júpiter. Pero estaba muy lejos, en Washington.

Puesto que esa noche yo estaba de guardia en la sala de códigos, me presenté ante la verja alrededor de la medianoche, como tantas veces había hecho antes para descifrar un mensaje *top-secret*, diferente de los usuales por una urgencia que requería acción inmediata e informar al jefe supremo. Un guardia somnoliento me dejó pasar.

—¿Trabaja alguien esta noche? —pregunté.

—No hay nadie allí, señorita. Sus compatriotas todavía están celebrando la invasión. Todos parecen estar muy contentos.

Yo casi había olvidado el Día D. Había esperado largo tiempo ese momento, pero después las tensiones habían hecho que me pasara casi prácticamente inadvertido.

Una vez en la sala de códigos, empecé a trabajar rápido, pues alguien podía presentarse allí. Con frecuencia, Ronnie acudía de noche para escuchar alguna de nuestras emisoras de radio en Francia.

DE TIGRE A JUPITER STOP LILIENTHAL ME HA INFORMADO HOY DE QUE UNA FUENTE RELACIONADA CON FAMILIA REAL ITALIANA Y QUE TRABAJA EN DEPARTAMENTO GESTAPO EN ITALIA OYO CONVERSACION TELEFONICA ENTRE GENERAL WOLFF Y HIMMLER SEGUN LA CUAL HIMMLER TIENE AGENTE OPERANDO DENTRO REPITO DENTRO INTELIGENCIA AMERICANA EN ESPAÑA STOP INDIQUE SI DEBO COMUNICAR LO MISMO A MOZART STOP TIGRE A JUPITER

Descolgué el teléfono y, como era la costumbre, transmití el mensaje en clave a través del servicio telegráfico español. No había otra manera de hacer llegar el mensaje a Júpiter, puesto que el gobierno español sólo permitía a ciertos teléfonos telegrafiar mensajes cifrados al extranjero.

Al salir desde el jardín a la calle, caminé a buen paso hasta mi apartamento, disfrutando del agradable aire fresco de la noche.

Gradualmente, advertí los pasos que me seguían. Mantuve la misma marcha y volví la cabeza, pero no pude ver a nadie a la luz mortecina de los faroles de gas callejeros. Tal vez fuese el sereno que hacía su ronda, pero acaso no lo fuera. Empuñé la pequeña pistola que llevaba en el bolso.

Doblé desde la calle Fortuny hacia la calle Marqués de Riscal, y oí detrás de mí las mismas suaves pisadas en el pavimento. Esta vez, cuando me volví, pude ver una sombra a unos cincuenta metros de distancia. Al caminar más deprisa, aquellos pies después acelararon el paso. Por suerte, yo llevaba zapatos de suela plana y mi falda era amplia. Eché a correr hacia la puerta de mi casa y sin sacar la llave —no había tiempo para ello— me volví de lado y me deslicé entre los barrotes de hierro. Una vez dentro, subí corriendo hasta mi apartamento en el segundo piso, aseguré la puerta con el cerrojo y corrí hasta la ventana para echar un vistazo a la calle. Pude distinguir vagamente la silueta de un hombre que caminaba hacia la esquina siguiente y que allí despareció entre las sombras.

Me pregunté cuánto tardaría en recibir una respuesta a mi cable. No había tiempo que perder. La Operación Yunque podía comenzar en cualquier momento. Heredia se pondría en contacto conmigo muy pronto, y también, sin duda, Pierre. Si la información de Lilienthal era cierta, no sólo estábamos todos en peligro, sino que además el desembarco en el sur de Francia, en el que intervendrían millares de americanos, podía saldarse con un fracaso.

El día siguiente, me resultó difícil oír la voz del gitano en el teléfono. No sólo había estática en la línea, sino también ruidos de fondo.

—Señorita, he completado la tarea que me confió.

—¿Ha encontrado el cajón con el piano? —grité.

—Sí, señorita, pero es una historia complicada.

—¿Se encontraba don René en él?

—Señorita, tendré que verla, pero no puedo ir a su casa. ¿Podría la señorita venir al teatro?

—¿El teatro? —repetí, creyendo haberle entendido mal.

—Sí, señorita, el Teatro Maravillas, donde trabaja mi hija.

Nunca había oído decir que su hija trabajara en un teatro, pero con aquella pésima conexión nunca obtendría más información.

—Muy bien, pero tendría que ser inmediatamente.

—Perfectamente, señorita. Lo mejor sería que la señorita sacara una entrada y se sentara en la última fila del teatro, donde podremos hablar sin que nos observen.

—Por favor, sea puntual, José. Yo salgo ahora mismo.

Los teatros madrileños ofrecen dos sesiones cada día, una a las siete de la tarde y otra a las once de la noche. Ya eran las siete y media. Y yo tenía que asistir a la recepción en la Embajada de Rumania a las nueve. Telefoneé a Edmundo y le dije que nos encontraríamos en la última fila del Teatro Maravillas. Ya fuese él o no el topo, René era su subagente, y pensé que entre José Heredia y mi pistola yo quedaría protegida.

El viejo teatro, ubicado en la calle Malasaña, estaba medio vacío. Por unos momentos, permanecí de pie en la oscuridad antes de poder distinguir a Edmundo en el centro de la última fila. Me senté junto a él y me incliné para hablarle, pero él me impuso silencio llevándose un dedo a los labios.

—Chitón... Escucha esta canción. Es mi favorita en todas las zarzuelas españolas.

En aquel momento, una canción era lo que menos me importaba, pero no tuve más remedio que escucharla. En el centro del escenario, un hombre cantaba mientras paseaba lentamente con dos muchachas con vestidos largos, estampados con lunares y adornados con volantes, y con pañuelos blancos en sus cabezas. A pesar de mi agitación, al poco rato me sentí cautivada por la tonadilla y el airoso ritmo de la música. «Una morena y una rubia», repetía el cantante, mirando primero a una chica y después a la otra. Cuando terminó la canción, con grandes aplausos del público, apareció Heredia a mi lado. Le presenté a Edmundo y pregunté:

—Bien, ¿qué ha encontrado? José.

—Encontré el cajón número cinco siete ocho ocho, con el piano, señorita.

Mi pulso se aceleró.

—¿Encontró el cadáver de Blum?

Titubeando, hizo una pausa.

—Pues... no.

Dejé escapar un suspiro de alivio, pero José añadió:

—Encontré dos cadáveres.

—¿Qué?

—Encontré dos cadáveres en el cajón de embalaje. Un hombre y una mujer. Pero no don René Blum.

Incluso Edmundo había perdido el uso de la palabra.

—El hombre llevaba el uniforme del ejército alemán, pero ninguna identificación —prosiguió José.

—¿Y qué hizo usted, José?

El gitano sonrió con malicia y sus dientes brillaron a pesar de la penumbra.

—Pues bien, señorita, vi en el lado del cajón la dirección del lugar desde donde se enviaba el piano. Decía: «Embajada de Alemania, Castellana, Madrid». El funcionario del muelle me agradeció el descubrimiento de muertos que iban a salir del país, y estuvo de acuerdo conmigo en que debían ser devueltos al remitente, tras informar debidamente a las autoridades.

Edmundo le dio una palmada en la espalda.

—¡Bravo, José!

Me pregunté si a Lazaar se le desprendería el monóculo cuando tuviera la noticia de esta devolución.

—José, su actuación ha sido brillante —le felicité—. ¿Está dispuesto a seguir ayudándonos?

—Sí, señorita, totalmente.

—¿Sabe dónde está Villa Rosa?

—Nadie lo sabe mejor que yo.

—Debería averiguar allí cuándo vieron por última vez a René y con quién. Urge descubrir quién lo mató y cómo se deshicieron de su cuerpo.

—Señorita, iré a todos los cafés que frecuentaba el señor Blum. Los conozco muy bien. Quiero ayudarla, por razones que yo me sé. A propósito, esa chica que hay en el escenario, la delgada y morena, es mi hija.

Dejamos de hablar para contemplar a la hermosa muchacha gitana que se retorcía y doblaba bailando flamenco. Nada tenía de extraño que José Heredia quisiera encontrar al hombre que había violado a una mujer tan joven y agraciada.

23

—¿Y qué quería contarle su amigo Lilienthal, Tigre?

Yo miraba a Mozart bajo un nuevo ángulo..., como un sospechoso. Jamás había pensado en que llegara un día en que yo tuviera que mentirle.

—Una falsa alarma. Parece que Carola está desesperada porque Constantin von Weiderstock tiene que abandonar Madrid tan súbitamente. Lilienthal cree que yo tengo cierta influencia sobre su hija y me pidió que tratara de reducir el interés que ella siente por ese joven.

Mozart gruñó y tosió. ¿Habría detectado duplicidad en mi respuesta?

—¿Se ha sabido algo acerca de René Blum o su piano?

Le expliqué las noticias que al respecto me había dado el gitano la noche anterior. En presencia de Mozart, sospechaba más que nunca que él mismo pudiera ser el topo. Mi desazón debía de resultar obvia, puesto que me dijo:

—La encuentro extrañamente tranquila. ¿Qué se ha hecho de su entusiasmo? Esta información es importante. Puede ocasionarle un buen jaleo a los alemanes, que es precisamente lo que deseamos. ¿Está fatigada?

—En absoluto, gracias. Tal vez se deba a ese calor que hace hoy.

—Probablemente. A propósito, el día veintitrés hay un baile en el Club de Campo Puerta de Hierro. Convendría que se las arreglara para que la invitaran. —Y cuando yo salía de la habitación, añadió, como obedeciendo a una idea repentina—: Tómese esta tarde libre, Tigre, y relájese.

Se me ocurrió que podía aprovechar la sugerencia de Mozart para comprarme algo de ropa. Desde el informe de Pilar sobre

Gloria von Fürstenberg, deseaba visitar el taller de costura de Ana de Pombo. Si la condesa se vestía allí, la colección debía ser la mejor de la ciudad.

Como de costumbre, el cielo era de un azul intenso y una brisa leve y seca acariciaba las ramas de los árboles a lo largo de la Castellana. La fachada del número 14 de la calle de Hermosilla no difería mucho de la de Hattie Carnegie, exceptuando una amplia puerta cochera en el centro del edificio, flanqueada por dos escalinatas de mármol. Otra excepción era la sirvienta vestida con un raído uniforme que me hizo pasar. Unas puertas arqueadas comunicaban el vestíbulo con un amplio salón excéntricamente amueblado —estilo Luis XVI mezclado con Art Deco—, donde, con gran sorpresa por mi parte, me encontré sola en una atmósfera extremadamente silenciosa.

Al cabo de unos minutos, entró la mujer de los rizosos cabellos anaranjados a la que había visto en la corrida. Desde cerca, Ana de Pombo parecía más vieja y resultaba difícil imaginarla bailando flamenco o con un joven amante.

—¿Desea algo? —me preguntó en un perfecto inglés, lo que me hizo comprender que sabía quién era yo.

—Si, desearía encargar algunas ropas. ¿He venido demasiado tarde? ¿O acaso demasiado temprano?

No me ofreció asiento.

—Sí... Oh, sí... —Nos mirábamos, titubeantes las dos—. Claro, espere un momento.

Indicándome un sofá tapizado con terciopelo azul, se excusó antes de marcharse. Miré mi reflejo en el gran espejo de la pared durante otros diez minutos, o contemplé las grandes puertas cristaleras que daban a un balcón, o admiré las molduras talladas alrededor del alto techo. Finalmente, la extravagante modista volvió con una serie de dibujos de figurines.

—Siento decirle que no queda nada de mi colección, aparte los dibujos. ¿Quiere ver algunos?

Mientras estudiaba aquellos bocetos —que en nada se parecían a las prendas que yo había visto llevar a Gloria— mi asombro fue en aumento. Me parecieron corresponder a un par de temporadas atrás, dado su estilo.

—Tal vez pueda ir a Pedro Rodríguez o a Flora Villarreal —me sugirió—. Estoy segura de que encontrará allí cosas que le gusten.

Y Ana de Pombo me dedicó una sonrisa forzada.

—No, me gustan estos modelos... y no me importa encargarlos sin verlos acabados. ¿Podría ver algunas telas?

Otro silencio embarazoso. Sólo se oían los ruidos lejanos de la calle de Hermosilla. Pero, por excéntrica que pareciera Ana de Pombo, detecté en ella una astucia igualmente sorprendente.

—Un momentito, por favor —me contestó.

Esperé otra vez, pero cuando la puerta se abrió no fue Ana de Pombo la que entró.

—¡Vaya, Aline! Ana me ha dicho que estaba usted aquí. ¡Qué agradable sorpresa! —La condesa von Fürstenberg avanzó hacia mí—. ¿Cómo encontró este lugar? Yo creía monopolizarlo. Es mi secreto, ¿sabe? Ana sólo me viste a mí y a muy pocas más... ¿Cómo oyó hablar de ella?

—En este momento no sabría recordarlo. Tal vez me lo dijo una de las chicas Ávila.

—¿De veras? Es extraño. Nunca hubiera dicho que las Ávila se vistieran aquí. —Gloria se sentó a mi lado—. Estoy aquí para probarme un vestido que pienso llevar en la cena con baile que darán en el Club de Campo Puerta de Hierro. ¿Usted irá?

—Que yo sepa, no. Me encantaría ver ese vestido.

—Pues yo prefiero sorprenderla. No le quepa duda de que la invitarán. Todo el mundo irá.

—De momento, espero para ver unas cuantas telas.

—Ana es única, es una bohemia. Aquí no tiene nada. Diseña sus ideas, las discute con la cliente, y sólo después encarga los materiales. No hay otra modista como ella. Su gusto es impecable. Y además es espantosamente cara. Siga mi consejo y vaya a otro lugar. Ana necesita siglos para terminar cualquier prenda.

Sus ojazos bellísimos me miraban intensamente, explorando mi reacción.

Me hubiese agradado hacerle frente y dirigirle unas cuantas preguntas allí mismo, pero opté por levantarme.

—Tiene usted razón. Yo trabajo, y no tengo tiempo para esperar.

Pero ya había decidido ordenar a Pilar que hiciera vigilar el salón de costura de Ana de Pombo las veinticuatro horas del día y de la noche. Ya que si bien no había encontrado allí nada más, al menos había efectuado un descubrimiento peculiar. Ana de Pombo no dirigía ningún taller de costura. Su salón era una filfa.

Pilar no se presentó en mi casa la semana siguiente para darme sus «lecciones». No sólo su información sobre la condesa podía resultar ahora más sutil que nunca, sino que además yo quería colocar una mujer en el falso salón de alta costura, y finalmente, cada vez más preocupada, pregunté a Antonia si sabía algo acerca de ella. La portera me contestó que no, pero que trataría de dar con ella.

El día siguiente, al regresar a casa desde la oficina, Antonia me saludó desde el escalón en el que solía sentarse.

—Adivine dónde se encuentra nuestra amiga —me dijo con una mueca de menosprecio.

—¿Dónde?

—En la cárcel. ¡Malditos sean esos fascistas!

—Pero... ¿por qué? —pregunté, tratando de ocultar mi pánico.

—¡Y yo qué sé! Perdóneme, señorita, pero me gustaría retorcerles el cuello.

Una vez en mi apartamento, pensé en las implicaciones, que eran atemorizadoras. Descolgué el teléfono y llamé a un hombre que Juanito me había presentado: Paco Aylagas, director de prisiones. Le expliqué que una mujer que me daba lecciones de español había sido encarcelada por razones que yo ignoraba, y le pedí que intentara que fuese puesta en libertad. Añadí que me parecía persona seria y honrada, y que me gustaría poder ayudarla. Me aseguró que vería qué podía hacerse y que le encantaba poder serme útil.

La espera fue angustiosa. ¿A cuántas de la cadena habrían detenido también? Advertí a Mozart y durante veinticuatro horas no me aparté del teléfono. Finalmente, Aylagas me llamó. En su voz había una nota de preocupación.

—¿Sabe por qué ha sido encarcelada Pilar Hernández, Aline?

Fingí ingenuidad.

—No. ¿Por algo malo?

—¿Por algo malo? —repitió el director—. No puede ser peor. De ninguna manera podría lograr que la soltaran.

—Pero ¿qué ha hecho? —insistí, procurando no parecer demasiado angustiada.

—Nunca lo adivinaría. —Aylagas parecía profundamente afectado y esperé su explicación—. Es la dirigente de las mujeres del Partido Comunista de España.

Procuré que no se notara el alivio de mi voz.

—Pero ¿no puede usted hacer que la suelten? —inquirí.

Se echó a reír.

—Aline, ustedes, los americanos, son realmente muy originales. Si esta mujer fuera sólo una comunista más, tal vez yo podría complacerla. Pero es evidente que usted no comprende que es una peligrosa enemiga política del gobierno. Recibe órdenes de Moscú. *¡De Moscú!* ¿Acaso no sabe que en estos momentos los soviéticos también están actuando contra los americanos, aunque pretendan ser sus aliados? Los servicios de información soviéticos se han infiltrado en todos los gobiernos democráticos de Europa. Pilar Hernández es tan enemiga de Estados Unidos como lo es de España. Y me sorprende mucho que fuese una empleada suya.

Su voz era modulada, sin que se notara en ella insinuación alguna.

—Pero es que yo no tenía ni idea, Paco. Pilar nunca ha hablado conmigo de sus opiniones políticas.

—Sí, de acuerdo, pero le sugiero que se busque una profesora de idioma más adecuada. Una que no esté conspirando para derrocar a nuestro gobierno. Siento no poder ofrecerle mejor ayuda.

Apenas colgó, calculé mi siguiente movimiento. Tendría que crear una nueva cadena.

Llamé a José Heredia. Nos encontramos en la Puerta del Sol, como por casualidad, en medio del tráfico del mediodía. Al cruzar juntos la calle, le expliqué lo que quería de él y le pedí que empezara por seguir los pasos de Lazaar y de la condesa von Fürstenberg. Aunque yo no había podido hablar con Edmundo, le dije que utilizara a éste como un contacto alternativo cuando no pudiera dar conmigo. En pocos minutos, captó todos los detalles y nos separamos para seguir nuestros caminos. Después de comprarme unas medias y otras chucherías, me dirigí a la oficina.

Como si mi preocupación por Pilar no bastara, pasó una semana y la Operación Yunque no tuvo lugar y Pierre no apareció en Madrid. Continuaban siguiéndome y yo me sentía atemorizada. Las advertencias que Angustias me dirigía a diario no contribuían a ayudarme.

—Esa Marta de Francia se acostó tan sana como usted y yo, señorita. Cecilia le dio para cenar lo mejorcito que se podía encontrar en Madrid, y ella comió como tres hombres. No estaba enferma. Sé que la señorita me oculta algo, pero debe andarse con mucho cuidado, señorita. Casi cada noche, Cecilia y yo vemos a alguien que desde la esquina acecha esta casa. ¿Quién puede tener en ella tanta importancia como para que la vigilen? No, desde luego, el borracho del marido de Antonia, ni tampoco la familia del primer piso.

Como Mozart había deseado y Gloria había previsto, Casilda me invitó a la fiesta.

—Es la última gran fiesta de la temporada, Aline, antes de que todos se vayan a veranear al norte. Debes venir mañana a la cena y verbena de San Juan en Puerta de Hierro. Carola, mis hermanas, Luis, al que tú conociste en El Morisco, y un grupo de amigos van todos. —Casilda se mostraba entusiasmada—. ¿Adónde irías, si no? Tu amigo el torero estará lidiando en Granada, y hace dos semanas que no has asistido a ninguna de nuestras fiestas.

Su invitación me alegró, pero, por desgracia, Mozart acababa de marcharse a Lisboa y no regresaría hasta la noche siguiente, demasiado tarde para averiguar qué deseaba que yo hiciera allí. Pero yo ya estaba cansada de esperar que apareciera Pierre, que comenzara la Operación Yunque y que Heredia me diera noticias sobre el pobre René Blum, y ansiaba divertirme un poco.

—Gracias, Casilda. Me encantará ir. ¿Por qué no venís todos aquí antes, y tomamos unos cócteles?

—Gracias. Iremos con mucho gusto.

Meses antes, yo había convertido una de mis salitas en un bar de estilo americano pero con un toque español. Banderillas, carteles de corridas y la capa de Juan, que finalmente había aceptado, adornaban las paredes, y la barra estaba bien provista de whisky, difícil de encontrar, y de casi inhallables cigarrillos americanos.

El gramófono tocaba el *Melancholy Baby* de Sinatra cuando, a las nueve, llegaron las chicas Ávila y sus invitados. Carola vino con Pucho Gamazo, y después llegaron Pedro Leitao, un joven artista portugués, y Luis Quintanilla, el español al que yo había conocido en El Morisco. Cuando Edmundo hizo acto de presencia, me condujo desde el bar hasta el recibidor, donde me entregó una cajita con envoltorio de regalo.

—Esto es una muestra del especial afecto que me inspiras, como camarada de armas y colega en la batalla. Para mi protegida. ¡Para la Divina! —susurró.

Cuando la abrí, vi sobre un lecho de algodón que forraba el diminuto estuche, el broche de Gloria von Fürstenberg, aquel broche de brillante y rubíes en forma de loro... Miré su rostro radiante, en busca de una explicación.

—Vamos, no me riñas. Lo he devuelto, ¿no? Debo confesar que no resultó fácil. Pero en resumidas cuentas, te lo mereces, Aline. Considéralo como tu Cruz por Servicios Distinguidos.

Me eché a reír.

—Lo has tenido todo ese tiempo. ¡Lo sustrajiste de mi bolso!

Y una vez más pensé que el carácter de Edmundo podía facilitarle las cosas en caso de ser el topo.

Edmundo sonreía.

—Considera mi punto de vista como árbitro de la belleza... Fue simplemente irresistible. Tenía que poseerlo, para mi colección, pero después del Día D decidí que mi deber como colega en el espionaje predominaba sobre mis valiosas posesiones. Y ahora te lo devuelvo con amor y gratitud. Y no se hable más de ello, mi deliciosa cómplice.

—Edmundo, yo no puedo quedarme con esto.

—Pues bien, al menos quédatelo hasta que le encuentre una buena utilidad y averigüe cómo llegó hasta el apartamento de René Blum. Piensa en el aspecto de nuestro pobre amigo, acurrucado dentro de aquel piano. Y no menosprecies la importancia de mis regalos. Edmundo Lassalle es un Médicis moderno, guardián de pistas para actividades de espionaje. Soy un hombre del Renacimiento y tú eres mi Mona Lisa.

No pude contener la risa ante sus absurdas bravatas.

—Esta noche te veo de muy buen humor, Edmundo.

—¿Y por qué no, mi amor? Nuestros muchachos llevan las de ganar en Normandía. Y esta noche termina la temporada de fiestas de sociedad. Aline, desearía que mi epitafio dijera: «Edmundo Lassalle. La fiesta nunca terminó». ¿Volvemos al lado de aquella gente, querida?

Parecían divertirse todos ellos, hablando a gritos y chasqueando los dedos al ritmo vivo de *Let's Fall in Love*. Carola y las Ávila empezaron a bailar y tuve la impresión de que la primera había sobrevivido a su reciente enamoramiento no correspondido. Me apresuré a guardar el broche en mi bolso.

Cuando llegó el momento de marcharnos, varios nos amontonamos en el Cord de Luis Quintanilla, un descapotable bajo y aerodinámico. El ambiente se estaba calentando, y algo más también, literalmente, pues el calor del motor casi derritió mis medias de seda mientras dejábamos atrás Madrid y corríamos por la desierta carretera, camino del Club.

24

Puerta de Hierro era un moderno chalet de ladrillo construido en una colina en las afueras de la ciudad, rodeada por un campo de golf. Su camino de entrada, circular, permitía la llegada continua de antiguos Rolls-Royce y algunos Hispano-Suiza, Peugeot y Citroën igualmente vetustos. Luis, a mi lado, explicó que no se habían importado coches nuevos desde 1936, cuando comenzó la guerra civil. Ante la entrada se alineaban los porteros, con uniformes azul marino y amarillos.

La primera persona que me encontré al subir los escalones fue Gloria von Fürstenberg, acompañada por Hans Lazaar.

—¡Cuánto me alegra verla, Aline! —exclamó—. Quiero que sea la primera mujer en ver el vestido que tanta curiosidad le inspiró.

Habíamos llegado ya ante el guardarropa. Se quitó su capa de noche, de seda roja y larga hasta los pies, para revelar uno de los más admirados trajes de noche que yo hubiera visto hasta entonces. Exponía a Gloria como el alma ambigua que era en realidad. El vestido, sin mangas ni hombreras, era de seda pura blanca, bordado con diminutas estrellas azules mezcladas con unos dibujos geométricos negros que casi sugerían —lo juro— pequeñas esvásticas. Era valerosa, de lo cual jamás había dudado yo, pero tuve que admirar también la ironía de su humor.

El efecto del traje no le pasó desapercibido a Lazaar. Sus cejas enarcadas parecían indicar sus pensamientos.

—Un vestido elegante, Gloria —dijo en voz alta. Después, sonrió y añadió—: Y una mujer elegante, también. Con este conjunto, forzosamente has de triunfar.

—¿Y por qué no he de elegir algo que triunfe, Hans? —replicó ella con su voz algo ronca pero musical—. Me gustan los que triunfan. Todo el mundo adora al triunfador.

Me quité mi capa y la entregué a la chica del guardarropía. Gloria dio un paso atrás para contemplar mi aspecto, y contuvo la respiración.

—¡Me ha superado!

—¿Qué quiere decir?

—¡Pues que va prácticamente desnuda!

Una exageración. Yo llevaba un Hattie Carnegie (como de costumbre) largo y rojo, procedente de la colección de prêt-a-porter del verano pasado, cuyo único rasgo llamativo era una abertura triangular sobre la cintura, que revelaba en su desnudez un minúsculo ombligo. El último motivo por el que lo hubiera elegido era el de dar escándalo.

—Es adorable —declaró Gloria seguidamente—. Me encanta su audacia. ¡Resulta tan refrescante!

La sala estaba llena de personas a las que yo no había visto nunca, pero distinguí al hombre de la piscina de Beistegui.

Le dirigí un saludo. Él correspondió y sonrió con una expresión sorprendentemente amistosa, pensé, teniendo en cuenta su usual reticencia.

—¿Cómo es que conoces a Serraño Suñer? —preguntó Edmundo, que se encontraba a mi lado.

—¿Serrano Suñer? —exclamé—. ¿Ese hombre es Serrano Suñer?

—El mismo que viste y calza.

—Pues bien, he estado almorzando a solas con él durante las ocho últimas semanas, como mínimo.

—Aline, debes estar enamorada. ¿Cómo no me has dicho nunca que tenías una amistad tan íntima con un hombre tan importante?

—Nada de amistad íntima. Nunca nos hemos dirigido la palabra.

—Pero, ¿cómo no aprovechaste la oportunidad para...?

Le interrumpí.

—Edmundo, yo no tenía ni idea de quién era él.

Las fotos de Serrano Suñer que me había enseñado Mozart mostraban un hombre alto con un recargado uniforme de diplomático y un bicornio alto y rematado por plumas, y en otra aparecía vestido con el uniforme de la Falange. Ninguna de ellas ofrecía la menor similitud con aquel hombre de cabellos grises y en traje de baño. ¡Después de buscarlo durante meses! Estás hecha toda una buena espía, Aline, pensé.

—A juzgar por la manera de vestir, diríase que nos encontramos en el gran baile de la condesa de Elda. —Edmundo se mostraba encantado y yo también—. Y ahora, si eres tan belicosa como supongo, te prenderás mi regalo en el busto y hasta el techo se vendrá abajo.

—Oh no, Edmundo —respondí meneando la cabeza—. Pretendo devolverlo a su legítima propietaria. En el momento adecuado.

—Prométeme que me dejarás estar presente.

En aquel momento, reconocí a alguien que me absorbió toda la atención. Se estaba mezclando con la multitud. Por suerte, Edmundo no advirtió mi excitación.

—Vaya —comentaba—, me parece que vamos a compartir la mesa con el Trío de Traidores.

Él nos vio precisamente cuando Edmundo me acompañaba a la mesa indicada por Casilda. Pierre nos miró fijamente, sin ninguna señal de reconocerme, y seguidamente se alejó.

Lilienthal, la Fürstenberg, Lazaar, Carola y Nena Ávila, junto con varios jóvenes, se habían sentado ya cuando llegamos nosotros. ¿Habría dispuesto Mozart que Pierre y yo nos encontráramos allí? Me senté y traté de tomar parte en la conversación. En un rincón lejano, los músicos de una orquesta, todos ellos de etiqueta, empezaron a afinar sus instrumentos.

Nena Ávila señaló con el dedo a Pierre.

—Mira, Casilda, ¿no es aquel hombre tan bien parecido que conocimos en las Ferias de Sevilla hace dos años?

—Sí, claro que lo es. Fue en la fiesta de cumpleaños que me ofreció papá.

—Se llama Francisco no sé que más. Flirteó contigo, ¿te acuerdas?

—¿Cómo podría olvidarlo? ¡Es tan guapo!

Puede que aquél fuese el momento más triunfal de mi carrera en la asignatura de autocontrol. Finalmente sabía su verdadero nombre. Francisco. Tenía ganas de pedirle a Casilda que me contara todo lo que supiera acerca de él, pero lo que hice fue preguntar con indiferencia:

—¿De quién habláis?

—De ése que acaba de entrar —contestó Casilda—. Nena se enamoró de él nada más verlo.

—¿Es un viejo amigo? —inquirí.

—Ni mucho menos. A papá no le gustó... Dijo que era un cazador de dotes y un impostor. Pero es muy bien parecido, ¿no?

—¿Cuál es su nacionalidad?

—Es francés, pero habla perfectamente el español. ¡Mira, se acerca a nuestra mesa!

Observé todas las caras. ¿Quién, entre ellos, conocía a Pierre? La Fürstenberg no. Cuando él llegó a la mesa, se limitó a mirarlo con simple curiosidad. Lazaar tampoco. Ni se fijó en él. Ni tampoco Edmundo. Pierre estrechó la mano de Casilda.

—Hola, Francisco. ¡Qué sorpresa verte en Madrid! —le saludó ella, radiante.

Dio la mano a cada una de sus hermanas. Después, Casilda dijo:

—Quiero presentarte a Aline Griffith.

Tocó mi mano, murmurando unas breves palabras mientras miraba a los demás. Después, se inclinó junto a la silla de Casilda para charlar unos momentos con ella. Yo traté de iniciar una conversación con alguien, pero se volvió hacia mí.

—¿Cómo ha dicho Casilda que se llamaba?

—Aline. Aline Griffith.

—Lo recordaré.

Y seguidamente, invitó a Casilda a bailar.

Durante este corto intercambio de palabras, Luis había estado de pie a mi lado, esperando para bailar conmigo. Entonces me hizo girar por la pista. Sin duda, era un bailarín consumado, pero me había perturbado tanto la presencia de Pierre que apenas prestaba atención a mi pareja, que, sin dejar de bailar, me condujo directamente hacia la mesa ante la que se sentaban Serrano Suñer y otros.

—Aline, me gustaría presentarte a mi madre y mi padre.

La condesa de Velayos era una mujer de extraordinaria belleza y tan distinguida como su marido. Cuando la condesa observó que Serrano Suñer ya me conocía, inquirió:

—Ramón, ¿cómo es que conoces a esta joven?

—Somos viejos amigos —contestó él, riéndose.

¿Habría sabido en todo momento con quien estaba compartiendo la piscina? No tuve tiempo para averiguarlo, pues Luis se me llevó de nuevo describiendo círculos. Hice un esfuerzo para mantener una conversación, al tiempo que trataba de vigilar qué hacía Pierre.

—Dime, ¿todos tus antepasados son españoles?

—Durante siglos y siglos. ¿Por qué lo preguntas?

—Pues no pareces español. Yo creía que todos los españoles tenían los cabellos y los ojos negros.

Sonrió.

—Ni mucho menos. Como has visto, en mi familia somos rubios.

—Perdona mis preguntas, pero ¿por qué tú te llamas Quintanilla y tu padre Velayos?

—Quintanilla no es mi apellido, ni Velayos el de mi padre. Son nuestros títulos. Nuestro apellido es Figueroa. El título de mi abuelo es Romanones, pero, desde luego, su apellido es también Figueroa. Sólo una persona utiliza el título en un momento dado. El que le sigue en el linaje no puede utilizarlo hasta que haya muerto el actual poseedor. Cuando mi abuelo muera, mi padre tendrá el título de Romanones, porque él es el mayor. Si sólo hubiera hijas, la mayor heredaría todos los títulos.

Suspiró. Mi pregunta probablemente le había aburrido, por lo que cambié de tema.

—¿Conoces al hombre que se ha acercado a nuestra mesa?

—Muy poco. Sin embargo, creo que debo advertirte que tiene mucho éxito con las mujeres. Ten cuidado.

Como una hora más tarde, Pierre reapareció, ocupó un asiento vacío en nuestra mesa y finalmente se volvió hacia mí.

—¿Puede concederme este baile?

Miré a Nena, tratando de denotar sorpresa, y le seguí hacia la pista. Mi última impresión fue la de Luis que nos estaba mirando a Pierre y a mí con fijeza. También Gloria von Fürstenberg parecía concentrar su atención en nosotros.

En el centro de la concurrida pista, Pierre me ciñó con más fuerza.

—Bien, Tigre, por fin podemos bailar otra vez.

—¿Qué estas haciendo aquí? Y procura llamarme siempre Aline.

—He venido para verte, para prevenirte. Corres peligro.

—¿Por qué? ¿De quién?

—No conozco todas las respuestas..., pero ten mucho cuidado. ¿Te alegras de verme?

—Es demasiado bueno para ser verdad. No es real.

Mientras bailábamos, vi que todos los de nuestra mesa nos miraban. Pierre se mostraba imperturbable.

—Quiero hacerte una pregunta. Ya quería hacértela la noche que me metí en tu casa.

—¿A qué te refieres?

—No seas tan impaciente, Tigre. La impaciencia parece ser tu único defecto.

Yo notaba su abrazo varonil.

—Es una pregunta muy simple. Sin embargo, es esencial para nosotros.

—¿De qué se trata?

Se aproximó más a mi oído y su cara rozó mi mejilla.

—¿Confías en mí?

—¿Acaso no debiera hacerlo?

—No contesta a mi pregunta.

Cerca de nosotros bailaban Edmundo y la princesa Agata Ratibor. Nos rozamos con las Ávila en el borde de la pista.

—¿Cómo les explicaré tus atenciones?

—Diles cualquier cosa... Diles que estoy bebido. No puedo tenerte entre mis brazos muy a menudo.

Y me dedicó su sonrisa maliciosa.

—No te pases, Pierre. Ni siquiera sé tu apellido.

La música cesó en ese momento y Pierre me llevó desde la pista a la terraza exterior. Una pequeña multitud se había reunido en torno a una fogata bajo la noche estrellada. Me explicó que era el ritual para conmemorar la festividad de San Juan, el santo que caminó sobre brasas ardientes. Vimos a una pareja de jóvenes atravesar corriendo las llamas, profiriendo chillidos de temor y excitación. Un minuto después, otra pareja atravesó, entre gritos, el círculo de llamas bailoteantes.

—Todavía no has contestado a mi pregunta —dijo Pierre, mientras su mano me conducía hasta el borde de la hoguera.

La leña chamuscada perfumaba el aire y calentaba nuestros rostros. Le miré. Su cara parecía cobriza.

—¿Cómo podría no confiar en ti, Pierre? Nos entrenamos juntos. Tú y yo somos camaradas.

—¡Confía en mí! —susurró, y me cogió la mano.

Antes de que yo pudiera reaccionar, me arrastró hacia el fuego. No pude zafarme a tiempo de su mano... y después no lo hice por instinto de protección. Avanzando entre las llamas ondulantes y cegadoras, Pierre me arrastraba tras él, y de pronto corrí más deprisa que en cualquier otro momento de mi vida. Lanzados a la carrera a través de la fogata, cogidos de la mano y enlazados nuestros cuerpos en una especie de danza, no pude abstenerme de gritar, pues era como correr a través de un horno con llamas que asaran mis mejillas. Jadeantes y entre los vítores de los espectadores cada vez más numerosos, salimos del fuego por el otro lado. A nuestro alrededor estallaban las chispas y la noche tachonada de estrellas absorbía las nubes de humo. Pierre casi me escondió entre sus brazos y yo me apresuré a separarme. Nos quedamos cara a cara al borde de la crepitante hoguera, dorados ahora nuestros semblantes por el resplandor del fuego.

Lanzó una carcajada llena de satisfacción.

—Veo que llevas el anillo que te regalé.

—Siempre lo llevo. Me gusta.

—Si Mozart supiera lo que siento por ti, nunca habría concertado este encuentro —dijo, y trató de abrazarme.

Me separé de él, apoyando las manos en su pecho.

—Pierre, no seas absurdo. Acabas de conocerme, ¿recuerdas?

—No, en este momento no recuerdo nada. Pero en tu lugar, no me volvería. Se acerca un hombre. Y no olvides, Tigre, que trabajamos juntos. Yo intento protegerte.

En realidad, yo no tenía la menor intención de volverme. Miraba fijamente al frente, hacia uno de los grupos de personas que rodeaban la fogata. Luis nos observaba, pero cuando captó mi mirada desvió los ojos hacia otro lugar. En el aire todavía resonaban los alegres chillidos de las jóvenes parejas que corrían a través de las llamas azules y amarillas, mezclados con los airosos pasodobles que la orquesta interpretaba en el iluminado edificio del club.

Detrás de nosotros, a la luz de la hoguera cercana, Hans Lazaar dijo con su voz baja y fría:

—Hola, Miss Griffith. —Después miró cara a cara a Pierre—. ¿Cómo está usted, François? Llevaba mucho tiempo sin verlo.

Pierre asintió fríamente. La fogata crepitaba ruidosamente. Encima de ella, flotaban las estrellas.

—¿Qué le ha traído a Madrid?

La voz de Lazaar era amistosa pero indiferente. Sospeché que Pierre no le caía bien, o que tal vez no lo conociera mucho.

—Vengo tan a menudo como puedo. España es uno de mis países favoritos.

El monóculo de aquel hombre bajo y rechoncho brillaba como una moneda de cobre incrustada en la cara carnosa y mofletuda. El fuego también bruñía los espesos cabellos de

Pierre y hacía que resultara aún más atractivo, pensé en aquel momento.

—No se saldrá con la suya con su traición, Lazaar.

Toda la actitud de Pierre había cambiado. Sus ojos centelleaban bajo el resplandor de las llamas.

—¿De qué me está hablando, joven? ¿Y qué derecho tiene a hablarme en ese tono? Apenas le conozco, aparte de una noche en París que preferiría olvidar.

—No estoy dispuesto a tolerarle sus actos de violencia.

Creí no haber oído bien. Fue también, obviamente, una observación que el alemán no esperaba, pero sus palabras fueron contundentes:

—¿De qué me está hablando?

Pierre contestó con voz sibilante:

—Estoy al corriente de todos ellos.

Lazaar se mantenía pétreo, impenetrable.

—Usted no está bien de la cabeza.

—¿De veras? —Pierre sonreía sarcásticamente—. Explíqueme lo de la muerte de la marquesa de Torrejón.

Lazaar miró a Pierre con los ojos desorbitados.

—Vamos, explíquemelo.

—Usted está loco de atar. ¿De qué me está hablando?

Pierre cambió de posición.

—Usted sabe que fue asesinada. Explique cómo.

Enfurecido, Lazaar exclamó:

—¿Y por qué me lo pregunta a mí? Si aquella vieja excéntrica fue asesinada, usted sería el primer detenido, puesto que parece ser el único que está enterado de ello. Por lo que yo sé, falleció por causas naturales.

En aquel momento se oyeron voces de otras personas que se acercaban.

—¿Qué ocurre aquí?

Al dar media vuelta, vi que se aproximaba Gloria von Fürstenberg, del brazo de Niki Lilienthal y del de mi compañero de natación, Serrano Suñer.

—Te he estado buscando, Hans.

Pierre se alejó de allí y, en voz muy baja, murmuró:

—Ahora debo marcharme, pero permíteme que te acompañe a tu casa. Dentro de una hora, nos encontraremos delante del club.

Asentí y él se alejó en la dirección opuesta.

Lilienthal se acercó a mí.

—¿Le apetece entrar en el chalet, Aline?

—Sí, sería buena idea.

Todos echamos a andar hacia el chalet. Gloria se apoyaba en el brazo de Hans.

—¿De qué estabais hablando los tres, Hans?

—De nada importante, Gloria. Cosas totalmente sin importancia. —Se volvió hacia mí y me guiñó un ojo—. Esos jovencitos trataban de convencerme para que atravesara corriendo la fogata.

—¿Y lo consiguieron?

—Sólo consiguieron despertar mi sed y que deseara echar un trago.

—No falta whisky en el club —aseguró Gloria, y se volvió hacia Serrano Suñer—. Ramón, ¿por qué tú, Hans y Niki no volvéis a la fiesta? Yo quiero charlar con Aline. —Y cuando se alejaron, me dijo—: Bien pensado, será mejor que entremos también. Esa fogata resulta demasiado calurosa para mí. —Apoyó su brazo en el mío—. Necesito hablar con usted a solas. Inmediatamente.

Me condujo a una desierta sala de juego, con trofeos en las vitrinas. Su paso era tan rápido que apenas podía seguirla, y cuando se volvió hacia mí, vi una nueva Gloria von Fürstenberg.

—Tengo que abandonar Madrid..., salir de aquí. Por favor, ayúdeme. Usted es americana y puede hacerlo. —Después de respirar profundamente, se calmó y, un segundo después, la máscara volvió a estar en su sitio. Sonrió y me dijo con su voz ronca—: Sepa que, en el fondo de mi corazón, adoro a los norteamericanos. Al fin y al cabo, yo soy mejicana.

Sin moverme, yo seguía leyendo en su semblante.

—En mi adolescencia, en Guadalajara, mi madre solía decirme: «Gloria, eres la muchacha más hermosa de México, y eres lista. No admitas nunca, en tu vida, nada que no sea lo mejor de lo mejor. No necesitas hacerlo. Puedes conseguir todo lo que una mujer pueda querer en este mundo.» Y si usted oyera esto veinte veces al día, Aline, creo que también acabaría por creerlo. Y comenzaría a desearlo, como hice yo. Sólo lo mejor que la vida puede ofrecer, ya sea en Guadalajara, en Hollywood, en Nueva York, en París, en Berlín o en Madrid. Yo he conseguido lo mejor en cada uno de estos lugares, amiga mía, y permítame que le diga que ahora sé lo que quiero. Quiero volver a México. Quiero que mis hijos estén a salvo. Usted debe conocer a americanos influyentes. Le recompensaré generosamente. Tengo joyas..., lo que usted quiera, puede elegir.

Estábamos de pie en medio de la sala, vacía excepto unas cuantas mesas de juego, unas sillas de respaldo recto y un gran sofá tapizado en cuero junto a la pared. Gloria se sentó junto a mí en el sofá. Se esponjó su espesa cabellera con unas uñas lacadas. Ya no tenía un aspecto felino, sino que de pronto parecía cansada.

—Sí, valdrá más que se lo cuente todo. Quiero salir de España. Quiero empezar una nueva vida. —Suspiró y jugueteó con la borla de su bolso de noche—. Cuando conocí a Fürstenberg en París, me enamoré locamente de él. ¡Por fin! Lo había esperado toda mi vida, y si tonteaba por el camino era porque estaba buscando lo mejor. Lo auténtico. Un gran amor. Creí haberlo encontrado. Pero entonces vino la guerra y lo arruinó todo. A él lo enviaron a Rusia y yo... yo me sentí confusa. Al cabo de un año, me sentía más solitaria que un soldado en el frente y pensé que perdería mi cordura si no empezaba a vivir de nuevo. Rara vez recibía noticias de mi marido y entretanto me iba consumiendo la preocupación, la ansiedad al pensar que me podían comunicar su desaparición o su muerte. Empecé a salir por las noches para no pensar en esto. Supongo que me perdí en la vida social... esto era fácil. Pero comenzaron los bombardeos y Berlín se convirtió en un lugar peligroso. Vine aquí. Había un precio que pagar. Siempre lo hay, no lo olvide nunca, Aline, y yo he pagado por todo lo que he hecho. Pero entonces...

Entró un camarero y preguntó si deseábamos beber algo. Las dos denegamos al unísono con la cabeza. Apenas se retiró, Gloria se volvió hacia mí.

—¿Cuánto tiempo hace que conoce a Francisco?

Su pregunta fue una sorpresa. Cuando él apareció junto a la mesa, ella había dado la impresión de que nunca lo había visto antes. Tal vez Pierre fuese la verdadera razón de que ella me hubiera llevado a aquella sala para hablar.

—Me lo han presentado esta noche. No sé nada de él.

—Cuidado, amiga mía. Es mala persona. Representará su comedia ante usted, pero no le haga caso. Es un embustero y un tramposo. Su pasión es el dinero... y las mujeres en segundo lugar. Siempre las utiliza con alguna finalidad.

Su voz se había alzado hasta adquirir un tono insólitamente agudo en ella.

—Entonces, ¿usted le conoce a fondo? —pregunté.

—Demasiado. Lo conocí en París, hace un par de años. No sé gran cosa de sus antecedentes. Me perseguía. Bien, no hay otra manera de decirlo... Se enamoró locamente de mí. Tal vez creía que yo era rica. Y yo lo era entonces. Pero algo en él siempre me puso en guardia. Era encantador, debo admitirlo, pero no me enamoré de él.

A medida que hablaba, Gloria se mostraba cada vez más agitada.

—¿Y le ha visto aquí, en Madrid?

Yo tenía que averiguar más cosas.

—Tuvo la desfachatez de presentarse en mi habitación el otro día. Me dio un susto de muerte... ¡Y con los niños en la habitación contigua! Y no me costó poco desembarazarme de él... Y después, cuando fui a casa de Ana de Pombo para la última prueba de esta maravilla de traje, me siguió hasta allí. Pero hablemos de otra cosa...

Meneó la cabeza como para librarse de aquel recuerdo, y prosiguió:

—Mire, Aline, realmente deseo ser su amiga y una amiga de los americanos.

Tenía ahora los ojos muy abiertos y con una expresión suplicante, casi inocente, si es que esta palabra puede emplearse con relación a Gloria von Fürstenberg.

Lentamente, abrí mi bolso. Lentamente, alcé el objeto ante ella. No creo que se le moviera un solo músculo de la cara. Lo moví...

Un momento después, sus ojazos negros se dulcificaron.

—¿De dónde ha sacado esto? —Gloria tendió una mano hacia la joya en forma de loro, y yo se la entregué—. Muchas gracias. Echaba de menos este broche tan adorable. ¿Dónde lo encontró?

—Lo encontré en el sofá del apartamento de René Blum. La noche en que fue asesinado. Usted estuvo allí aquella noche. Si quiere que yo le ayude en algo, será mejor que se explique.

Por un segundo pareció desconcertada, pero de pronto se echó a reír.

—Tiene usted una imaginación realmente desbocada, cosa que yo adoro, de veras. —Y, sin más, me cogió por la mano y me obligó a regresar con ella al comedor—. Yo nunca he puesto los pies en el apartamento de aquel director de orquesta. Este broche me lo robaron, y sospecho que lo hizo alguien a quien usted conoce.

Yo todavía deseaba saber cómo había perdido el broche, pero ella estaba ya entre los brazos del apuesto Miguel Primo de Rivera y se disponía a bailar con él. Cuando su pareja iniciaba los primeros pasos, ella se detuvo, me dedicó una sonrisa, abrió su bolso, dejó caer el broche en su interior, y echándose atrás negligentemente los negros y espesos cabellos, dedicó su atención al baile.

Yo tenía que encontrar a Edmundo. Durante media hora, registré todos los aposentos del chalet y todos los rincones del jardín, pero no lo encontré en ninguna parte. Ni las Ávila ni Carola le habían visto marcharse. Les dijo que el día siguiente debía empezar a trabajar temprano y que alguien me acompañaba a mi casa. Consulté de nuevo mi reloj. La una y media. Debía de hacer tiempo que Pierre me esperaba.

Fui al guadarropa, recogí mi capa y bajé apresuradamente los escalones de la puerta principal. Las implicaciones de la última hora eran desconcertantes.

Pierre me esperaba entre las sombras a la derecha de la entrada. Su sonrisa de satisfacción fue para mí como un baño caliente. Me tendió las manos.

—Vamos, Tigre, te llevaré a casa y charlaremos. Te lo explicaré todo. Llevo largo tiempo esperando poder hacerlo.

Abrió la puerta delantera de un Renault negro y entré en él.

Ante el volante, Pierre encendió un cigarrillo y puso en marcha el coche. Los neumáticos rechinaron sobre la gravilla del camino de entrada, pero alguien se acercó corriendo y gritando:

—¡Francisco! ¡Francisco!

Al volverme, vi a Gloria von Fürstenberg que, sosteniéndose la amplia falda, corría frenéticamente hacia el coche, al aire su negra melena y con sus ojazos desorbitados. Pierre frenó en seco.

Cuando Gloria me vio, su expresión se trocó en otra de asombro que pronto se convirtió en una mueca de temor incontrolable.

Pierre la miró sonriendo, mientras inhalaba el humo de su cigarrillo. Por la razón que fuese, parecía estar saboreando este encuentro. Yo había observado muchos aspectos en el comportamiento de la condesa, pero el de ahora era nuevo: se había quedado sin habla.

—¿Cuál es el problema, Gloria? —preguntó Pierre.

Contemplé aquel rostro bellísimo y comprendí que Gloria estaba pensando como si su vida dependiera de ello. Me miró y después dio un paso atrás y se irguió en toda su estatura.

—Desearía hablar de algo contigo, y *ahora* —dijo con su tono más imperioso.

—Entra, Gloria. Te llevaré también a tu casa.

El tono de él era afectuoso, o al menos así me pareció.

—Esto es imposible... y tú lo sabes. Mi problema es urgente..., cuestión de vida o muerte. Y si eres tan hombre como crees ser, entrarás allí conmigo. —Me señaló con un dedo largo y esbelto—. En el aparcamiento hay chóferes que pueden llevar a la chica a casa.

Pierre se volvió hacia mí.

—Lo siento. Es evidente que se trata de una emergencia. Pero te encontraré en seguida un chófer.

Se apeó y se encaminó hacia la zona de aparcamiento. Gloria subió hasta la entrada y dio media vuelta para esperar a Pierre. Este habló con un grupo de chóferes reunidos ante el aparcamiento y volvió con un individuo bajo y robusto cuya cara no pude ver. Gloria había desaparecido en el interior del club.

—Todo resuelto —anunció Pierre—. Este hombre te llevará a Madrid. —Se inclinó para darme un beso en la mejilla—. Mantente en guardia hasta que nos veamos mañana —murmuró y, dirigiéndose al chófer, ordenó—: Lleve a la señorita a Monte Esquinza, 37, espere hasta verla entrar y vuelva aquí con el coche.

Sin pronunciar palabra, el hombre se sentó a mi lado, puso el coche en marcha y enfilamos el camino que, desde la colina, serpenteaba hasta llegar a la carretera principal.

Pregunté si sabía dónde estaba mi calle. Sólo obtuve un «Sí» gutural, no el «Sí, señorita» que hubiera sido la usual y cortés respuesta española. Pero yo estaba ocupada tratando de imaginar qué podía estar ocurriendo entre Gloria y Pierre. Era evidente que los dos se conocían bien. No sólo lo había dicho ella, sino que además él había accedido inmediatamente a su ruego. Me sentía trastornada... como mínimo. Cuando llegamos a la carretera principal, mi chófer viró a la izquierda para tomar, supuse, una carretera diferente hacia la ciudad. Pero después, su extraña maniobra me llevó de nuevo al presente, sobresaltada.

—¿Por qué tomamos esta carretera? —pregunté.

—Más corta —fue la respuesta.

Contemplé los campos de las despobladas afueras al noroeste de la ciudad y el instinto me previno antes incluso de que él desviara el coche hacia la cuneta de la carretera.

Apenas se detuvo, yo me apeé de un salto, eché a correr y segundos después me encontré entre unos espesos matorrales. Oí que me seguía y, aunque la oscuridad era absoluta, temí que oyera mis pisadas entre las resecas matas. Sin dejar de correr, empuñé mi Beretta 25 y dejé caer mi bolso. Las pisadas de mi perseguidor, entre la vegetación, eran cada vez más audibles. Mi vestido largo se enganchaba en las matas espinosas y mis tacones se hundían en el suelo arenoso, dificultando mi carrera. Supe que debía hacerlo.

Me volví y, sin titubear, disparé contra la silueta oscura que corría hacia mí, a unos cinco metros de distancia. Debí de fallar el tiro, pues se abalanzó hacia mí y me agarró por el cuello. ¡Me estaba estrangulando! Utilizando las pocas fuerzas que me quedaban, apreté la pistola contra él, sin saber ni importarme dónde apuntaba esta vez. Me estaba sumiendo en la inconsciencia cuando oí el estampido de un disparo. ¡Mi disparo! Pero ahora me pareció un eco lejano, y después reinó el silencio.

Debieron de transcurrir tan sólo unos pocos segundos. Tenía la respiración entrecortada, pero estaba viva. Yacíamos los dos en el suelo, el cuerpo de él en parte sobre el mío, y la pistola en mi mano. Me resultó difícil moverlo, pesado como era y ahora fláccido. ¿Lo habría matado? No podía perder tiempo averiguándolo. Al registrar sus bolsillos, encontré unos cuantos papeles, cigarrillos, y después un cuchillo sujeto a su pantorrilla. No había otras armas. Corrí hacia las luces del coche, que brillaban más allá de los matorrales. Tenía arañazos en los pies y también en los brazos, pero no sentía ningún dolor, sino tan sólo la embriaguez producida al verme capaz de moverme, al sentirme viva. Sin gran dificultad, di media vuelta con el coche y regresé a la carretera principal.

Mientras conducía, me sentía todavía confusa pero trataba de pensar. ¿Quién me había puesto en manos de aquel asesino? Si Gloria no hubiese aparecido, Pierre me habría acompañado y no me hubiese ocurrido nada. Alguien lo había contratado, probablemente para esperar en aquel aparcamiento, seguirme hasta mi casa y acabar conmigo apenas hubiese estado sola. Que Pierre pidiera un chófer no había hecho sino facilitar las cosas.

Pero ¿quién pudo ser? ¿Edmundo? ¿Lazaar? ¿Gloria? Incluso aquel hombre, Serrano Suñer, podía ser el culpable. O Lilienthal, si su información no había sido más que un ardid. Todos ellos se encontraban allí.

Al llegar a la plaza de la Moncloa y doblar por Cea Bermúdez, empecé a preguntarme dónde dejaría el coche. En algún lugar lo bastante cerca de casa para que no se me viera por las calles con un traje de noche salpicado de sangre, pero no tan cerca como para que se relacionara el automóvil conmigo. Después de todo, el hombre al que se le había visto conducirlo podía ser hallado... muerto.

A tres manzanas de casa, a la sombra de las frondosas ramas de dos acacias, aparqué y corrí descalza hasta mi casa.

¿A quién podía telefonear? Ni siquiera sabía el apellido de Pierre ni donde vivía éste, y por tanto había de descartar a la única persona en la que podía confiar. Belmonte se encontraba probablemente camino de Cádiz desde Granada, para torear en su próxima corrida. Todos los demás eran posibles enemigos. No había opción. En caso de que él fuese el topo, yo estaría en guardia..., pero forzosamente tenía que llamar a mi jefe.

25

Veinte minutos después de mi llamada telefónica, Mozart llamó a la puerta de mi apartamento. Cuando la abrió, sus ojuelos diminutos se dilataron.

—¿Qué ha ocurrido? Está hecha trizas.

—Estoy bien. Entre.

Le conduje hasta mi pequeña sala de estar. Cada paso me exigía un esfuerzo, pero oculté mis molestias tanto como me fue posible. Por segunda vez —el jefe no había entrado en mi apartamento desde la noche en que murió Marta— aquel hombre corpulento y anguloso se enfrentó a mí desde un sillón mientras yo me sentaba en el sofá.

—Esta noche, la cena con baile en Puerta de Hierro ha estado llena de sorpresas. La principal de ellas es que, camino de casa, alguien ha tratado de matarme... y yo he tenido que disparar contra él.

—¿Ha muerto?

—No lo sé.

—¿Contra quién ha disparado?

—Tampoco lo sé.

Entregué a Mozart un paquete de cigarrillos negros —Ideales era la marca—, un carnet de conducir, un documento de identidad extendido a nombre de Jorge Iglesias Suárez, y el puñal.

—Esto es lo único que he encontrado.

—Debo decirle, Aline... —¿Me había llamado alguna vez por mi nombre de pila?—. Mientras no haya quemado su cobertura, todo irá perfectamente.

—No creo haberlo hecho.

—Explíqueme detalladamente lo ocurrido.

—Para empezar, vi a Pierre.

Mozart asintió con la cabeza.

—Perfecto. Desde ahora, usted será mi contacto con él.

Esperé que el jefe no advirtiera mi sensación de dicha y dije rápidamente:

—Pierre se disponía a acompañarme a casa con su coche, pero lo detuvo la condesa von Fürstenberg, que insistió en que se quedara. Entonces, él encontró un chófer para que me llevara. El chófer es el que intentó matarme.

Y narré a Mozart los detalles, tan bien como pude recordarlos.

—¿Y dónde encontró Pierre a ese tipo?

—En la entrada del terreno de aparcamiento, casi delante de nosotros. Había varios chóferes charlando, y ese individuo formaba parte del grupo.

—¿Le pareció que Pierre le conocía?

—No lo creo.

—Mala suerte..., eso nos hubiera ayudado. ¿Quién pudo verla con el hombre contra el que disparó?

—Excepto Pierre, nadie, que yo sepa. Gloria estaba demasiado lejos cuando él se acercó, y no podía verle claramente.

—¿Dónde ha dejado el coche y el cuerpo?

Se lo expliqué y él reflexionó unos momentos.

—¿Puedo utilizar su teléfono?

Mozart se dirigió al vestíbulo y al regresar me dijo:

—He enviado a alguien en busca del coche. Si el hombre está muerto, aunque no deja de ser una prueba incriminadora, también puede ser la pista que estamos buscando. Necesitamos saber con quién se está enfrentando usted. Voy a la oficina para llamar a Spider, cosa que hago rara vez. No es fácil. Requiere horas, y las llamadas a ultramar son las únicas que pinchan. Si Pierre se pone en contacto con usted mañana, y espero que lo haga, dígale lo ocurrido. Tal vez él conozca al chófer o pueda identificarlo o averiguar quiénes eran sus amigos. ¿Hay algo más?

—Bastante, mucho me temo.

Y empezé a explicar. La complicada confidencia de Gloria von Fürstenberg, y su escena con Pierre. Pierre acusando a Lazaar de haber asesinado a la marquesa de Torrejón. El broche de Gloria que me había regalado Edmundo y después la misteriosa desaparición de éste. Y en último lugar, aunque no menos importante, mi desconcertante descubrimiento de que hacía meses que yo conocía a Ramón Serrano Suñer.

Al finalizar mi relato, el jefe guardó silencio. Finalmente, se levantó para marcharse, pero se detuvo.

—Espero que me haya contado todo.
—Así lo creo.
—¿De veras? Tengo motivos para dudarlo.
Y sacando de su bolsillo un trozo de papel, Mozart lo desdobló lentamente y me lo entregó. El cable de Spider afirmaba que el príncipe Lilienthal me había advertido la existencia de un topo. Antes de que yo pudiera reaccionar, Mozart prosiguió con voz suave:
—Esto lo comentaremos más tarde. Ya hemos tenido bastante jaleo por esta noche. Será mejor que descanse un poco.
Y se marchó, dejándome sola con mis pensamientos.
El cable de Spider indicaba que Mozart estaba fuera de toda sospecha. Era una ayuda, aunque yo tuviera que pasar por la humillación de que mi jefe comprendiera que yo había sospechado de él. Corrí los cerrojos de las puertas y fui a mi habitación, acostumbrada ya a tener todas las ventanas y sus postigos bien cerrados. Durante un buen rato, no me fue posible dormir. ¿Había matado a un hombre? ¿A quién? ¡Todo había sido tan rápido! ¿Dónde estaba Edmundo? Mi lista de sospechosos se había acortado..., pero sólo en una persona. Tenía todavía a todos los demás... y sin respuestas...

A las ocho de la mañana sonó el teléfono. Era la voz de Mozart.
—Su amigo ha expirado. Pero no se preocupe. Nuestro radiotelegrafista encontró su bolso y sus sandalias y suponemos que no se filtrará ni palabra de este asunto. Era un tipo alquilado, de esto no cabe duda. Los documentos son falsos. Póngase en contacto conmigo después de haber visto a Pierre. Es seguro que él la llamará.
La impresión causada por haber matado a un hombre parecía mucho más intensa ahora que la noche anterior, cuando ocurrió el hecho. ¿Quién era él? ¿Para quién trabajaba? ¿Tendría mujer e hijos? Este pensamiento me desmoralizó y abandoné la cama. Cuando estaba en la bañera, sonó el teléfono y recorrí, chorreante, todo el pasillo hasta mi dormitorio.
—¿Qué ha ocurrido anoche? —preguntó Pierre—. Aquel sinvergüenza no me devolvió el coche.
Le sugerí que nos encontráramos en la rotonda del Hotel

Palace para podérselo explicar, y por mi parte averiguar qué sabía él acerca de aquel chófer.

Cuando entré, él ya me esperaba en la escalinata. Pepe, el conserje, me saludó con su habitual sonrisa amistosa. Figuraba en nuestra nómina, y probablemente también en las de otras potencias, pero no importaba. Yo no podía evitar que me cayera simpático. Pierre parecía más guapo que nunca, pero entonces recordé mi conversación con Gloria la noche anterior. Me besó la mano y me condujo a un rincón discreto.

—¿Qué te ocurre, Tigre? ¿No te gusto hoy?

—Me siento muy desdichada y tengo que hablarte de asuntos serios. Además, no me hago ilusiones respecto a ti. Gloria me explicó que estabas enamorado de ella.

Se echó a reír.

—¡Gloria! Estás celosa, y esto es espléndido. ¿Cómo iba yo a entregar mi corazón a esa devoradora de hombres? No, querida, tengo otras razones para perseguirla. Y ahora cuéntame qué son esos asuntos tan serios.

Los dos pedimos té, y yo le relaté lo ocurrido después de separarme de él. Su expresión de consternación e incredulidad fue incrementándose.

—Tigre, yo te metí en el coche con aquel individuo. Yo soy el responsable. Jamás hubiera tenido que dejarte ir sola con él. Tú me viste buscar un chófer para que te llevase a Madrid. Él se encontraba allí y fue el primero en ofrecer sus servicios. Apuesto a que Lazaar fue quien lo contrató, pero nunca hubiera creído que ese miserable se atreviera a hacerte daño después de haberte visto conmigo y comprender que yo lo sé todo acerca de él. Es un asesino, un asesino vulgar y despiadado.

Pierre estaba verdaderamente excitado y tuve que separar mi mano de la suya, pues el camarero nos estaba mirando.

—Figúrate cómo me siento yo, Pierre. He matado a un hombre.

—Fue en defensa propia. Cualquiera se hubiera visto obligado a hacer lo mismo. Si no lo hubieras matado, él habría acabado contigo. Deja de pensar en ello. Al fin y al cabo, la mayor parte de tu entrenamiento consistió en prepararte para esta clase de cosas. Esto es la guerra, Tigre. ¿Qué crees que sienten tus hermanos y tus amigos cuando matan a otros? A nadie le gusta.

—Pierre, ¿tú crees que Lazaar mató a Mimosa Torrejón?

—No tengo pruebas, claro, pero sí tengo mis motivos para sospechar de él. Es capaz de todo.

—¿Crees que Lazaar puede ser el número uno de Himmler aquí?

—Himmler tiene aquí a mucha gente que trabaja para él. Aparte del personal de la Gestapo en España, ahora tiene bajo su mando a todos los funcionarios y agentes de la Abwher. ¿Por qué habría de tener un número uno?

—Pues es evidente que lo tiene..., una persona con especial influencia y que ha de efectuar para él una misión especial. Probablemente trabaja en información sobre el desembarco en el sur de Europa.

—¿Y qué noticias tienes acerca de ese desembarco? Aunque me alegra estar aquí y verte, lo que deseo en realidad es volver a Francia, detrás de las líneas enemigas. ¡Aquello sí que es acción de veras! —Su tono había cambiado, era más intenso—. Cuéntame, ¿qué dice Mozart de mí?

—Dijo que yo te lo explicara todo y que seré tu contacto con él. ¿Lo sabías ya?

—No. A mí me dijeron que fuese a aquella fiesta y que allí te encontraría a ti, y nada más. —Reflexionó por unos instantes—. La Operación Yunque debe estar al caer, y no quiero perdérmela.

—En estos momentos, todos los cables de la sala de códigos se refieren a esto.

—¿Han designado ya el lugar para Yunque?

—No de modo que yo pueda entender.

—Tigre, dile a Mozart que intercepté a un mensajero del alto mando alemán. El general Botho Elster, comandante del Primer Ejército alemán, se dirige hacia la región del golfo de Vizcaya, tras desviarse de su ruta anterior y cambiar por completo de dirección, con setecientos cincuenta oficiales y dieciocho mil ochocientos cincuenta hombres, más un número indeterminado de carros de combate Mark III. Es urgente que Mozart reciba esta información.

—De acuerdo. Tengo que preguntarte tantas cosas, Pierre... Hemos perdido tres agentes aquí... y yo misma me he salvado dos veces por los pelos. Tú puedes ayudarnos a desenmarañar todo esto, sobre todo teniendo en cuenta que conoces a Lazaar y a Gloria. Dos de nuestros sospechosos.

—Ninguno de los dos confía en mí. Ya oíste lo que le dije a Lazaar. Pero haré cuanto pueda. Lo mejor será que hagas llegar cuanto antes esta información a tu jefe. Yo esperaré que me telefonees.

Me levanté para marcharme y Pierre hizo lo mismo.

—Tigre, puesto que vamos a trabajar juntos, creo que ya no va contra las reglas enamorarse. —Apoyó su mano en mi brazo mientras bajábamos por la escalinata de mármol. Había el mismo magnetismo de siempre en su voz y en su tacto—. Puedes llamarme aquí, a la habitación cuatro cuarenta y dos.

Sólo cuando ya me encontraba en plena calle, advertí que seguía sin saber su apellido.

Cuando di el mensaje de Pierre a Mozart, éste pareció complacido, aunque como siempre se mostraba serio y envarado. Empezaba a sentirme más a mis anchas cuando le veía así.

—Pierre está considerado como uno de nuestros agentes más efectivos, Tigre. Su hoja de servicios es excepcional. Para ti, es una suerte trabajar con él.

—Pierre cree que Lazaar fue el que encargó a aquel individuo que me matara —dije—, pero esto no nos ayuda a descubrir quién es el topo entre nosotros, ¿no es verdad?

—Debe recordar que nadie sabe nada acerca del topo, excepto usted y yo... y el topo propiamente dicho, claro. Trabaje con todos tal como lo ha hecho hasta ahora. No dé ni la menor indicación de que su actitud haya cambiado.

—¿Y Top Hat? —pregunté.

El «pícaro» figuraba ahora en primer lugar en mi lista de sospechosos.

—Especialmente, Top Hat.

Jugueteó con el lápiz unos momentos, como si estudiara cómo expresar sus últimos pensamientos.

—Spider me ha pedido que le diga que él considera completada la primera fase de la Operación Corrida, y que la felicita. Cree que Lazaar *es* nuestro hombre, y ahora adoptaremos las medidas pertinentes.

—¿Y Serrano Suñer? Puesto que ahora le conozco personalmente...

—Innecesario. Él no tiene nada que ver con nuestras actuales preocupaciones. —El lápiz daba vueltas entre sus dedos—. Tigre, la espera una nueva misión. —Alzó la vista—. La fase segunda de la Operación Corrida, y el éxito de la invasión depende de ella.

Esperó y yo respiré hondo. ¿Qué iría a decirme?

—Las experiencias por las que ha pasado hasta el momento la ayudarán a salir airosa. Todavía no puedo explicarle nada. Dentro de las próximas semanas, recibirá, directamente de Spider un cable *top-secret*. Le diré a Jeff que, a partir de ahora, usted descifrará todos los cables *top-secret*. Apenas reciba éste, tendremos que actuar con rapidez. Usted me lo entregará inmediatamente. Yo me mantendré constantemente en contacto. No repita ni una palabra de lo que yo le diga, ni a Jeff, ni a Top Hat, ni siquiera a Pierre, a menos que yo se lo indique. Empezará por entregar un mensaje *top-secret*.

»Llame a Pierre, a su hotel, y dígale que se reúna con usted en la terraza del café que hay en la Castellana, a dos manzanas de aquí. Dígale que yo le ordeno mostrarse atento con la condesa von Fürstenberg, con la finalidad de averiguar dónde *creen* los alemanes que se producirá la próxima invasión de los aliados. Hágalo en seguida. Puede decirle a él que la necesitamos aquí, puesto que de ahora en adelante se ocupará usted sola de la descodificación de todos los cables *top-secret*. Dígale que le telefoneará dentro de unos días, y que él no debe ponerse en contacto con usted.

Ningún mensaje podía resultarme más desagradable, y Pierre se echó a reír cuando así se lo dije. Sentado al otro lado de la mesita metálica y bebiendo una horchata helada, vi que su rostro adoptaba una radiante expresión de placer.

—No estés tan preocupada, Tigre. —Su tono era ahora acariciador—. Es la última mujer que me inspiraría interés. Pero debo admitir que esta tarea significa un respiro, comparada con la de volar puentes.

Charlamos un rato, hasta que me levanté para marcharme.

—¿Por qué tan pronto?

—Soy la única a la que se permite descifrar los cables *top-secret*, y por lo tanto no puedo dejar aquello. Te llamaré tan pronto como Mozart me dé algo más para ti.

Me pesaba el corazón. Cuando miré atrás, él seguía sentado allí, fumando y sorbiendo su horchata, como si la guerra nada tuviera que ver con él.

—¿Qué tal le ha ido con Pierre?

Mozart me estaba esperando en el rellano de la escalera.

—Me ha parecido encantado.

Tal vez mi voz me traicionó, porque Mozart me miró con curiosidad mientras me indicaba que le siguiera a su despacho.

—Siéntese —me dijo, una vez allí.

Yo todavía seguía pensando en Gloria y Pierre.

—Voy a enviarla a la Costa Brava..., esta noche. —Sus gruesos dedos tamborileaban sobre la mesa vacía—. La información que llevará consigo tiene relación con Yunque. Y puesto que ya tiene su permiso de viaje, esta vez no habrá problemas.

Con sus gestos ceremoniosos, sacó un rollo de microfilm.

—Meteremos esto en un cinturón que llevará puesto. No volverá a salir de este edificio hasta la hora de tomar el tren. Nadie debe saber que sale usted de Madrid. Mi chófer la llevará a la estación. Dígale a su sirvienta que esta noche no irá a casa, pues estará de servicio. Yo me ocuparé de decirle mañana que estará usted ausente de la ciudad un par de días.

Mi asombro me hizo sonreír.

—No se preocupe, dispondrá de un cepillo de dientes. Al menos, esto podemos facilitárselo.

—¿Y qué pasará con los cables *top-secret*?

—El destinado a usted tardará todavía unos días en llegar. De los demás me ocuparé yo mismo.

Abrió su cajón, sacó de él la mitad de un billete de cien pesetas y me la entregó.

—Debe coincidir con la otra mitad, que obra en poder del propietario de un yate llamado *El Vega* y que espera su llegada en el puerto de Lloret de Mar. Entréguele el microfilm.

Se levantó y empezó a pasear por la pequeña habitación. Su actitud había cambiado y, por una vez, me pareció nervioso, inseguro.

—Se trata de una masiva labor de equipo, Tigre. Desde Washington hasta los confines de Europa y África, hay gente en acción para lograr que esto funcione. Recuérdelo.

Yo seguía sentada, mirándole.

—Pierre espera que yo le llame al Hotel Palace.

—Pronto tendremos un trabajo importante para él. Pero lo único que debe preocuparla ahora es entregar esta información sin que haya ningún fallo. Estoy seguro de que el yate le gustará. Y su propietario también es un buen tipo. —Soltó un gruñido—. Ah, sí... el yate la llevará a una lancha torpedera americana.

26

Milagrosamente, el tren nocturno a Barcelona, a pesar del balanceo y las trepitaciones del viejo vagón, me proporcionó un sueño que yo necesitaba, un respiro después de los acontecimientos de las últimas horas.

En Barcelona, tomé un taxi para que me llevara a Lloret de Mar. Mozart me había advertido que la carretera era traicionera, una ruta de dos carriles con curvas pronunciadas que bordeaban abruptos precipicios con alturas de un centenar de metros sobre el mar y las rocas. El taxi estaba limpio y bien cuidado, pero tenía más años que yo. El taxista era más joven. Charlaba mientras yo contemplaba el Mediterráneo, que brillaba como un cristal, salpicado por los gorros blancos de los bañistas, y las olas que llenaban de espuma la costa. Al llegar a lo alto del acantilado, pude ver todo el litoral a lo largo de varios kilómetros, y su colorido era impresionante, con sus calas de un azul brillante talladas en murallas de piedra roja y dorada. Cuando llegamos a Mataró, el taxista insistió en que probara los famosos buñuelos azucarados especialidad de esa ciudad. Le dije que tenía mucha prisa, pero de nada sirvió, puesto que, evidentemente, él ansiaba comprarlos.

No sin impaciencia, accedí mientras él se dirigía ya a la plaza principal. Con unas palabras de excusa, desapareció en un café. Desde el asiento posterior del coche, yo apenas había tenido tiempo de echar un vistazo a la población, cuando un coche viejo y destartalado apareció en el extremo opuesto de la plaza. Tres hombres, cuyas caras no pude ver pero cuyo aspecto era tan polvoriento como el de su vehículo, se apearon y se encaminaron hacia una gran mesa a la sombra de los corpulentos árboles. Yo me senté ante una mesa cerca de mi taxi y encargué café y los famosos buñuelos. Cuando el camarero volvió con lo que yo había encargado, se inclinó y murmuró cerca de mi oído:

—Aquellos hombres... —me señaló la mesa a cierta distancia de mí; los hombres estaban sentados, dándome la espalda, y eran, aparte de mí, los únicos clientes— están siguiendo a la señorita. Al menos, he oído a uno decir a otro que no la perdiera de vista. No me parecen... —buscó la palabra— muy de fiar.

Yo me había levantado ya y eché a correr hacia otro taxi. Al subir a él, la expresión de mi cara debió de alertar al taxista antes de que yo hablara, ya que inmediatamente pisó el acelerador.

—¡Pronto! ¡Corra tanto como pueda! —le ordené.

—Sí, señorita —contestó él.

Y comenzó la carrera.

Mi taxista aceleró para remontar una cuesta. Desde la ventanilla posterior, vi que los tres hombres corrían hacia su viejo y oscuro sedán.

—¡Más deprisa! —rogué—. Le recompensaré debidamente.

—Corro tanto como puedo, señorita —contestó, pero aumentó su velocidad.

Nos acercábamos a lo alto de un monte empinado. Desde el acantilado, contemplé la costa rocosa que había debajo... y di un respingo. Miré atrás. El coche que nos seguía parecía estar ganando terreno.

—¿Conoce a los que nos siguen?

—No, señorita. Conozco a todos los que transitan por esta carretera..., pero nunca he visto ese coche.

Descendimos de la montaña, tomando curvas que me proyectaban de un lado a otro. Caí al suelo y me incorporé para agarrarme al respaldo del asiento trasero. Bajábamos a tanta velocidad que tuve la seguridad de que nos saldríamos de la carretera y nos estrellaríamos en las melladas rocas que había debajo. Los neumáticos rechinaban en cada viraje, pero el viejo sedán nos seguía, implacable.

—Por el amor de Dios, ¿qué hace usted? —grité, dominando el estruendo—. ¡A esta marcha, nos despeñaremos!

—Señorita —dijo el taxista con placidez—, primero se enfada usted porque voy demasiado despacio, y ahora se enfada porque corro demasiado. Hablando con franqueza, aquí no puedo hacer otra cosa, señorita, porque no llevo frenos.

Miré por la ventana. Mar, cielo y árboles parecían zigzaguear en diferentes direcciones. Tal vez se debiera a la tensión, pero, cualquiera que fuese la causa, lo cierto es que me eché a reír. El coche era una vagoneta de las montañas rusas, que ascendía y después se precipitaba hacia abajo, a un palmo de los precipicios, mientras unos asesinos nos perseguían kilómetro tras kilómetro. ¡Y sin frenos!

Finalmente, llegamos a la planicie de la playa, al pie de la montaña. Un respiro momentáneo. A lo lejos, el sedán oscuro seguía corriendo. Al subir de nuevo por una carretera de montaña, perdí de vista a mis perseguidores cada vez que negociábamos una curva, pero sólo para volver a divisar su coche momentos después. Atravesamos Caldetes y después Arenys de Mar, donde un pinar cubría los acantilados del litoral, subimos hasta Blanes, y finalmente descendimos hasta Lloret de Mar, donde pude ver un largo muelle que se adentraba en el mar.

Apenas el taxi enfiló el muelle y se detuvo, arrojé un grueso fajo de billetes al taxista y eché a correr a lo largo de la pasarela de madera. Pasé ante varias embarcaciones pequeñas hasta que vi el nombre *El Vega* pintado en la popa de un gran yate amarrado al final del embarcadero. El coche de mis perseguidores se detenía con un ruidoso frenazo en la entrada del muelle cuando atravesé de un salto la pasarela y aterricé en la cubierta.

—¡Fuera de aquí en seguida! —rogué

Sólo noté el rugido del motor del yate en mis oídos al hacerse *El Vega* a la mar. Unos brazos vigorosos me incorporaron en la cubierta azotada por el viento y un rostro curtido y afable, enmarcado por una rizosa barba gris, me sonrió.

—Menos mal que ha saltado sobre cubierta y no en el agua. ¿Siempre llega con tantas prisas?

Me eché a reír. A salvo y con mi misión casi completada, me sentía eufórica.

—Un coche con tres facinerosos me ha estado siguiendo desde que he bajado del tren esta mañana.

—Ahora ya no corre peligro y nos aseguraremos de que vuelva sana y salva.

Entramos en la cabina y, apenas estuvimos sentados, ante un refresco cada uno, el hombre se metió la mano en el bolsillo y sacó su mitad del billete de cien pesetas. La comparé con la mía y entonces le entregué el microfilm que guardaba en el cinturón.

Mi anfitrión se excusó y subió a cubierta, donde pude verle escrutar el horizonte con unos prismáticos.

Tuve tiempo entonces para pensar en los acontecimientos

de aquella mañana. ¿Quién sabía que yo había emprendido aquel viaje? Sólo Mozart. ¿O acaso me había pasado desapercibido alguien que siguió a nuestro coche en Madrid o que me detectó en el tren?

Al cabo de un rato, salí a cubierta y, apoyada en la barandilla, vi cómo se reducía el perfil del litoral a medida que avanzábamos con un acusado balanceo sobre la mar picada. Como una hora más tarde, el patrón de cabellos grises me dijo:

—Allí está.

A lo lejos, un punto oscuro avanzaba hacia nosotros en el azul del mar.

Finalmente, el punto se convirtió en una lancha torpedera. Tras entregar el microfilm a su capitán, nos sentamos para despachar una cena a base de langosta y cangrejos en la pequeña cabina, mientras el yate se dirigía a Barcelona, que, como me dijo mi anfitrión, era nuestro lugar de destino. Dormí a bordo y el día siguiente tomé el tren para Madrid.

Mi misión estaba cumplida, pero ¿quién era el topo? Todos me recomendaban siempre que tuviera cuidado, que vigilara, que estuviera alerta. Eran buenos consejos, pero yo necesitaba algo más que consejos. ¿Qué exigiría mi siguiente misión? ¿De qué trataría el cable *top-secret* que yo había de recibir? ¿Y cómo habían sabido aquellos tres hombres que yo estaría en Barcelona aquella mañana?

Cuando llegué a Madrid tras un tranquilo viaje en tren, mi vida reanudó su curso y no tardó en parecerme casi monótona. Era el día 8 de agosto, en medio de las vacaciones estivales de tanta gente. Mozart me ordenó que no llamara a la habitación 442 del Hotel Palace hasta que él me diera su permiso, y a mí me torturaba pensar que Pierre se lo estuviera pasando tan bien con Gloria, que me hubiera olvidado. Y entonces me llegaron unas rosas rojas con una tarjeta anónima. «Para comérsela» eran las únicas palabras, firmadas por una F. Juanito se encontraba en plena temporada, la más densa para él, pero sus claveles y sus llamadas telefónicas llegaban con regularidad. Era imposible encontrar a José Heredia, el gitano, y supuse que probablemente estaría siguiendo a sus toreros favoritos a través del país. Llegó también una nota de Edmundo, acompañada por unos nardos que perfumaron todo el apartamento: «Querida —decía—. Esto es sólo para hacerte saber que mi devoción sigue en pie. Telefonearé. Tu pícaro.» ¿Cómo podía un hombre tan encantador ser un topo? Las Ávila y Carola estaban en San Sebastián. En cambio, en la oficina la atmósfera estaba cargada de tensión. Todos sabíamos que la Operación Yunque había de comenzar... y pronto.

Y de pronto, todo se cargó de electricidad... ¡Llegó el cable tan esperado! Al descifrarlo, mi tensión arterial aumentó.

DE JUPITER A TIGRE STOP TOP SECRET REPITO TOP SECRET STOP DIGA A MOZART QUE INICIE FASE DOS INMEDIATAMENTE STOP A TIGRE DE JUPITER

Entré precipitadamente en el despacho de Mozart, sin llamar. El cable todavía no me aclaraba nada.

Fue como si saliera el sol. Mozart, sentado en su sillón exhibió una amplia sonrisa en su rostro anguloso. Sacó una radio del cajón de su mesa escritorio y la hizo funcionar, para que nadie pudiera oír nuestra conversación. Aunque nos habían explicado este procedimiento en la Granja, era una precaución totalmente inusual en Mozart. ¿Sospecharía de alguien en la oficina?

—Tigre —dijo, profiriendo un suspiro de alivio—, este cable significa que la invasión tendrá lugar cerca de Marsella. Es una información que puede significar el final de la guerra o la muerte de millares de nuestros compatriotas.

Manipuló de nuevo la radio.

—Ésta es la razón de que trajéramos a Pierre a Madrid.

Yo seguía de pie. Mozart se acercó a la pared, arrastrando la única silla que había en aquella habitación. Me senté.

—Póngase en contacto con Pierre. Dígale que sus órdenes consisten en trasladar a sus subagentes a la zona de Marsella. Deberán ayudar a nuestras tropas cuando desembarquen. Debe actuar subrepticiamente con su propia gente. La información sobre el punto de desembarco es tan secreta que no puede filtrarse, y ni siquiera pueden conocerla aquellos que se han estado jugando la vida por nosotros en estos últimos años. ¿Se lo explicará con toda claridad?

Asentí en silencio.

—De hecho, esta noticia es tan vital que no podemos correr el riesgo de que Pierre sea capturado al regresar a Francia por su ruta usual a través de los Pirineos. Hay demasiados espías alemanes y españoles en aquellos caminos. Tendré que encontrar la manera de enviarlo a Argel, y desde allí lo enviarán por vía aérea y lanzándose en paracaídas.

Mozart descolgó el teléfono y pidió línea con el embajador. Una vez tuvo a Carlton Hayes al habla, le preguntó:

—¿Cuándo dispondrá de un avión que vaya a Argel, embajador?

Cambiaron un mínimo de palabras antes de colgar.

—Tenemos suerte. Pierre puede volar a Argel esta noche, en un avión de la embajada. Dígale que mi Packard llegará a su hotel a las nueve. ¿Sabe el número de su matrícula?

Volví a asentir.

—Subráyele la importancia de la misión. Pierre debe quedar totalmente convencido de la importancia de esta noticia. —Los negros ojillos de Mozart no se apartaban ni por un momento de los míos—. La OSS de Londres llevó espléndidamente la Operación Overlord, y nosotros no podemos quedar a menor altura con nuestra tarea.

Se levantó para recorrer la habitación con pasos lentos y pesados.

—Es mejor que se marche ya. Pierre no puede perder ese avión de Argel. No sé exactamente en qué lugar de Francia lo lanzarán en paracaídas, pero sea donde sea yo se lo haré saber, para que usted sepa en seguida si ha llegado sano y salvo.

Después de meses de transcribir y enviar mensajes referentes a estos lanzamientos, todavía los consideraba como una de las experiencias más emocionantes de la guerra. En noches de luna llena, nuestros agentes eran lanzados en paracaídas sobre territorio enemigo. Allí eran recibidos por los combatientes de la resistencia, los aliados del maquis, cuyas linternas indicaban la zona de aterrizaje. A veces, un avión pequeño aterrizaba, el agente saltaba de él y el aparato despegaba sin parar sus motores. Esto significaba muchas personas preparadas para cada lanzamiento y, además de coordinadas, todas ellas habían de ser perfectamente fiables.

27

Cuando me encontré con Pierre unas horas más tarde, en la penumbra del bar del Palace, me cogió una mano.

—Yo esperaba que me llamaras cuando recibiste mis flores. ¿No te gustaron?

Me eché a reír.

—Mucho más que los claveles de mi torero. En mi pueblo, sólo se envían claveles para los entierros.

—¿Y dónde has estado metida? Te he llamado varias veces.

—Mozart me envió al campo para descansar y olvidar aquella noche terrible..., lejos de todo el mundo.

Esto era lo que me habían ordenado decir.

—¿Y los cables *top-secret*?

—Dijo que él mismo se ocuparía de ellos..., pero no creo que llegara ninguno en el poco tiempo que yo estuve ausente.

—Pues tu descanso parece haberte sentado bien. Desde que mataste a aquel granuja, me pareces más hermosa que nunca.

—¿Quieres decir que debería matar personas más a menudo?

—Ya te dije que se trataba de su vida o la tuya, y esto es todo. Y, milagrosamente, tú estás viva. Cuanto más difícil la escapatoria, mayor es la emoción de burlar a la muerte. Al menos, en estos tiempos. Por esto nos pagan. Y bien. Para hacer nuestro trabajo. «Riesgo peligroso» lo llaman.

—Yo nunca pienso en el dinero. ¿Y tú?

Una sonrisa maliciosa se dibujo en su semblante.

—Me gusta el dinero, y el riesgo. Me he encontrado en muchos atolladeros, pero siempre he sobrevivido. Algún día te lo contaré todo.

—Famosas últimas palabras. Me las dijiste la noche en que me dejaste en tu coche, en el club.

—Has dicho que tenías noticias importantes para mí.

Observé que había evitado hablar de Gloria, pero Mozart me había dicho que le pidiera todas las informaciones que hubiera podido conseguir.

—Dile a tu jefe que no ha sido fácil. A ella no le dicen nada, o al menos esto es lo que ella asegura. Dijo que el general Tresckow, jefe del estado mayor del Segundo Ejército, ahora en el frente del este, planea trasladar al Catorce Cuerpo de Panzers y la Cuarta División acorazada al sur de Francia, si su actual ofensiva en el frente ruso tiene éxito. Me dijo que su marido está en la Cuarta División acorazada y que por esto ella lo sabe. Debo procurar que no sospeche que yo trabajo con el servicio de inteligencia norteamericano, y esto Mozart tiene que comprenderlo.

Me pregunté cuántas veces habría visto a Gloria para obtener esta información.

Pierre se mostró impaciente.

—Tigre, amor mío —me dijo, con voz afectuosa—, explícame por qué tenías que verme con tanta urgencia.

—Mozart tiene una misión especial para ti. Instrucciones recién recibidas. *Top-secret.*

Todavía tenía cogida mi mano y no la retiré mientras le transmitía las órdenes de Mozart. Podía ser la última vez que nos reuniéramos, ya que iba a efectuar una misión peligrosa y en un momento crítico. Pero las órdenes le complacieron.

—Por fin —dijo con satisfacción. Extrajo un cigarrillo del paquete que había dejado sobre la mesa y tomó un largo sorbo de jerez—. ¿Cuándo me marcho?

—El Packard negro con matrícula del cuerpo diplomático CD 406 te recogerá a las nueve frente a la escalera de entrada del hotel. Tu avión despegará apenas llegues al aeropuerto militar de Getafe.

—¿Quién hubiera podido sospechar en la Granja que un día *tú* me darías las órdenes para una misión? El día que estudiamos los mapas de Francia..., ¿podías pensar que tú me enviarías allí? ¿Te acuerdas?

Por un momento, nos encontramos de nuevo en la polvorienta biblioteca, con aquel techo abovedado. Contemplé la cara de Pierre, su piel, su pelo, sus brazos, totalmente consciente de su magnetismo.

—¿Me quieres, Tigre?

Nuestras miradas se encontraron. De pronto me pareció

como si allí la calefacción fuera excesiva. Sus espesas pestañas casi le ocultaban las pupilas.

—¿Y tu amistad con Gloria?

—¿Todavía te preocupa eso? Ya te dije que ella no me interesa. Aquella no fue una escena de amoríos. Gloria y yo nos conocimos en París, antes de que te conociera a ti. Gloria le tiene miedo a Lazaar, como todos los demás, y quería que yo la ayudara a salir de España. —Me observó, concentrando todo su atractivo en una sola mirada—. Tú eres la que me interesa, Tigre. —Se levantó—. Debes confiar en mí. Volveré. Y voy a echarte de menos.

Abandoné mi asiento.

—Yo también a ti.

—Tigre, quiero que sepas que, desde que te conocí, he tratado de cambiar... muchas cosas. Un día te lo explicaré.

—Adiós, Pierre.

Daba ya media vuelta cuando me hizo girar hacia él, cogiéndome por los hombros. Su mirada de despedida fue tan profunda que traspasó todas nuestras palabras recientes y me transportó más allá de los confines del tiempo y del espacio. Un momento después me soltó y se alejó en la dirección opuesta. Le vi marcharse y sentí cómo descendía la temperatura, grado tras grado.

El día siguiente, sonó el teléfono precisamente cuando yo iba a abrir la puerta para irme a la oficina.

—Tu pícaro se presenta para recabar órdenes.

—Ya era hora, Edmundo. ¿Dónde has estado metido? ¿Qué grave asunto te ha arrancado de la cama a esta hora insólita... o acaso todavía no te has acostado?

—Un poco de cada cosa, querida. Estás progresando con rapidez, en parte gracias a mis esfuerzos.

—Edmundo, he estado deseando verte desde aquella noche del baile en Puerta de Hierro.

—Me alegra saber que me aprecias de veras. También tu desaparición me ha alarmado a mí. No obstante, debo admitir que mi tiempo ha sido productivo.

—¿Con la princesa? —no pude evitar preguntarle.

—Vamos, vamos, veo que ahora ya no tienes pelos en la lengua. Bueno, es lógico que sea así en esta telaraña equívoca que es Madrid. Y, desde luego, es natural que la alumna trate de competir con su maestro. Querida, tengo que verte esta noche.

No puedo decir ni una palabra por teléfono. Pero te adelantaré lo siguiente: ¡Edmundo Lassalle ha resuelto el misterio! Sí, es demasiado delicioso. Lo he logrado. Sí, claro, con tu ayuda. No, no quiero ser codicioso. *Nosotros* lo hemos resuelto. Mimosa ha sido vengada. Mi idolatrada Mimosa no ha muerto en vano.

—¿Sabes quién la mató?

—Ni una palabra por teléfono, jovencita. Te recogeré a media noche. Prepárate para recibir sorpresas, mi amor. Ah, a propósito, ¿pasaste una noche estupenda en Puerta de Hierro? Me pirro por saber quién era aquel apuesto extranjero que bailaba contigo. Estabas maravillosa en la pista de baile, y se te veía tan joven... Desde luego, es agradable ver que has conservado al menos un vestigio de tu inocencia. ¿Y qué has estado haciendo desde entonces?

—Cuando te vea te aburriré con todos los detalles.

—Recuerda..., la hora de las brujas. Debes ser puntual.

—Esto significa que emprenderemos una de nuestras veladas llenas de acontecimientos.

Oí su risita aguda.

—Tendrás que esperar para saber lo que tiene en la manga este genio azteca. ¡Viva Mimosa!

Y Edmundo colgó.

Sabía que era inútil preguntarle adónde íbamos. Su sentido teatral lo impedía. En el asiento posterior del taxi, dejé que la brisa suave de la noche acariciara mi cara a través de la ventanilla abierta. A la pálida luz de los faroles, se veían parejas que paseaban a lo largo de la tranquila Castellana. Pocos coches, dos carruajes de caballos en la dirección opuesta. En la esquina de la Plaza Colón, unas mesas bajo los grandes árboles estaban ocupadas por parroquianos que saboreaban una taza de café o una copita de anís después de la cena, mientras disfrutaban del fresco de la noche. Contemplé la fuente en medio de la plaza, debajo de la estatua de Colón. Pensé que Madrid se mostraba más sereno y más cautivador que nunca. El taxista se asomó desde su ventanilla, al reconocer a un amigo, y aminoró la marcha.

—¡Vaya con Dios, Pepe!

—Nada puede hacer que esta gente vaya con prisas —dijo Edmundo, riéndose y rompiendo el silencio. También a él le agradaba el ritmo de la ciudad—. Y ahora cuéntamelo todo. ¿Qué has estado haciendo?

El cristal de partición entre el conductor y nosotros estaba cerrado.

—Poca cosa. Camino de casa, después del baile, un chófer trató de estrangularme. Y yo lo maté.

Siguiendo órdenes de Mozart, no mencioné para nada al topo o la fase segunda, pero su reacción ante los detalles de lo que le contara era importante. ¿Dónde estaba él cuando el asesino a sueldo se metió en el coche de Pierre?

Edmundo me observaba como un felino que era, astuto e insaciablemente curioso. Después de ampliar un poco más mi explicación, dijo arrastrando las sílabas:

—Sinceramente, Aline, la vida debe resultarte muy aburrida para obligarte a inventar esas fábulas. Sin embargo, admiro tu imaginación de adolescente.

Me limité a mirarle, muy seria.

—Dime que estás bromeando.

—Mi sentido del humor no incluye el asesinato.

—Jesús —suspiró—. La alumna ha aventajado a su maestro.

El taxi enfilaba ahora la calle Hermosilla... y comprendí adónde íbamos. Desde luego, se detuvo frente al número 14..., ¡el taller de Ana de Pombo! Antes de que pudiera preguntarle nada, Edmundo se apeó ágilmente.

—Vamos, en marcha.

Había una fría eficiencia en su voz. La calle estaba desierta. En la acera, miró su reloj.

—Es extraño, José Heredia ya debería estar aquí.

—¿Por qué?

—Es el que me pasó la información. Gracias a haberle ordenado que vigilara a ciertas personas. Bueno..., vamos. No podemos esperar.

Sacó del bolsillo interior de su chaqueta un reluciente revólver de cañón corto. Yo saqué mi pistola.

Forzó la cerradura en pocos segundos. Dentro, oscuridad total.

—Sígueme —susurró—. El portero no nos molestará. Después de la medianoche no se deja ver.

Edmundo atravesó el oscuro vestíbulo y empezó a subir por una desvencijada escalera posterior. Cada crujido nos inmovilizaba, pero él avanzaba como si ya hubiera recorrido antes aquel camino. Mi preocupación iba en aumento. Nada le había dicho a Mozart acerca de ese encuentro. ¿No asumía un riesgo excesivo al encontrarme a solas con Edmundo? Al menos, estaba detrás de él... y empuñaba mi pistola.

En la tercera planta se detuvo ante una puerta por debajo de la cual se filtraba una rendija de luz. Estaba cerrada... pero no por mucho tiempo. Edmundo utilizó lo que parecía ser su mayor habilidad profesional y en perfecto silencio hizo girar el pomo tan lentamente que creí que mi corazón iba a estallar. De pronto la abrió de par en par.

Alguien se abalanzó hacia nosotros.

—¡No se mueva o disparo! —ordenó Edmundo en voz baja y sibilante.

La figura se detuvo.

Al principio, apenas pude distinguir nada, porque la habitación estaba iluminada sólo con velas. Después, por encima del hombro de Edmundo distinguí una figura familiar... y se me cortó la respiración. En un rincón había un enorme transmisor de radio. Impresionante en comparación con todo lo que teníamos nosotros. ¡Qué hallazgo! Ni siquiera los británicos habían conseguido localizar un transmisor de ese tamaño en el país.

Edmundo, revólver en mano, buscó el interruptor de la luz con la otra.

—¿Por qué cree que me sirvo de velas, mi querido Edmundo? —dijo una voz ronca desde las sombras—. Han cortado la corriente. Siempre ocurre cuando una más la necesita. La sequía, ya sabe.

El calor de todas aquellas velas era sofocante. Inmóvil ante mí, con una bata de fina muselina, se encontraba Gloria von Fürstenberg. A causa del sudor, sus cabellos parecían rizosos y húmedos como los de Medusa. Sostenía con una mano en alto un fajo de papeles. La laca carmesí de sus largas uñas había saltado en parte. Inusual en ella.

El revólver de Edmundo apuntaba directamente a su corazón. Gloria seguía inmóvil, como petrificada, el blanco de sus ojos brillaba a la luz de las velas.

—¡Es usted un canalla, Lassalle!

—Relájese, Gloria —murmuró Edmundo.

Con la majestad de un cisne, Gloria bajó el brazo y, manteniendo fija en nosotros su mirada furiosa, dejó los papeles sobre una mesa a su lado.

Edmundo bajó su arma. Yo no.

—Nos perdonará por sorprenderla en medio de una prueba —dijo con voz melosa mi acompañante—. Aunque tal vez sea mejor decir de una emisión. Yo diría que no es muy corriente esta manera de pasar la noche, mi querida Gloria.

Ignorando a Edmundo, ella se volvió hacia mí.

—Qué placer tan inesperado, Aline. No nos habíamos visto desde que la vi marcharse de Puerta de Hierro.

—Francamente, este encuentro es también una sorpresa para mí, Gloria.

De pie allí, mirándome con furia, me pareció más enigmática que nunca. Me pregunté qué relación tendría Pierre con esa mujer. ¿Sabía él que ella era agente del enemigo? Porque ahora ya no cabía la menor duda al respecto. La habíamos atrapado con las manos en la masa. Al mirar en torno a mí, reconocía todo lo que había en la habitación: tableros de códigos, la caja fuerte, montones de cables...

En su voz, la fina línea entre control y abandono era indistinguible.

—Siempre es un placer verla a usted, Aline, pero no puedo decir lo mismo acerca de su compañero.

De ser posible, la mirada que dirigió a Edmundo hubiera convertido a éste en añicos.

—Mi querida condesa —dijo Edmundo—, le ruego que se siente.

Con languidez e insolencia, ella obedeció. Había una mesa y varias sillas. Nos sentamos frente a ella. Las velas chisporroteaban y proyectaban sombras ondulantes. La atmósfera de la habitación era cada vez más sofocante. No había en ella ninguna ventana, sólo la puerta por la que habíamos entrado.

—Para empezar, ¿qué clase de trabajo ha estado haciendo? ¿Y para quién... Para Heinrich Himmler? ¿O bien para Schellenberg? Quiero los nombres exactos.

Gloria guardó silencio.

—Ya lo ves, Aline —prosiguió Edmundo, volviéndose hacia mí—, nuestra amiga trabaja para todos ellos. Es su mejor alumna. Incluso cabría decir que es la predilecta del maestro.

Pasándose los dedos por los cabellos, Gloria permanecía silenciosa y sin el menor indicio de sumisión.

—Gloria, sería muy encomiable —dijo Edmundo con tono

sarcástico— que nos contara qué información envía y recibe de sus profesores en Berlín.

—Desde aquí partían mensajes especiales —replicó Gloria—, pero nunca supe qué eran. Yo me limitaba a recibirlos y pasarlos, de manos de Wizner, el jefe de la Gestapo en la embajada. Me dijo que había ciertas informaciones que no quería que pasaran por la sala de codificación de la embajada. ¿Cómo voy a saber yo de qué trataban? Y yo tuve que hacerlo... Era el precio que tuve que pagar para marcharme de Berlín y ganar algún dinero con que alimentar y vestir a mis hijos.

Edmundo asintió con la cabeza, con aire de aprobación.

—Una madre abnegada. Me conmueve el corazón. Hasta me echaría a llorar, de veras.

Gloria le dirigió una mirada fulminante. Después se volvió hacia mí bruscamente, aunque modulando como por milagro su voz hasta convertirla en un susurro musical.

—¿Recuerda nuestra pequeña reunión para tomar el té, en El Morisco? ¿Cuando entró Lazaar y anunció que habían registrado su habitación? Yo supe en seguida quién era usted. De hecho, previne a Francisco respecto a la encantadora, y muy curiosona, joven americana. Cuando él la conoció en Puerta de Hierro, ya sabía que usted trabajaba para los americanos. Por esto la sacó a bailar y quería acompañarla a su casa. Creía que usted tenía influencia. Necesitaba sacar dinero del país.

Sin alzar la voz, Edmundo dijo:

—Todo esto es un embuste. Usted quiso eliminar a Aline aquella noche en Puerta de Hierro. Sabía que ella sospechaba de usted.

La presa de Edmundo pareció estar a punto de golpearlo. Sin embargo, se limitó a replicar fríamente:

—No sé como puede decir estas ridiculeces.

—¿Y Lazaar, Gloria? —intervine yo—. ¿Usted le ayudó a matar a Mimosa?

—¡Ésta es una pregunta infantil, Aline! ¿Cómo pudieron confiar los americanos este tipo de trabajo a una chica tan ingenua? Es sorprendente que un país tan crédulo pueda ganar la guerra contra los hombres más listos de la vieja Europa. —Me dirigió una mirada casi afectuosa—. Hans no se ensuciaría las manos con semejantes actividades... y desde luego, yo tampoco.

—¿Pero Hans es un buen agente de la Gestapo, no es cierto?

Edmundo levantó su revólver y lo amartilló.

Gloria todavía no se mostraba derrotada, pero sí más sumisa.
—En Madrid, esto lo sospechan casi todos. Se equivocan.
—¿Y por qué?
Gloria se encogió de hombros.
—Por ejemplo, Himmler siempre ha tenido celos de Goering..., sobre todo por el hecho de que éste ha estado..., digamos, apropiándose de tesoros artísticos en toda Europa. Y sabe que Hans ha estado ayudando a Goering a embarcar esas pinturas rumbo a Sudamérica. Un *buen* agente de la Gestapo jamás osaría desafiar al jefe supremo.
—No creo ni una palabra de lo que me dice. Pero ¿qué andaba buscando en el apartamento de René Blum? Porque estuvo implicada en su asesinato. Abandonó toda cautela cuando acompañó allí a su colega Lazaar.
Esto suscitó cólera en ella.
—Ni Lazaar ni yo matamos a aquel músico. No sé nada de ello.
—Entonces ¿quién mató a René? —Edmundo se mostraba implacable—. Dígamelo, Gloria.
—No hay asesinos entre mis amigos —replicó ella airadamente.
—Sepa, amiga mía, que en esto tal vez tenga razón. Sospecho que pagan a otros para que les hagan los trabajos sucios..., por ejemplo al asesino de manos extraordinariamente vigorosas que mató a Mimosa, estrangulándola sin necesidad de ningún accesorio. ¿Qué puede decirme al respecto?
El revólver se movió.
—Nada. ¡Lo juro!
—En este preciso momento recibo un terrible llamamiento de Mimosa. Me está hablando desde su tumba. Ay, amiga mía, me está insinuando cosas terribles. «Aprieta el gatillo, pícaro mío. ¡Aprieta el gatillo!» —De nuevo movió el arma—. ¿Qué sabe acerca de la muerte de Mimosa?
—Nada —murmuró ella, aparentemente indiferente ante su amenaza.
—¡Dígamelo!
La severidad de su voz me asustó.
Gloria nos miró alternativamente a Edmundo y a mí. Pero entonces vi en ella un gesto familiar. Se irguió. Se pasó los dedos por el pelo. Se arqueó, como dispuesta a replicar. Aunque apenas se movió un centímetro, todas las velas alzaron las llamas

a la vez, parpadeando como estrellas que se avivaran en la habitación.

En el mismo momento, Edmundo y yo miramos detrás de nosotros.

—Vaya, vaya, vaya —observó mi colega con notable presencia de ánimo—. Ana de Pombo va a sumarse a la fiesta.

Desde una puerta disimulada en la pared, ahora entreabierta, la extravagante modista pelirroja nos estaba mirando como una muda figura de un fresco mural.

—Vaya, vaya, vaya, pues. —La voz de la modista de la cabellera rizosa era casi un graznido. Todavía no había visto el arma que empuñaba Lassalle—. Bienvenido a mi ratonera, Mickey. Muy bien, pero que muy bien. Es una sorpresa encontrar a Mickey Mouse aquí. No creo que Walt Disney...

Su voz se extinguió cuando al acercarse, vio el revólver.

—Será mejor que tome también asiento —dijo Edmundo, en una invitación no exenta de amenaza.

Entonces, con impresionante majestad, Gloria se levantó y ocupó el centro del escenario. Sus movimientos alteraron de nuevo las llamas de las velas, al ejecutar cada gesto con el máximo aplomo y crear el máximo suspense. Por una vez, Edmundo no supo encontrar la réplica precisa. Se limitó a contemplar lo que, de acuerdo con los patrones teatrales, era sin duda una actuación memorable. Su expresión era generosa, benevolente, luminosa.

—Amigos míos...

Su voz ronca era ahora extraordinariamente baja, como en una plegaria.

Edmundo y yo esperamos.

—Amigos míos, ¿por qué no trabajar juntos? Podríamos poner fin a la guerra, así... —Hizo chasquear los dedos. Ana de Pombo guardaba silencio. Ambas se encontraban ahora frente a nosotros—. Quiero hacer un trato con ustedes —prosiguió Gloria—. Nadie está enterado de su visita, excepto Ana y yo. Las dos trabajaremos para ustedes en el futuro, si nos prometen no enviarnos a Alemania cuando todo haya terminado.

—Usted bromea —respondió Edmundo, recuperando el uso de la palabra—. ¿Qué clase de trato quiere que hagamos con dos agentes de la Gestapo? ¿Cómo íbamos a confiar en ustedes?

—Es que yo podría hacer de usted el espía aliado más famoso

de la segunda guerra mundial. Pasaría a la historia con la información que yo puedo suministrarle.

—Habrás oído hablar de *Camille*, Aline —se burló Edmundo—. Pues bien, lo que ahora estamos presenciando es la condesa von Fürstenberg en su papel más sincero..., el de Chameleon. Y ahora díganos, amiga mía, por qué nos considera tan necios como para creer que no iba a informar de todo a sus amigos alemanes.

—Tenga en cuenta mi carrera. Yo siempre he sido una triunfadora. Allí en Guadalajara, todos creían que me casaría con un próspero comerciante de caña azucarera, un tipo viejo y gordo, y que le daría tanta descendencia como si fuera una guerra. Nadie sabía quién era yo... No lo sabía mi padre, ni mis hermanas, ni mi hermano. No conocían a Gloria Espinosa. Mi madre quería que yo poseyera el mundo, y yo quería las estrellas. Y las tuve. —Las velas parpadearon como para mostrar su acuerdo—. Una noche en Berlín, durante una fiesta... Es sorprendente, pero entonces cada noche había una docena de fiestas, aunque llovieran las bombas. Bailábamos y cantábamos y flirteábamos y todos lucíamos lo mejor que teníamos. Era de locura..., de veras. Una noche, despues de la ópera, me encontraba en una de esas fiestas cuando llegó Schellenberg. Al primer vistazo, pensé: «Dios mío, ¿qué hace Gary Cooper aquí?» Gary era amigo mío en Hollywood.

Hizo una pausa para alisarse los cabellos.

—Continue —la alentó Edmundo.

—Schellenberg vio en seguida mi estilo. Cada estúpida fräulein de Berlín llevaba el vestido de terciopelo apolillado de su madre, con una cantidad de brocado de oro capaz de sofocar a un caballo. Yo vestía una túnica de blanco puro, con los hombros al aire, llevaba un brillante con una cadena de platino.... y, desde luego, hay que tener en cuenta mi cuerpo. Bueno, a él se le cayó la baba como si fuera un bebé. Esto fue el comienzo. Pasado ya un mes, yo cenaba con Himmler e incluso con el propio Hitler.

—No se pare aquí, condesa —rogó Edmundo, evidentemente admirado.

De pronto, comprendí que los dos pertenecían al mundo de las tablas. Supremos exhibicionistas que habían de coincidir ante el mismo altar, en el mismo santuario, en la fatal religión del atractivo, el drama y la intriga. Ambos carentes de escrúpulos... Y era obvio que Ana de Pombo también. Ahora, Gloria y Edmundo estaban perfectamente sincronizados, enraizados en sus respectivos papeles. Para ellos, era como si yo no existiera.

—Claro que trabajé para Schellenberg, y para Himmler. Pero hoy ellos están perdiendo la guerra. Hice meramente lo necesario para escapar. —Me miró y despues miró otra vez a Edmundo—. ¿Cree que tengo las manos manchadas de sangre? ¿Y qué me dice de las suyas? —Alzó sus dedos largos y delgados—. ¿Qué he hecho yo que no haya hecho usted?

¿Sabría algo acerca del hombre al que yo había matado unos días antes?

—Hemos estado en bandos diferentes, y esto es todo. ¿No lo ve? Yo puedo ayudarle. El hecho de que crea o no en mí es irrelevante. Hay un motivo que incluso usted puede comprender. Yo quiero sobrevivir para mis hijos. Ellos lo son todo para mí.

Dirigiéndole una mirada penetrante, Edmundo preguntó al cabo de unos momentos:

—¿Qué opinas, Aline?

Hubiera o no algo de verdad en lo que había dicho, era evidente que para Gloria no había otra salida.

—¿Qué me dices, Aline? ¿Hemos de dar a nuestra estrella una última oportunidad para seguir brillando?

Sonreí.

—Ya sabes que este permiso sólo puede darlo Washington.

Gloria nos escuchó y después exclamó:

—¡Deben protegernos a Ana y a mí! —La mujer de pelo color zanahoria asintió con la cabeza—. Si la Gestapo descubre nuestra duplicidad... Hay una frase que circula por la embajada cuando alguien es sospechoso de defección: «Recuerda el cajón con el piano». Wizner ya ha hecho matar a dos desertores y los ha facturado por este medio. ¿Pueden imaginar semejante cosa?

Edmundo y yo resistimos la tentación de mirarnos.

Gloria se encogió de hombros como si quisiera librarse de sus preocupaciones.

—¿Y la lista negra? ¿Pueden sacarnos de ella?

—Si cooperan con nosotros, preguntaremos a Washington qué puede hacerse al respecto.

Gloria lanzó un profundo respiro.

—Gracias, amigos míos. Han tomado una sabia decisión y nunca se arrepentirán de haberlo hecho. Estarán a su disposición copias de todos estos mensajes. –Indicó los que había apilado sobre la mesa– y de todos los cables que recibamos en el futuro.

Edmundo se levantó.

–Es usted desconcertante. Demuestra que uno puede tener su pastel y además comérselo. Debe considerarse afortunada.

–El precio por mi suerte ha sido elevado. Acabo de quedarme sin varios amigos influyentes.

–Conociéndola como la conozco, estoy seguro de que en poco tiempo sabrá compensar esta pérdida. Puede sustituir a Schellenberg y a Himmler por otros muchos mejores..., como yo, por ejemplo.

–Es usted muy listo... Debe ser la sangre azteca que nos une.

Eran las dos de la madrugada cuando Edmundo y yo recorrimos la calle desierta en dirección a mi casa. No brotaba agua en la fuente de la plaza, pero las estrellas que tachonaban el cielo nos miraban complacidas.

–Lo hemos conseguido –dijo Edmundo–. Hemos descubierto uno de los mejores espías de Himmler. ¡Me enorgullezco de los dos! –Se volvió hacia mí–. Quiero que sepas, Aline, que ninguno de los dos hubiera podido hacerlo solo. En absoluto.

¿Resultaría ser Gloria, el agente especial de Himmler? ¿El agente al que se refería la Operación Corrida? Por algún motivo, yo no podía creer que la labor que ella había estado realizando fuera tan importante, pero no me atrevía a confiar mis pensamientos a Edmundo.

Éste me cogió por el brazo mientras andábamos por la calle.

–Piensa en ello, mi amor. Tenemos ahora unas cuantas piezas con las que trabajar. Debemos encontrar al asesino, y lo encontraremos. Sin duda alguna, Lazaar sigue siendo un sospechoso. No confío en Gloria, pero poco a poco podemos conseguir más información de ella.

Durante un rato seguimos andando en silencio. En mi mente se agolpaban importantes preguntas. ¿Hasta qué punto conocía Pierre a Gloria? ¿Había estado ésta implicada en el intento de asesinarme? Las premoniciones también me obligaban a resistirme a mencionar a Francisco ante Edmundo.

Una figura solitaria se acercó a nosotros desde la plaza de

Colón. Necesité unos momentos para comprender quién era. Sus ropas estaban rasgadas y se tambaleaba.

—¡José! —gritó Edmundo, corriendo hacia él.

Trató de ofrecerle el apoyo de su mano, pero José se plantó ante nosotros, súbitamente firme, como si hubiera olvidado sus heridas.

—Señorita, señor, esta noche soy un hombre libre —dijo con voz áspera. Tenía sus espesos cabellos grises manchados de sangre, que corría también por su arrugada mejilla—. He vengado a mi hija. En el hombre que trabaja allí.

Y señaló el edificio del que nosotros acabábamos de salir.

—¿Qué hombre? —preguntamos a la vez Edmundo y yo.

—El hombre que hace funcionar la radio. El hombre que trabaja con aquella... señora. Así fue cómo me enteré de lo de ese lugar.

Edmundo se volvió hacia mí.

—Es que José fue el que descubrió la emisora de radio.

—Seguí al hombre cada vez que salía del apartamento en el que vive o se dirigía a él, en una esquina cerca de la embajada alemana. Después de aquella noche en Villa Rosa, cuando ese cerdo violó a mi hija, empecé a ir allí, noche tras noche. Pasaron treinta noches antes de que volviera. Cuando lo hizo, el encargado del bar me lo señaló, y desde entonces empecé a seguirlo. Mientras les esperaba a ustedes esta noche, don Edmundo, ha salido del edificio. Mi sangre ha empezado a hervir. No he podido resistir la tentación de seguirlo por las calles hasta que hemos estado solos. Cuando se ha metido en un callejón, me he ocupado de él. Al estilo gitano.

Oí como Edmundo tragaba saliva.

—¿Qué quiere decir al estilo gitano? —pregunté.

José Heredia titubeó.

—Esto no debe oírlo una señorita. Pero yo estoy vengado.

—José, lo que está es malherido. Deje que le ayude —dije.

—No. Me siento orgulloso de estas heridas. Hacía mucho tiempo que no me sentía tan feliz como esta noche.

—Has hecho un trabajo muy útil para nosotros, José. Te estoy muy agradecido.

El gitano inclinó la cabeza.

—Vayan con Dios, señores.

Cuando se alejó, pregunté a Edmundo:

—¿Qué es el estilo gitano?

—¿Verdaderamente deseas saberlo?
Asentí con insistencia.
—Significa cortarle los testículos a un hombre —me contestó.

Mozart se mostró evidentemente satisfecho cuando le expliqué el descubrimiento del transmisor en el taller de alta costura. Se inclinó hacia adelante, entusiasmado, y sus largos brazos casi barrieron la mesa.

—¡Buen trabajo! Esa es la emisora que andábamos buscando. Es tan potente que transmite hasta Tokio. Dígale a Top Hat que también le felicito a él.

—¿Y qué opina acerca de que la condesa trabaje para nosotros? Más o menos, esto es lo que acordamos la noche pasada.

—No cabe duda de que puede resultar útil. Últimamente, las defecciones son cosa corriente. En Inglaterra, la OSS está utilizando a algunos de los agentes alemanes más eficientes, que nos ayudan a pasar información falsa a Berlín. Esa modista también puede sernos de utilidad. Pero necesito la aprobación de Shepardson y del propio Donovan.

—¿Usted cree que Gloria y Ana de Pombo pueden ayudarnos a desenmascarar al topo?

Mozart parpadeó. Yo acababa de tocar un tema delicado. Sin embargo, el parpadeo fue casi imperceptible. Cuando contestó, lo hizo fríamente.

—No se preocupe por esto. Tenemos el problema bajo control.

Esta respuesta me molestó. Mimosa y Lilienthal dispusieron de informaciones que coincidían: la existencia de un topo en el servicio de espionaje norteamericano en España. Tenía que ser alguien a quien yo conociera. Y si Mozart tuviera suficiente confianza en mí como para revelarme su identidad, yo podría protegerme mejor. A no ser que... fuese el propio Mozart.

—¿Estaré en contacto con la condesa?

—No. —Esta vez su respuesta fue rápida—. No me gusta que las mujeres trabajen juntas cuando no es absolutamente necesario.

Esto carecía totalmente de sentido. ¿No había recibido yo órdenes suyas en lo referente a albergar mujeres en mi casa y formar una cadena de mujeres? Cuando salí de su despacho, nuevamente dudaba de todo el mundo y, a pesar del cable de Spider, muy en especial de Mozart.

28

Eran las once de la noche del 1 de julio. Habían transcurrido ya dos días desde que Pierre se marchara. Estaba sentada ante mi tocador, cepillándome el pelo y pensando en el peligro que suponía llegar en paracaídas al sur de Francia en la presente fase de la guerra. Los alemanes disponían de potentes reflectores antiaéreos distribuidos a lo largo de toda la costa.

Afuera, la noche era calurosa y reinaba un extraño silencio, como si se avecinara una tormenta. La suave luz de la luna llena brillaba en el alféizar de la ventana. Me pregunté si, en Argel, Pierre estaría contemplando el mismo cielo. Sonó el teléfono y me dispuse a lanzar un: «¡Edmundo, pícaro!», puesto que Angustias me había dicho que telefonearía. Pero lo que oí fue la voz gruñona y abrasiva de Mozart.

—¿Puede venir inmediatamente a la oficina?

—Claro.

Veinte minutos más tarde, subía por la estrecha escalera hasta el piso más alto. Mis tacones suscitaron ecos en los vacíos pasillos, con su clic clic en el desnudo mosaico del suelo. En el taxi había estado pensando que muchos acababan de cenar o iban a bailar, o dormían ya en sus casas, y que Pierre podía encontrarse en un avión sobrevolando el Mediterráneo. Mi intuición me había advertido que ésa era la noche.

La puerta estaba cerrada con llave. Mozart la abrió. No dijo nada. Las oficinas ante las que pasamos estaban oscuras y en silencio, hasta que llegamos al cuarto de transmisiones, donde Jimmie, uno de los especialistas, estaba sentado ante la radio.

—Siéntese, Tigre.

Entretanto, el jefe cerró la puerta de aquella habitación apenas iluminada, y yo supe que mi premonición había sido acertada.

—Pierre se lanzará dentro de treinta minutos —anunció Mozart y fijó sus ojillos en el reloj de la pared—. He pensado que usted debe ser la primera en saber lo que ocurre. La suerte de la Operación Yunque depende de que no lo capturen.

Observé cómo la minutera describía su lento arco, y mi corazón parecía seguirla. La voz de Mozart era más queda que nunca.

—Si Pierre aterriza sin novedad, Jimmie oirá su *staccato* familiar unos diez minutos después. Si no oye nada..., puede que hayan disparado contra él durante el descenso, o que haya caído en una emboscada apenas llegado a tierra.

Yo sabía que cada agente tenía su propia manera de accionar el transmisor y podía ser reconocido por el receptor, como ocurre con la voz de cualquier teléfono. A menudo, esto nos permitía saber que uno de nuestros hombres había sido capturado y que era un impostor el que nos enviaba mensajes.

La habitación estaba herméticamente cerrada, como una tumba, y no dejaba penetrar ningún ruido del exterior. Seguí contemplando el reloj y diciéndome que no había nada que temer. Sólo habían transcurrido cinco minutos. Faltaban otros veinticinco. Y después diez más, hasta que Pierre pudiera establecer contacto por radio.

Me encontraba con él en el avión. Podía notar su vibración, oír el rugido de sus motores, mientras volaba a gran altitud sobre el Mediterráneo y después sobre el territorio del sur de Francia. Recordé a Pierre sentado junto a mí en el tren que iba a Nueva York, con su presencia física como una corriente eléctrica. Recordé haber bailado con él en El Morocco. Quince minutos. Contemplé el equipo de transmisión como si éste pudiera hablar, pero sus botones y palancas estaban mudos. Jimmie seguía sentado ante ellos como una estatua, y Mozart a su lado como una esfinge. Me sorprendía que los latidos de mi corazón no les ensordecieran.

El reloj de la pared dio las doce. Medianoche. Pierre se encontraría en posición, provisto de su paracaídas, en la plaza del avión. Diez minutos.

Los tres mirábamos el reloj. El silencio era tan intenso que incrementaba mi ansiedad. Utilicé todos los recursos para mantener el dominio sobre mis nervios. Veía a Pierre precipitándose en el espacio. Era una eternidad. Tres minutos. Dos minutos, un minuto. Nadie decía ni una sola palabra. Imaginé a los combatientes del maquis con sus linternas, iluminando el lugar donde él debía posarse, y después corriendo hacia los arbustos y matorrales para ocultarse hasta haber pasado el avión y soltado su carga. Entonces saldrían y ayudarían a Pierre a deshacerse de su paracaídas rojo y verde. Podía ver a Pierre plegándolo y a otro enterrándolo, para que no quedara rastro alguno. Después, el proceso de instalar el pequeño transmisor. De un momento a otro, Jimmie se volvería sonriente hacia nosotros, asintiendo con la cabeza. La espera volvía a comenzar.

Pasaron los minutos. Resultaba extraño que un silencio pudiera resultar tan significativo. Deseaba oír aquel repiqueteo en el transmisor. Ansiaba que Pierre estuviera a salvo. Diez minutos. Doce. Quince. Veinte. Veinticinco minutos. Jimmie manipulaba sin cesar su aparato, tratando de establecer contacto, pero yo sabía que nada llegaba desde el otro extremo. Mozart mostraba un nerviosismo incontrolable. Paseaba de un lado a otro, pasando desde la mesa escritorio a otra mesa que había en el rincón. Finalmente, dijo:

—He traído un poco de champán por si queríamos celebrarlo. —Su voz contenía, sin embargo, una nota de desilusión.— ¿Quiere tomar un poco de jerez en vez de champán, Tigre? ¿Y usted, Jimmie?

Me estremecí. Pierre había sido capturado, tal vez muerto a tiros durante su descenso en paracaídas. Algo había salido muy mal.

El jefe llenó tres copas. *Vamos, Pierre*, supliqué yo. *No es demasiado tarde. Puedes contactar con nosotros. Vamos, por favor.*

Con su copa en la mano, Mozart propuso el brindis más siniestro que yo hubiera oído nunda.

—Por Pierre —dijo, y bebió un sorbo.

—Por Pierre —le hizo eco Jimmie.

Yo bebí en silencio.

—Es de suponer que la fase dos ha fallado. Debemos encontrar otro medio... y en seguida —gruñó Mozart.

Mientras hablaba, empezamos a oír chasquidos en el aparato de Jimmie, primero débiles, y después un tat-tat-tat más sonoro.

—¡Aquí está! —gritó Jimmie—. ¡Lo ha conseguido pese a todo!

Me dejé caer en la silla, totalmente exhausta. Como enloquecido, Mozart estrelló su copa de jerez contra el suelo y alzó la botella de champán, gritando:

—¡Usted lo ha conseguido, Tigre! ¡Ha funcionado! ¡Yunque será un éxito!

No comprendí nada, pero estaba demasiado contenta para fijarme en nada. Mi mente y mi corazón funcionaban a presión. Estaba recordando a Pierre en aquella larga jornada otoñal en Nueva York, cuando paseamos por Central Park. Me enamoré de él —aunque tal vez ya lo hubiera hecho antes— cuando contemplé sus ojos oscuros e insondables.

¡Vivía!

Domingo. La llamada telefónica era urgente. Se trataba del mozo de espadas de Belmonte, que telefoneaba desde la Clínica de los Toreros, en Madrid. Su voz me heló la sangre en las venas.

—Señorita, don Juan ha sufrido una cogida esta tarde.

Yo había estado de servicio en la sala de códigos, lo que me impidió asistir a otra de las corridas importantes de Juan. Los sollozos casi impedían hablar al pobre hombre.

—Ha sido operado... por el doctor Tamames... y todavía está inconsciente.

Ahora, el mozo de espadas daba ya rienda suelta a su llanto.

—¿Está muy grave? —pregunté.

Me aterrorizaba pensar que me dijera que mi amigo se estaba muriendo, pero, puesto que el hombre era incapaz de contestar, colgué. Minutos después salí de casa y me adentré en la calidez de la noche.

Acertadamente, había esperado encontrar una multitud frente a la habitación de Belmonte, pero no estaba preparada para aquel pandemónium. No sólo reporteros y varios fotógrafos, sino también amigos y admiradores que se habían enterado de la desgracia por la radio, llenaban el pasillo del hospital, a pesar de las protestas de guardias, médicos y enfermeras. La puerta de la habitación estaba acordonada pero, por suerte, el hombre que me había telefoneado se encontraba ante ella, todavía con su traje de banderillero de satén y bordados de seda, y los ojos enrojecidos. Temí lo peor. Cuando me vio, me hizo atravesar el gentío y entrar en la habitación.

La madre de Belmonte, doña Consuelo, abandonó la silla en que se sentaba junto a la estrecha cama y se acercó para saludarme. Aunque su expresión revelaba tensión, era sorprendentemente hermosa, tal como me había dicho Juanito. Unos grandes ojos pardos, un rostro que era un óvalo perfecto y cabellos negros recogidos en un moño..., como las mujeres en los cuadros de Romero de Torres.

—Gracias por venir, Aline. Juanito ha estado preguntando por usted desde que ha salido del quirófano. Todavía está... aturdido, pero, gracias a Dios, su herida no es tan grave como habíamos temido.

Contemplé apenada a Juanito. El dolor y la pérdida de sangre habían arrebatado todo color de su cara, que parecía la de un niño herido. Busqué su mano. Necesitó un minuto para que sus ojos se encontraran con los míos, pues todavía se encontraba bajo los efectos del shock y de la anestesia. Observé que fruncía los labios para hablar. A través de la ventana abierta, las luces de la ciudad centelleaban sugestivas en aquella exótica noche estival.

—Aline. —Movió la mano y después hizo una mueca de dolor al tratar de cambiar de posición—. ¿Le apetecen unos bombones?

Sobre la mesa, había una caja de nuestros bombones favoritos, envuelta en papel de seda rosado. Le sonreí y denegué con la cabeza.

—Bien, en este caso, ¿le importa darme uno? Si quiere que le diga la verdad, desde que he vuelto en mí tengo unas ganas tremendas de comer chocolate. ¿Me hace este favor?

Seleccioné un bombón y se lo di, sosteniéndolo mientras él lo masticaba entre agudos dolores. ¿Quién podía entender a esos españoles? Eran infantiles, espontáneos, apasionados, como chiquillos desobedientes. Yo ya sabía que era inútil cuestionar la lógica de Juanito o desobedecer su inofensiva petición.

—¿Ahora, puedo tomar un poco de agua?

Le serví un vaso que llené con la jarra de la mesa y lo sostuve mientras él tomaba pequeños sorbos a través de una paja curvada.

—Bombones y agua. ¿Qué más puede necesitar un hombre? Toros, desde luego, no. ¿Será usted mi Florence Nightenberg?

—¿Nightenberg o Nightingale? —repuse riéndome—. Claro que sí.

Cuando finalmente me dispuse a abandonar la clínica, me sentía aliviada. Los médicos habían descubierto que no había arterias principales afectadas y que el herido estaría repuesto al cabo de dos semanas, más o menos. A mí eso me resultaba increíble, pero Juan explicó que las heridas causadas por los cuernos de un toro se curaban más deprisa que las demás, porque el cuerno penetraba con tanta rapidez que era como fuego y las heridas rara vez se infectaban. Las explicaciones del torero no me convencieron, pero yo sabía que volvería a pisar el ruedo apenas pudiera caminar, por débil que se encontrara, porque la temporada se encontraba en su apogeo y él perdía una fortuna cada día que no tomaba parte en una corrida.

Cuando salí, tres hombres apostados a un lado de la entrada del hospital me llamaron la atención, tal vez debido a la humareda del fuerte tabaco negro que estaban fumando. Una de las caras, iluminada por el farol de la entrada, me resultó familiar. Después, el tipo rechoncho de otro, y las bolsas de su traje, también aportaron otra nota. *No cabía duda*. Permanecí inmóvil unos segundos, mientras la gente subía y bajaba por los escalones de la entrada. Desde luego, reconocía al hombre que en la estación de Atocha había subido al tren que iba a Málaga, unos meses antes. Nada podía impedirme ahora averiguar quién era.

Y la otra cara..., juraría que era la del hombre plantado ante la puerta de mi casa en la calle Monte Esquinza.

Me acerqué a ellos, y señalé al individuo bajo y rechoncho, situado en medio de los otros dos.

—¿No le vi hace algún tiempo en el tren de Málaga?

Una sonrisa amable iluminó su rostro.

—Sí, señorita.

—¿Quién es usted? —pregunté con voz de pocos amigos.

—Pero, señorita, ¿no nos conoce? Trabajamos para don Juan, y a usted la hemos visto muchas veces.

¿Qué trabajo hacían para Juanito, y por qué me conocían tan bien?

Me volví hacia otro.

—Y a usted creo haberle visto más de una vez frente a mi casa.

—Bastante a menudo, señorita —me contestó respetuosamente—. Casi cada noche. Claro que a veces nos cambiábamos, pero yo era el que más a menudo me ocupaba de esa tarea.

—Pero ¿por qué habíande vigilar frente a mi casa?

—Don Juan quería que protegiéramos a la señorita y que le informáramos de con quién salía, para asegurarse de que ningún hombre le causara ningún daño.

Alcé las manos, mientras sacudía la cabeza en un gesto de

incredulidad. ¿Cómo me había podido pasar por alto el hecho de que Juan fuese tan celoso como para hacerme seguir?

Súbitamente, aferré el brazo del hombre bajo y rechoncho.

—Puesto que don Juan quería que me protegieran, ¿cómo explica que no procurase usted que nadie entrara en mi habitación en Málaga?

—Señorita, no supe nada al respecto hasta el día siguiente.

—¿Y dónde estaba usted cuando ocurrió aquello? Será mejor que me explique —le advertí—, ya que siempre puedo explicar a don Juan lo mal que usted me custodió.

—Señorita, le explicaré todo lo que yo sé..., que no es mucho. —Nervioso, se rascó la cabeza y yo me pregunté si me explicaría la verdad—. Lo malo fue que yo conozco en Málaga a una guapísima chica gitana. Baila en un bar, cerca del Club Náutico, y cuando vi que la señorita estaba sana y salva en su habitación, fui allí a pasar el resto de la noche. La chica es una gran bailaora.

—Pero ¿no se enteró de que habían registrado mi habitación? Cuando bajé la mañana siguiente, en el hotel todo el mundo parecía estar enterado de lo que había ocurrido.

—Sí, me enteré de todo, y lo lamento. Pero ignoro quién pudo haber hecho una cosa tan indigna.

—¿Vio al alemán del monóculo mientras estaba allí?

—Sí, señorita, aquella noche se encontraba en el mismo tablado flamenco al que asistimos nosotros.

Por lo tanto, no fue Lazaar, después de todo. A menos que hubiera contratado a un mercenario.

—Pues bien, no quiero que me sigan más. ¿Me han comprendido? Ha sido muy amable por parte de don Juan protegerme, pero no es necesario. Yo hablaré con él al respecto, pero quiero que suspendan inmediatamente esta vigilancia.

—No es ningún problema, señorita. Al regresar de la Costa Brava, le dijimos a don Juan que la cosa estaba resultando demasiado peligrosa. Estuvimos a punto de matarnos en aquel viaje. Verdaderamente, la señorita no debería correr tales riesgos, corriendo de aquel modo en un coche.

Los tres menearon las cabezas al unísono.

Tuve que reprimir la risa.

—¿O sea que fueron ustedes tres los que me siguieron aquel día?

—Sí, señorita. Pero le dijimos a don Juan que nos resultaría menos peligroso volver a trabajar como peones en el ruedo.

Aún sonreía cuando me encaminé hacia el taxi que me estaba esperando. Me preguntaba cuándo habían empezado a seguirme los hombres de Juan. ¡Y yo siempre había pensado que se trataban de hombres a sueldo de Lazaar! Aunque sabía que otros lo habían hecho, no tenía la menor intención de confesar mi ignorancia ante Mozart.

29

Tenía en mis manos el ABC del 22 de julio, con los siniestros detalles del frustrado asesinato de Hitler por obra del coronel Klaus von Stauffenberg. Como represalia, el Führer había hecho filmar la lenta ejecución, colgados en ganchos de matadero, de una serie de oficiales del ejército sospechosos de haber tomado parte en la conspiración. Wilhelm Canaris, el famoso padrino de Constantin von Weiderstock, había sido detenido y lo más probable era que le esperase en breve un destino similar.

—Se aniquilan entre ellos, como los lemming. Atrocidades a las que se resiste la mente de cualquiera. ¿Me estás escuchando, Edmundo?

Durante un alto temporal en la llegada de mensajes, me había reunido con mi colega en la terraza de un café, una tarde soleada y en la que soplaba un viento desértico. A nuestro alrededor, los demás clientes se dedicaban a observar negligentemente a los transeúntes. Edmundo saboreaba un jerez, ante la mesa repleta de periódicos. Yo había decidido aprovechar todas las oportunidades para observar a Top Hat. Mozart le había designado como el contacto con Gloria, y ahora los sobres que yo llevaba a la oficina iban sellados y Edmundo ya no sugería que leyera su contenido. El hecho de que Yunque, una operación que se esperaba que tuviera lugar un mes antes, aún no se hubiera iniciado, aumentaba todavía más mi preocupación.

—Aline —me dijo Edmundo lánguidamente—, puede que le pida a la Ratibor que se case conmigo.

—Pero Edmundo, ¿cómo podrías hacer tal cosa? Tú mismo pusiste a la Ratibor en la lista negra. Si te casaras con ella tendrías que abandonar el servicio..., cosa que Washington nunca permitiría.

—Y yo te pregunto, querida, qué otra cosa puede hacer un

hombre si no es obedecer a su corazón. Y, sinceramente, ¿qué es más importante, el espionaje o un título? ¿No hubo un rey que abandonó su trono por una mujer? Pues bien, ¿qué puedo hacer yo? ¿Qué es un tribunal de la justicia cuando yo, Edmundo Lassalle, me inclino como humilde suplicante ante el tribunal del amor? Además, debo hacer algo. Me aburro y necesito algo que me anime.

—Tómate otro jerez.

—Muy ingeniosa. No seas mala conmigo.

—¿Estás hablando en serio, Edmundo? ¿Te casarías con la Ratibor? ¿Estás realmente enamorado de ella?

—Piensa en mi futuro, Aline. ¿Qué me queda a mí cuando termine la guerra? ¿Puedes verme removiendo papeles detrás de un escritorio en una empresa norteamericana? ¿Tal vez como un asesor de la General Motors, con una esposa y dos hijos en Grosse Pointe? ¿O tal vez prefieres verme como un prisionero en el Pentágono, trabajando para el Ejército? No, querida mía, recuerda: «Edmundo Lassalle. No bailó en vano». Como marido de la Ratibor, consorte, si lo prefieres, el mundo de la alta sociedad es mío. Viviremos entre Ciudad de México, Nueva York, París, Deauville y la Riviera italiana. —Exhaló un largo suspiro—. Te aseguro que debo hacer algo... Me siento tan aburrido. Últimamente, esta guerra no tiene nada de excitante. No ocurre en ella nada fuera de lo usual. Hace demasiado tiempo que no se asesina a nadie. Antes, yo tenía algo que buscar. No, ¡pienso hacer algo! Debo hacerlo. Incluso me he cansado de inventar los informes que te entrego a ti. Mi imaginación se ha resecado por completo.

Lo miré fijamente.

—¿Cómo es que el hecho de trabajar con la fascinante condesa no te ha procurado informaciones interesantes para Washington?

Edmundo se estaba acariciando el bigote y su sonrisa fue fugaz.

—Me evita tanto como puede, y yo cada día confío menos en ella. Sin embargo, hago un valeroso esfuerzo para mantener vivo el interés de esos carcamales de Washington. Al fin y al cabo, se sienten encantados cuando reciben una de las deliciosas fábulas de Top Hat. Debemos mantenerlos divertidos, querida, y tú lo sabes tan bien como yo. Al fin y al cabo, son los que nos pagan el sueldo.

—Edmundo —le reprendí, moviendo la cabeza—, ¡si Mozart lo supiera!

Edmundo se irguió, pavoneándose.

—Carísima, te digo, como mi alumna predilecta que sin la menor duda un día compartirás mi firmamento en la galaxia de los espías inmortales, te aseguro de todo corazón que el Día del Juicio no tendremos que responder ante Mozart. Por mi parte, yo sólo pienso responder ante... Venus.

Elevé los ojos al cielo y él volvió a examinar los periódicos. Unos momentos después, me sobresalté al oír a Edmundo mencionar a la persona en la que yo estaba pensando.

—¿Sabes jovencita, que el apuesto joven con el que bailaste en el Puerta de Hierro ha mantenido un largo idilio con Gloria? Probablemente, podría catalogarlos como unos amantes predestinados. Yo no creo ni la mitad de lo que nuestra nueva colega, la condesa, dice de él, porque mi princesa me contó que los vio bailar juntos en Berlín.

—¿En Berlín? —inquirí, incrédula—. ¿Y cuándo fue eso?

—La última Nochevieja, para ser exactos. La noche en que yo te conocí a ti. ¿Lo recuerdas?

—¿En Berlín? —repetí—. Hace tan sólo unos meses...

Me estaba invadiendo una sensación de frío, pero Edmundo seguía hablando:

—Puedes tener la seguridad de que ese idilio ha durado unos cuantos años, como mínimo. Me parece que no me estás escuchando. Espero no estar hablando en vano. Recuerda que debes tratarme con respeto, en consideración a mi princesa.

Dejé a Edmundo sin apenas despedirme y me dirigí en seguida a la oficina. O bien Edmundo o su princesa mentían, o lo que acababa de oír abría terribles posibilidades. Walters se había marchado ya y tuve la suerte de encontrarme sola para mandar mi mensaje cifrado a Júpiter. Era tanta mi premura que redacté y cifré el mensaje casi simultáneamente.

DE TIGRE A JUPITER STOP FASE DOS EN PELIGRO STOP MOZART SE NIEGA A DAR IMPORTANCIA A RUMORES DE UN TOPO STOP TOP HAT INFORMA QUE LA PRINCESA RATIBOR VIO A PIERRE CON VON FÜRSTENBERG EN BERLIN EL PRIMERO DE ENERO DE ESTE AÑO STOP INICIO INVESTIGACION POR MI CUENTA SOBRE RELACION ENTRE PIERRE Y FÜRSTENBERG STOP RUEGO ASESORAMIENTO STOP DE TIGRE A JUPITER

Paco Aylagas prometió que alguien me esperaría en la estación de El Escorial y me acompañaría a la prisión para ver a Pilar.

—No comprendo cómo una chica tan encantadora como usted puede desear ver a alguien como esa mujer..., una comunista que conspiraba contra nuestro gobierno —dijo Paco—. Sin embargo, en este país siempre tratamos de hacer todo lo posible por una amistad. Le deseo un buen viaje y ya me contará después de su visita.

Cuando llegamos a la falda del Guadarrama, el viento que soplaba a través de la ventanilla era agradablemente fresco a pesar del calor de aquel julio tan seco. Pero en vez de concentrarme en la admirable vista de las matas verdes y amarillas de retama, los majestuosos robles y las fascinantes formaciones rocosas, repasé las preguntas que pretendía hacerle a Pilar.

Una funcionaria de la cárcel me condujo a una oficina que habían puesto a mi disposición. Unos minutos después apareció Pilar, que mostraba el mismo aspecto de siempre. Su uniforme carcelario y su calzado no eran menos severos que lo que ella había llevado cada vez que vino a mi apartamento. Se mostró muy contenta.

—Señorita, ¿ha venido para sacarme de aquí? ¡Sabía que usted lo conseguiría!

Incluso después de haberle dicho yo que esto era imposible, siguió insistiendo en que, si yo lo deseaba, podía conseguir que la dejaran en libertad.

—Usted no lo comprende, señorita. Basta con que insista. Ahora, ustedes están ganando la guerra y esos malditos fascistas querrán hacer todo lo que digan los americanos. Yo tengo que salir de aquí. La guerra terminará pronto, y yo debo organizar a mis mujeres para que pidan a nuestros compatriotas de Francia, México y Rusia que manden dinero, a fin de que derroquemos a ese cerdo cebado.

—Precisamente por esto no quieren soltarla —repliqué yo—. Saben que seguirá tratando de derrocar al gobierno.

Entregué a Pilar la caja de dulces que Cecilia había preparado y unos cuantos libros. Sus ojos miopes parpadearon detrás de los gruesos cristales de sus gafas.

—Es usted muy gentil, señorita. Qué lástima que ahora yo no pueda estar ayudándola.

—Sí que puede, Pilar. ¿Recuerda si alguna de sus informadoras acerca de la condesa mencionó a un hombre joven y guapo?

Describí a Pierre con la mayor objetividad posible.

—Sí, en mi último informe, que nunca pude entregar, puesto que me detuvo la policía, yo mencionaba a ese individuo. Aquella semana los dos se vieron. Yo misma le vi salir del hotel con ella varias veces, y siempre he sospechado que fue él quien me denunció a la policía. El señor Lazaar tuvo una noche un altercado con él, frente al hotel.

—¿Sabe su nombre, Pilar?

—Era un nombre extranjero y no lo recuerdo.

Tal fue toda la información que pude obtener de ella, pero no dejaba de ser el comienzo. Pierre mantenía una relación amorosa con Gloria y me había mentido. ¿Trabajaba también con ella?

La Operación Yunque podía empezar en cualquier momento. No había tiempo que perder intentando llegar al fondo de todo esto y conseguir respuestas fiables. ¿Sospechaba algo Mozart? ¿O él era el topo que maquinaba estas situaciones? ¿A quién podía dirigirme yo? Quienquiera que fuese el topo, no cabía duda de que tendría mayor interés en eliminarme si sabía lo que yo había descubierto. Pensé que nunca me había encontrado en mayor peligro.

Telefoneé a la condesa y le pedí que nos encontráramos en el gran vestíbulo del Hotel Ritz, donde las señoras españolas se reunían para tomar una copita antes de almorzar, y donde daríamos la impresión de charlar sobre cualquier frivolidad, como las últimas fiestas particulares o las colecciones de modelos.

Gloria iba particularmente bien vestida para su nuevo papel de agente doble. Todas las mujeres se volvieron para mirarla cuando entró y después murmuraron entre sí, seguramente comentando la elegancia de su vestido de lino púrpura y negro, el diminuto sombrero también púrpura y los zapatos que hacían juego. Incluso el broche en forma de loro ocupaba su lugar cuando se sentó con una elegante postura en el amplio sillón frente al mío.

—Tengo un pequeño obsequio para usted. —Abrió su bolso y extrajo de él una caja de mediano tamaño—. Perfume, directo desde París por cortesía de la Embajada de Alemania y su valija, vía Lufthansa de Berlín a Barcelona, y después Madrid. Espero que le guste el Chanel N.º 5.

Le di las gracias y a continuación le dije:

—Gloria, me han pedido que obtenga información acerca de su amigo Francisco. ¿Podría decirme su nombre completo?

—En realidad, sé muy poco de él. Nos conocimos en París hace dos años. Utilizaba un título exótico, conde de la Perla, pero yo siempre sospeché que era falso. A Francisco le gusta impresionar a la gente. ¡Tan guapo él y en París en 1942! Durante diez días, lo pasamos de maravilla, pero después desapareció. Y esto es todo lo que yo puedo contarle.

—Pero ¿qué ha estado haciendo él en Madrid?

—¡Ojalá lo supiera yo! Sé que está perdidamente enamorado de mí, porque cuando llegó me persiguió por todo Madrid.

—¿Cuándo fue eso?

Se llevó a la mejilla un dedo terminado en una uña pintada con laca roja.

—Vamos a ver... Debió de ser a primeros de mayo.

Estaba mintiendo, pues él había estado en mi casa antes de estas fechas, pero fingí creerla.

—¿Trabajaba con usted para la Gestapo?

—Desde luego que no. Odiaba a los nazis.

—Pero un informador fiable nos asegura haberla visto bailando con él en Berlín, la última Nochevieja.

—Quien dice eso no es fiable. Eso es una mentira. Es cierto que yo estaba en Berlín la noche de fin de año, pero nunca vi a Francisco allí.

—¿A qué negocios se dedicaba Francisco?

—No lo sé. Tenía dificultades financieras, pero están casi resueltas. —Hizo una pausa momentánea—. De hecho, casualmente tengo en el bolso una nota que él me dejó hace unas semanas. No deja de ser una coincidencia.

Abrió el bolso y me entregó una nota arrugada, escrita en papel con membrete del Hotel Palace. Leí lo siguiente: «Gloria, guapa, me tengo que ir inesperadamente, sólo quiero que sepas que te voy a devolver el dinero pronto, voy a ser un hombre libre y con una posición que me permitirá ofrecerte todos los lujos que desees. Entretanto, no hagas demasiadas conquistas. F.» La firma era la misma que había acompañado a mis rosas, y la escritura también parecía serlo.

Gloria me explicó:

—Vino aquí para conseguir una suma muy importante cuya reclamación le causaba dificultades... y yo le ayudé con unas pesetas que él se comprometió a devolverme.

Por más que me empeñé, ésta fue toda la información que conseguí arrancarle. Cuando abandonamos el hotel, cada una en un taxi diferente, me entregó un sobre.

—Tal vez esta información sobre las últimas defensas antiaéreas alemanas en el sur de Francia pueda resultar útil. Será mejor que no nos veamos muy a menudo... Lazaar concebiría sospechas.

Al circundar el taxi la plaza de Neptuno y enfilar Alfonso XII hacia la casa de las hermanas Ávila, me pregunté quién podía facilitarme más información sobre Pierre. José había estado vigilando los salones de Ana de Pombo mientras Pierre estaba en Madrid, pero tendría que esperar. Llevaba tres días preguntando en todo Madrid, y José no aparecía por ningún sitio. Pero al menos había una cosa que ahora no ofrecía dudas: Pierre mantenía algún tipo de relación amorosa con Gloria y, por tanto, su flirteo conmigo había de tener alguna finalidad.

30

Gracias a su voluntad, Belmonte se recuperó con más rapidez de lo esperado y sus progresos diarios recibían tanto eco en la prensa como lo había tenido el Día D. La cogida en la plaza fue explicada en numerosas versiones y con toda clase de detalles gráficos: la profundidad de la herida, qué músculos y tejidos habían resultado dañados, cuánta sangre había perdido, y los pronósticos de varios cirujanos eminentes, y no faltaba la lista de las celebridades que habían acudido en peregrinación a la ya famosa habitación de la clínica.

Y entonces ocurrió algo que barrió incluso a Juan Belmonte de la primera página. Sucedió antes de que yo recibiera una respuesta de Júpiter, antes de que pudiera hablar con Heredia, al que yo tenía sobre la pista de Gloria, Lazaar e incluso Mozart. Y este algo representó para mí lo que apareció, en aquel momento, como la noticia más desconcertante de mi vida.

Al salir de mi casa el 15 de agosto por la mañana, oí que la radio de la portera vociferaba: «¡Noventa y cuatro mil soldados aliados están desembarcando cerca de un pueblo de pescadores llamado Saint-Tropez!» No pude dar crédito a mis oídos. Saint-Tropez estaba cerca de Cannes... y muy distante de Marsella, la información en el mensaje que yo había entregado a Pierre. Me dirigí presurosa a la oficina. Todos se mostraban jubilosos y Jimmie mantenía ya contacto por radio con nuestro transmisor de la OSS instalado allí. El VI Cuerpo del general Truscott había sido el primero en poner pie en tierra firme, seguido por el general de Lattre de Tassigny con las fuerzas francesas. El Séptimo Ejército estadounidense, mandado por el general Alexander Patch, completaba el contingente. A pesar de cierta resistencia, los alemanes habían sido sorprendidos y los combates no eran ni mucho menos tan encarnizados como los que se produjeron en Normandía un mes y medio antes. La Operación Yunque era un éxito.

Nadie podía comprender por qué no me sumaba a la alegría general. Nadie, excepto Mozart, que me llamó a su despacho.

No pude esperar sus explicaciones. Me sentía indignada, herida, y por lo que a mí se refería había acabado con el espionaje por el resto de mi vida.

—¿Por qué no tuvo fe en mí? ¿Por qué no me juzgó lo bastante fiel como para hacerme saber que la información que yo pasaba a Pierre era falsa?

Pues ahora yo ya sabía que el topo era Pierre, y mis jefes sabían que, al facilitarle una falsa información sobre el lugar del desembarco, engañaban a los alemanes y les obligaban a adoptar unas medidas erróneas.

—No se lo tome tan mal, Aline —me dijo Mozart—. El éxito de esta invasión también es suyo. Si usted no hubiera hecho tan bien su trabajo, tal vez hoy, en vez de celebrar una victoria, estaríamos contando bajas.

Yo seguía de pie, meneando la cabeza. Dijera lo que dijese, nada podía compensarme por la falta de confianza que había mostrado respecto a mí.

Pareció como si leyera mis pensamientos.

—Lo hicimos así por una razón: para protegerla. Pierre la habría matado si hubiera tenido la menor sospecha de que usted conocía su identidad como agente doble. Y lo hubiera sabido. Sin necesidad de que usted se lo dijera, pues lo habría olfateado. Y en cuanto al lugar auténtico del desembarco, a nadie, incluidos varios generales con mando activo en la guerra, y el propio jefe de la OSS en Londres, se le hizo saber la fecha o el lugar exacto. Fue una orden de Eisenhower, y teníamos que obedecer. —Rodeó la mesa y, por primera vez, me puso una mano en el hombro—. Por consiguiente, ¿por qué no reunirse con los demás para celebrar un éxito que es el suyo? Se lo merece.

Pero no me era posible. La noticia era algo que yo había estado esperando durante ocho meses, pero descubrir que Pierre era un traidor hacía que aquel día fuera trágico para mí. Con lo que esperé que fuera una mueca de dolor y llevándome una mano al estómago, expliqué a mis entusiasmados colegas, reunidos en el pasillo, que la excitación me había producido un ataque repentino de «dengue madrileño», y me retiré a mi casa para meditar acerca de muchas preguntas que todavía quedaban sin respuesta. ¿Fue Pierre quien contrató a aquel forajido para matarme, la noche del baile en Puerta de Hierro? ¿Había entrado Pierre en mi casa aquella noche, hacía ya tantos meses, con la intención de matarme, pero la inesperada llegada de Edmundo había frustrado sus planes? ¿Había estrangulado Pierre a Mimosa, a René Blum?

Unos días más tarde, cuando llegué a mi apartamento, Angustias anunció:

—Señorita, la espera un caballero que desea verla. Dice que es un viejo amigo, pero se ha negado a darme su nombre.

Inmediatamente suspicaz, entré en la sala de estar con cautela. Mi sorpresa fue total.

—Hola, Tigre. Tiene muy buen aspecto.

¡Júpiter! ¡John Derby! Se había levantado y me precipité a estrecharle la mano.

—No llego a creer que esté realmente aquí, delante de mí. ¿Qué está haciendo en Madrid? ¿Cómo está?

Parecía el mismo de antes, siempre impecable. Cabellos plateados y muy cortos, una tez sonrosada y aquellos ojos de halcón. Había pasado casi un año desde que nos conocimos.

—Siéntese, por favor. ¿Qué puedo ofrecerle para beber?

—En este momento, nada. Tengo demasiadas cosas que contarle. —Estabámos sentados los dos en el sofá, el uno junto al otro, y nos mirábamos con tanta curiosidad y afecto como si fuéramos dos amigos que no se hubieran visto en mucho tiempo, y en cierto modo así era—. ¿Por dónde comenzaré? En primer lugar, Whitney Shepardson le manda su felicitación. Está al corriente de la buena labor que usted ha estado realizando, y ahora es él quien se enorgullece de haberla descubierto.

Y Júpiter me guiñó un ojo después de decir esto.

En cierto modo, sus palabras fueron como un bálsamo para mi dolorido amor propio, todavía conmocionado por las revelaciones de los últimos días. Le escuché atentamente.

—Asimismo, acabo de llegar del sur de Francia, donde dos de sus colegas me encargaron que le hiciera llegar sus más cordiales saludos. —Mi corazón dio un salto, ¿habría visto a Pierre?—. Whiskey y Magic me dijeron que, apenas termine la guerra, todos ustedes se reunirán para celebrarlo a lo grande. —Me entregó dos hojas de papel dobladas que sacó del bolsillo y, bajando la voz, dijo—: Léalo. Puede contener ciertas respuestas que usted habrá estado buscando.

«Informe sobre el agente OSS Pierre número 333. François Ferronière, nacido el 17 de julio de 1916, en Niza, Francia...

Mi corazón se aceleró, incontrolablemente. Recorrí con rapidez las líneas.

»...hijo de Joseph Ferronière y de Cecilia Alvarado, hija de Francisco, marqués de Torrejón, de Madrid...

¡De modo que Pierre era sobrino de Mimosa! Miré a John Derby, pero éste me daba la espalda y me alegró que no pudiera verme la cara.

El informe de Magic seguía diciendo:

»El padre de François Ferronière era el representante de la American Radiotor para el sur de Francia. Políticamente, estaba alineado con los grupos fascistas, especialmente con la Milice cuyo jefe, Marcel Darnan, puso a disposición de la Gestapo, facilitando los nombres de quienes estaban dispuestos a actuar como colaboracionistas.

»Cuando Ferronière, que había estudiado inglés, obtuvo un puesto administrativo menor en el consulado de Estados Unidos en Vichy, Darnan le ofreció sumas modestas a cambio de su información sobre los planes militares americanos. La viva inteligencia de François, su dominio del inglés y su atractiva personalidad hicieron de él un empleado muy apreciado y le facilitaron la obtención de datos útiles.

»Después de la invasión del norte de África, el personal de la embajada americana se trasladó de Vichy a Argel, donde ocupó la Villa Magnol, y allí siguió trabajando François. La Villa Magnol albergaba todas las agencias gubernamentales norteamericanas, incluidos los primeros reclutas del OSS.

»A través de los contactos de Darnan con el Eje en Argel, se le ofrecieron a Ferronière sumas más cuantiosas y consiguió que le enviaran a Washington para someterse a un adiestramiento intensivo en los servicios de inteligencia. Más tarde se le envió por vía marítima desde Inglaterra a Argel, y allí se lanzó en paracaídas sobre el sur de Francia en diciembre de 1943.

»Cuando resultó evidente que operaba un traidor en la zona de Pierre, éste resultó sospechoso, junto con otros. Sin embargo, tras ser sometido a vigilancia, la culpabilidad de Pierre se hizo obvia y fue llamado a Madrid con el pretexto de ocuparse de los agentes que atravesaban la frontera. En realidad, se le retenía allí para utilizarlo en el momento apropiado y hacerle pasar información falsa a los alemanes respecto al lugar de desembarco en la Operación Yunque.

»Esta misión fue efectuada por OSS Madrid, pero Pierre desapareció durante la invasión del 15 de agosto y todavía no ha sido aprehendido. Su nombre está en la lista de procesos por crímenes de guerra.

El informe, fechado el 18 de agosto en Marsella, confirmaba mis temores. Pierre no sólo era un traidor, sino también un asesino. Ahora me parecía innegable que había matado a su tía Mimosa. Indudablemente, Pierre fue uno de los hombres a los que ella vio conspirar sentada en aquella silla de manos. Y precisamente se sobresaltó tanto porque su propio sobrino estaba envuelto en aquel turbio complot. Además, era muy probable que la hubiera matado también a fin de heredar su fortuna. Gloria había dicho que a Pierre sólo le interesaba el dinero. Y los otros asesinatos –Marta, René– probablemente eran obra suya.

Hice un esfuerzo ímprobo para murmurar:

–Una dura lección que aprender.

Júpiter se acercó a mí.

–Usted estuvo con él en la Granja. ¿Qué pensaba entonces de él?

–Era encantador –fue todo lo que pude contestar.

Deseaba cambiar de tema y así lo dije.

–Tampoco a mí me gusta pensar en él. El caso de Pierre me deprime, pero al final se convirtió en uno de nuestros medios para confundir a los alemanes respecto al desembarco en el sur de Francia. Y aquí es donde debemos darle las gracias, Aline. La importancia de su contribución es incalculaba. Estábamos manipulando a otros al mismo tiempo para desorientar al enemigo, pero, personalmente, creo que la información decisiva que convenció al enemigo fue la que usted le pasó a Pierre. Obviamente, él nunca sospechó que usted le daría una información falsa. Y, afortunadamente, los alemanes tenían plena confianza en él.

Júpiter hizo una pausa y se sentó.

–He venido aquí por otras razones..., y razones importantes. –Sonrió–. Usted ha efectuado un gran trabajo, Tigre. Mozart me ha informado acerca de sus logros... y debo decirle que sus inusuales proezas en España la han convertido en auténtica profesional.

Cuando mencionó el nombre de Mozart me estremecí, al recordar el cable que había enviado recientemente sin orden suya. Júpiter supo comprenderme..

—Nada debe preocuparla. Mozart puede parecer un tipo muy frío, pero le aseguro que es el más entusiasta de sus admiradores. De hecho, si él no apreciara su tarea yo no estaría hoy aquí con una finalidad que ahora puedo contarle.

Pocas palabras hubieran podido satisfacerme más. Que Mozart juzgara que mi trabajo era de lo más fiable, constituía el cumplido más alto que yo pudiera recibir.

Júpiter prosiguió:

—Trabaja usted de firme y rinde mucho, y esto es lo que necesitamos si queremos poner fin a la guerra. Porque ésta continúa, como usted sabe, y es mucho lo que queda por hacer.

»Por otra parte, nadie sabe cómo se dividirá el mundo después de la guerra, ni qué nuevas facciones políticas y amenazas contra la democracia pueden aparecer. Por esto estoy aquí.

Se acercó de nuevo a la ventana que daba a la calle Monte Esquinza, donde los faroles iluminaban al sereno que se disponía a comenzar sus rondas. Después me miró fijamente.

—Quiero que se tome muy en serio lo que voy a decirle, más en serio que todo lo que haya considerado hasta el momento. Siéntese y relájese. Tendrá que tomar una decisión importante.

Me senté en el pequeño sofá y él acercó una silla para sí. ¿Relajarme? Sus últimas palabras me habían puesto los nervios en tensión. Sin embargo, traté de mostrarme impertérrita.

Los ojos de Júpiter, azules y con motas doradas, me miraban.

—Tengo otra misión para usted, Tigre..., es decir, si la acepta. Ya sabe que no está obligada a ello. Puede seguir trabajando en la oficina de Madrid todo el tiempo que desee. Allí no falta trabajo, desde luego.

Hizo otra pausa y yo traté de dominar mi curiosidad.

—Pero se trata de algo realmente especial, y si cree haber vivido emociones en España... Pues bien...

Se inclinó hacia mí, con las manos cruzadas sobre las rodillas. Concentré toda mi atención en él. Había mucho que considerar. Recordé a Pierre... y me dolió el corazón. No obstante, pensar que ese momento podía ser un comienzo resultaba compensador, estimulante.

—Si aún no quiere ofrecerse voluntaria para misiones peligrosas, dígamelo.

Me limité a dejarle continuar. Él se arrellanó en su silla y sonrió.

No dijo nada, pero sabía que con mi silencio estaba sellando mi destino.

Después, escuché atentamente, tal como él había esperado.

Seguí trabajando en España para el OSS hasta el final de la guerra. Se me ordenó obtener un nuevo empleo y una nueva cobertura en Europa. Entretanto, en Washington el OSS pugnaba con otros departamentos gubernamentales para conservar el control de los servicios de inteligencia en el extranjero en tiempo de paz. Yo seguí realizando mi trabajo secreto en Francia y Suiza hasta 1947, año en que abandoné el servicio para regresar a Madrid y casarme. No sólo me había enamorado del hombre que aparece en mi historia como conde de Quintanilla, sino también de España. Más tarde, debido al sistema español de sucesión, nuestro título se cambió por el de Romanones, nombre de gran prestigio y tradición en España. No me cabe duda de que a muchos españoles, al leer este libro, les resultará difícil dar crédito al extraño camino que me condujo hasta este honor.

Epílogo: El Salvador, 1984

Los negros cabellos eran más escasos y grises, la piel, de aquel moreno rojizo, presentaba profundas arrugas curtidas por el sol, pero la sonrisa y aquella mirada oscura y penetrante no habían cambiado. En El Salvador, él la última persona a la que yo había esperado ver.

Durante un largo momento, me sentí demasiado estupefacta para hablar. Nos quedamos los dos inmóviles, oyendo apenas los rumores de la piscina y el suave susurro de las hojas de palmera. Más allá de las paredes de cristal del hotel, se movían varios hombres con camisas de manga corta y colores chillones, pero en aquel patio interior, circundado por flores, plantas exóticas y recuerdos, estábamos solos.

Tomó mis manos entre las suyas y yo noté el aire nocturno que acariciaba mis mejillas.

—Tigre, apenas has cambiado en todos estos años. ¿Cómo es posible?

Me eché a reír.

—Estaba pensando lo mismo de ti.

—¿Qué estás haciendo, precisamente aquí?

—¿Y tú?

La última vez que yo había contemplado aquellos ojos ardientes fue en los escalones del Hotel Palace de Madrid, en el verano de 1944. ¿Tanto tiempo había pasado, realmente?

Me ofreció una silla en una mesa. Todavía deslumbrada, me senté. Él lo hizo delante de mí y me ofreció un paquete de cigarrillos.

—¿Sigues sin fumar?

Meneé la cabeza. No era el momento de explicarle que había fumado y después lo había dejado. Mi cerebro estaba inundado por recuerdos, emociones que volvían a despertar y aprensiones.

Se inclinó en su silla y exhibió aquella sonrisa mágica.

—¿Por dónde debo empezar? Te debo varias explicaciones, Tigre.

—Durante años me pregunté que había sido de ti, Pierre. Pensé que probablemente te habrían matado durante la invasión, sin que en nuestro bando nadie se enterase de ello.

—No me atreví a ponerme en contacto contigo al terminar la guerra. Y cuando estuve en condiciones de hacerlo, tú ya estabas casada.

Contempló distraídamente las buganvillas anaranjadas que cubrían la pared junto a nuestra mesa. Supe que estaba luchando con la misma oleada de emociones que experimentaba yo. Un rumor de pasos le hizo volverse hacia el camarero que se aproximaba. Después me miró a mí..

—Debemos celebrarlo, Tigre. ¿Qué te parece si bebemos champán? ¿Recuerdas aquel día en el Stork Club?

El camarero esperaba pacientemente junto a él.

—Trae tu mejor Moët & Chandon, Pedro. Y asegúrate de que esté bien frío.

El hombre se inclinó ante él.

—Sí, señor Alvarado. En seguida, señor.

Pierre era un cliente conocido e importante.

—¿Por qué te llama señor Alvarado?

—Es el nombre de mi madre. Hace años que lo utilizo.

—¿No era tu madre la hermana de Mimosa Torrejón?

—Sí. Y si yo hubiera recurrido a tiempo a mi tía Mimosa, tal vez habría podido enderezar mi vida. Yo quería cambiar... por ti, Tigre. Pero no me acompañó la suerte.

No tenía sentido soslayar el tema. Tenía que preguntárselo.

—¿Tú mataste a Mimosa?

Su cabeza acusó el impacto. Se inclinó hacía mí, a través de la mesa.

—Dios mío, Tigre, ¿creíste que yo la había matado?

—Así lo creían todos en nuestra oficina. Y también que mataste a René Blum. Y que trataste de matarme a mí.

—Pero ¿cómo pudiste creer semejante cosa? Yo estaba enamorado de ti.

—Gloria no pensaba lo mismo, y nuestras informaciones probaron que tú te entendías con ella. Entonces yo creía tus historias, Pierre, pero no ahora.

El camarero había reaparecido con un cubo lleno de hielo,

en el que hizo girar la botella de champán. Pierre le despidió y él mismo llenó las copas. Ni él ni yo pronunciamos palabra. Cuando alzó la copa, yo hice lo mismo.

—Por Tigre y Pierre. —Había melancolía en su voz, y por un momento casi aparentó la edad que tenía—. Y por lo que pudo haber sido.

Ambos bebimos un sorbo. Las frías burbujas intensificaron la irrealidad de la atmósfera. Él volvió a levantar su copa.

—Y por mi tía Mimosa..., que pudo habernos unido de haber leído correctamente tus cartas.

Había desaparecido su expresión de pesar..., sustituida por la misma sonrisa maliciosa que me había cautivado hacía tanto tiempo.

—¿De qué estás hablando, Pierre?

—Mi plan consistía en pedirle a mi tía algo de dinero y uno de sus títulos, uno de los que a la larga habían de ser míos de todas maneras, de modo que yo pudiera adquirir la ciudadanía española y apartarme por completo de aquella guerra.

—¿Qué fue lo que salió mal?

—Llegué demasiado tarde. Tras conseguir entrar en la casa por una ventana posterior, no sin dificultad, puesto que los alemanes la vigilaban continuamente, llegué demasiado tarde..., unos minutos demasiado tarde. —Frunció el ceño—. Ella estaba tendida en el diván. Jesús, todavía ahora puedo ver aquella escena... como si hubiese ocurrido ayer. —Sacó un pañuelo del bolsillo y se lo pasó por la frente—. Cuando traté de despertarla, vi que estaba muerta. —Contempló la palmera que había sobre su cabeza y suspiró audiblemente—. Y en aquel preciso momento, Salud, su vieja criada, entró en la habitación. Desde luego, todo parecía indicar que lo había hecho yo. La persona que había cometido el crimen debió de marcharse pocos momentos antes de que llegara yo. La criada se puso histérica y llamó al resto de la servidumbre. Tuve que escapar sin perder ni un segundo.

Yo deseaba creerlo. Al principio me había mostrado escéptica, pero ahora notaba que me estaba diciendo la verdad, tal como él la conocía.

—Sabía que la criada no me denunciaría a las autoridades. Esto hubiera significado un escándalo para aquella familia que lo era todo para ella, puesto que incluso había nacido en la casa. Pero yo tenía que encontrar al asesino, para que ella se convenciera de que yo no era el culpable. —Examinó su copa al trasluz—.

Lo intenté durante algún tiempo, pero precisamente el tiempo estaba en contra de mí.

—¿Y quién crees que la mató!

—Al principio, mi sospechoso fue Lazaar. Por esto lo acusé la noche del baile en Puerta de Hierro. Supe, demasiado tarde, que había sido Wizner, el jefe de la Gestapo de Lazaar, un monstruo de crueldad.

—¿Y Gloria?

Tragué saliva, pensando cuán cerca había estado de malgastar mi vida con ese hombre todavía atractivo.

—Gloria le tenía miedo a Lazaar. Éste le amenazaba con enviarla de nuevo a Alemania. Ella trató de ayudarme, pero nunca pudo arrancarle la información y las pruebas que yo necesitaba.

—¿Quién intentó matarme a mí aquella noche?

A pesar del clima cálido y húmedo, sentí un escalofrío en mi espalda al recordar mi lucha para seguir respirando, aunque hubieran transcurrido ya casi cuarenta años.

—Uno de los mercenarios de la Gestapo, tal vez el mismo que mató a Mimosa.

—Pero Gloria impidió que me llevaras a mi casa. Debía de estar ayudándoles a ellos a desembarazarse de mí.

—No. Te apreciaba y era incapaz de una cosa semejante. —Hablaba con una nota de resignación—. Ella nada sabía acerca del individuo que habían apostado allí.

Durante unos minutos, ni él ni yo habíamos tocado nuestras copas. Apareció el camarero para volver a llenarlas, pero Pierre le indicó que se alejara. Mis preguntas habían disipado la dicha que se reflejó en su cara en aquellos momentos. Estaba ahora como agazapado en su silla y se pasaba las manos por su cabello de un gris oscuro. Pero yo quería saber más.

—¿Qué te ocurrió después de ser lanzado en paracaídas en Pau?

—Eso fue pocas semanas antes de la invasión. Tuve que ocultarme cuando comenzó la Operación Yunque, porque para entonces ya sabía que los americanos me habían estado pisando los talones desde hacía tiempo. —Dejó escapar un profundo suspiro—. Los únicos amigos con los que podía contar eran dos españoles que trabajaron para mí en la resistencia. Uno era un socialista que había luchado en el bando republicano durante la guerra civil española, un catalán de Barcelona. El otro era un comunista de San Sebastián.

Mientras hablaba, yo me mantenía inmóvil.

—Tratamos de salvar nuestras vidas y tomanos el único camino que nos quedaba abierto: cruzar subrepticiamente la frontera de Italia, donde los comunistas nos proporcionaron trabajo y nos protegieron. Durante los once años siguientes, viví en Milán.

Se aflojó el cuello de su guayabera. El aire no se movía en absoluto y también yo advertía la desagradable humedad. Hizo una pausa, pero con un gesto yo le animé a continuar.

—Para entonces, François Ferronière había dejado de existir, al igual que mis sueños de llevar una vida opulenta en España, con cacerías de perdices, tablaos flamencos y corridas de toros. Me convertí en Pedro Alvarado, un comunista español que trabajaba para la KGB, sin atreverme a volver a Francia ni a España, excepto ocultamente, cosa que hacía de vez en cuando.

Apenas llegaba a creer en lo que me estaba diciendo. Bruscamente se incorporó de su asiento.

—Te estoy estropeando la velada, Tigre. No te preocupes, no toda mi vida ha sido un lecho de espinas. He pasado buenos ratos. Uno llega a acostumbrarse a las situaciones difíciles. No puedo quejarme. Dinero, buenos coches y yates..., yo he tenido todo esto y más.

Había malinterpretado por completo mi actitud.

—Dime una cosas, por favor —le pedí—. ¿Cómo es que te encuentras aquí, en El Salvador?

—Estoy aquí por negocios. Vengo con frecuencia. Me casé con una chica milanesa y nos trasladamos a Miami, donde aún vivimos. Tengo allí una oficina.

La expresión de Pierre recuperó su antigua vitalidad.

—Ánimo, Tigre. Bébete el champán y cambia esa expresión. Debería alegrarnos de estar aquí y poder hablar de todas estas cosas después de tantos años. ¿Qué fue de nuestros excolegas? ¿Volviste a ver a Mozart o a Júpiter?

—No vi a Mozart, pero sé que está bien y que vive en algún lugar de California. Y Júpiter siempre ha sido un buen amigo.

—¿Sabías que tu amigo Top Hat se suicidó? Debo reconocer que eligió un método extraño para hacerlo. Metió la cabeza en el horno de la cocina y dio el gas.

Las palabras de Pierre me produjeron una profunda tristeza.

—No es extraño. Una chica de la OSS se mató de esta manera en Lisboa, en el año 1944. Recuerdo que Top Hat quedó impresionado y hablaba a menudo de ese caso. ¿Sabías que se casó con Agata Ratibor y, después de divorciarse ella de él en México, se fue a Estados Unidos, se casó con una joven norteamericana muy atractiva y tuvo varios hijos? Es extraño que se suicidara precisamente cuando parecía como si por primera vez su vida fuese a estabilizarse.

—Le sorprendieron hurtando dos latas de sardinas en el Harrods de Londres. Por esto lo hizo. Pero... ¡vaya motivo! Cuando murió tenía doscientos mil dólares en su cuenta corriente.

—Si se hubiera tratado de un broche de brillantes, probablemente hoy viviría. Su problema era la cleptomanía.

—¿Y tu admirador, el torero?

—Se casó con una joven de una gran familia española, unos diez años después de la guerra, y tuvieron tres hijos. Pero, desgraciadamente, él falleció todavía muy joven, de un ataque al corazón, y ni siquiera pudo ver a sus hijos crecidos.

Pierre hizo chasquear los dedos para llamar al camarero y pidió otra botella de champán.

Años más tarde, vi a Gloria en México, todavía muy hermosa. Se había casado con un egipcio que no tardó en morirse, pero cuando la vi había encontrado por fin, dijo, al hombre perfecto y se había casado con él.

—Dime, Pierre, ¿qué fue de Lazaar?

—Huyó de España disfrazado de fraile, poco antes de que terminara la guerra, y se fue a Brasil, donde murió hace varios años. Pero ¿qué fue de Niki Lilienthal y su hermosa hija Carola?

—Él está muerto. Carola y sus demás hijos siguen prosperando en España.

—¿Y Casilda Ávila?

—Hoy es una de las duquesas más importantes de España.

—Y bien, Tigre... ¿y qué me cuentas de aquel maravilloso Madrid? Era tan hermoso en 1944.

—Si volvieras, ahora ni sabrías dónde estás. Todos aquellos palacios tan hermosos de la Castellana han sido derribados y sustituidos por modernos edificios de oficinas. El tráfico es insoportable. Viven en la ciudad cuatro millones de personas más. Algunos de los antiguos lugares, como Villa Rosa, el Restaurante Horcher, el Hotel Palace y el Hotel Ritz todavía conservan más o menos el mismo aspecto. En Puerta de Hierro, incluso dan el mismo baile la verbena de San Juan y todavía se enciende la hoguera.

Pierre me cogió la mano y me la apretó con tanta fuerza que me hizo daño.

—Tigre, debes creer que yo no fui responsable de aquellos asesinatos.

No pude contestar y lo que hice fue preguntar:

—¿Por qué trabajaste para los dos bandos al mismo tiempo? ¿Cómo pudiste traicionar a tantas personas?

Entrecerró los ojos y su cara adoptó una expresión conmovedora.

—Nunca tuve la intención de hacerlo. Pero... si uno comete un grave error en su vida, generalmente lleva a otros, hasta que uno se ve atrapado en una trampa que no tiene salida. Esto fue lo que me ocurrió a mí. Yo siempre...

—Señor Alvarado. —Había aparecido el camarero, interrumpiendo el resto de la frase—. Miami al teléfono, señor.

Pierre se levantó.

—En seguida vuelvo. Espérame, Tigre.

Apenas desapareció a través de la puerta, me marché de allí.

Desde entonces, de vez en cuando he tratado de aportar las palabras de su frase inacabada, para convertir su significado en algo que me permitiera conservar al menos un recuerdo estimable de él. Pero lo que siempre acude a mi mente, en cambio, es la visión del honorable español del que finalmente me enamoré y con el que me casé, el primer español que conocí aquel día en el Hotel Palace, y que me llevó las maletas hasta mi habitación.